U0557632

2015 China Biotechnology and Bio-industry Developm

2015
中国生物技术与产业发展报告

科学技术部 社会发展科技司
中国生物技术发展中心 编著

科学出版社

北京

内 容 简 介

《2015中国生物技术与产业发展报告》介绍了2014年我国生命科学基础研究、生物技术应用开发与产业发展的主要进展情况，重点介绍了我国在组学、结构生物学、干细胞、神经科学、免疫学等领域的研究进展以及生物技术应用于农业、医药、工业、环境等方面的情况，阐述了脑科学、合成生物学、非编码RNA、基因组编辑技术、光遗传学技术等前沿热点的国内外情况，对2014年生命科学论文和生物技术专利情况进行了统计分析。《2015中国生物技术与产业发展报告》分为总论、基础研究、热点前沿、应用研究、生物产业、产业前瞻、投融资、文献专利8个章节，以翔实的数据、丰富的图表和充实的内容，全面展示了当前我国生物技术发展的基本情况。

本书可为生物技术领域的科学家、企业家、管理人员和关心支持生物技术与产业发展的各界人士提供参考。

图书在版编目（CIP）数据

2015中国生物技术与产业发展报告 / 科学技术部社会发展科技司，中国生物技术发展中心编 著. —北京：科学出版社，2015.11
ISBN 978-7-03-046265-7

Ⅰ. ①2… Ⅱ. ①科… ②中… Ⅲ. ①生物技术产业 – 产业发展 – 研究报告 – 中国 –2015 Ⅳ. ① F426.7

中国版本图书馆 CIP 数据核字（2015）第 259945 号

责任编辑：刘 畅 席 慧 王玉时 / 责任校对：郑金红
责任印制：赵 博 / 封面设计：金舵手世纪

科 学 出 版 社 出版
北京东黄城根北街 16 号
邮政编码：100717
http://www.sciencep.com

中国科学院印刷厂 印刷
科学出版社发行 各地新华书店经销

＊

2015 年 11 月第 一 版 开本：787×1092 1/16
2015 年 11 月第一次印刷 印张：15 1/2
字数：312 000
定价：178.00 元
（如有印装质量问题，我社负责调换）

《2015 中国生物技术与产业发展报告》

编写人员名单

主　　编：陈传宏　黄　晶

副 主 编：田保国　肖诗鹰　黄　瑛　沈建忠　董志峰

参加人员：（按姓氏汉语拼音排序）

安　勇	敖　翼	曹　芹	陈　欣	陈大明
陈书安	崔　蓓	范　红	范月蕾	付卫平
耿红冉	关镇和	郭　伟	黄　菲	黄英明
江洪波	李萍萍	李瑞国	李祯祺	刘　晓
卢　姗	毛开云	阮梅花	苏　燕	孙燕荣
万　涛	王　琨	王　玥	王　忠	王德平
王恒哲	王慧媛	王小理	熊　燕	徐　萍
许　丽	杨　露	于建荣	于善江	于振行
袁天蔚	张大璐	张兆丰	郑玉果	朱　敏

前　言

当前，中国经济发展进入新常态，正由要素驱动向创新驱动转变，结构调整、经济转型、产业升级比以往任何时候更需要强大的科技支撑。以信息、生物为代表的新技术的出现和群体性突破正在成为新的经济增长点和就业创业的源泉。生命科学和生物技术在支撑引领经济发展中的作用日益突出。重大新药创制、重大传染病防治、转基因生物新品种培育等科技重大专项的实施，加速了科技成果向现实生产力的转化，为加快培育战略性新兴产业发展提供了新的动力；生物医药重大共性关键技术的研发应用，攻克掌握了一批核心技术，为抢占产业发展制高点打下了坚实基础；生物制造、生物能源、生物环保、生物肥料和生物育种等先进适用技术的推广应用，促进了农业、工业、能源、环保等传统产业的转型升级，为生态文明建设和经济可持续发展提供了有力支撑；健康服务、养老服务业的兴起和发展，形成了医疗科技服务新业态，为促进科技成果惠及千家万户、造福百姓创造了条件。

在生物技术的支撑下，生物经济正成为中国经济的一个重要增长点。生物科技型中小企业数量快速增长，创业热情日益高涨；生物产业产值近年来保持20%以上的增长率，在GDP中的比重由30年前的1.28%上升到2014年的4.63%。全国形成了京津冀、长三角、珠三角为核心的生物产业聚集区，产业集群效应凸显。生物技术孕育的创新创业热潮和产业变革将为中国经济的发展注入新的活力，也为世界经济的发展开辟新的空间[1]。

2014年，我国生命科学和生物技术领域发表论文75 040篇，比上年增加了15.37%，专利申请数量和获授权数量分别为17 391件和10 007件，占全球数量比值分别为22.57%、20.77%。国家食品药品监督管理总局批准了12个新药，在世界上首次解析葡萄糖转运蛋白晶体结构，治疗T细胞淋巴瘤新药西达本胺成为中国第一个从机理到临床试验全过程自主完成的原创性化学药；全球首个人工角膜"艾欣瞳"投产，杂交水稻百亩片平均亩产达1026.7公斤，创下新的世界纪录。生物产业规模不断

---

1 引自科技部部长万钢在2015国际生物经济大会上的讲话。

壮大，2014 年达到 3.16 万亿元，风险投资额达 17 亿美元，共有 111 家企业上市。

"十二五"期间，我国生物技术伴随着科技水平和综合国力的大幅提升以及国际生物技术的发展而快速成长，已经形成了政府高度重视、技术迅速进步、企业快速成长、产业初具规模的良好局面。这为"十三五"的发展，实现我国生物产业质的飞跃打下了坚实的基础。

为了科学、全面地介绍我国生物技术及其产业化发展的现状和主要成就，交流总结发展生物技术和产业经验，宣传政府发展生物技术的政策措施，自 2002 年以来，科学技术部社会发展科技司和中国生物技术发展中心每年出版发行《中国生物技术发展报告》。为了强化对我国生物产业现状和发展的分析，该报告 2014 年度更名为《中国生物技术与产业发展报告》，在内容上深化了生物产业和投融资的数据分析、增加了对未来 3～5 年形成产业的生物技术的分析研判，以及对我国部分重点生物经济区域的分析。

本报告以总结 2014 年以来我国生命科学研究、生物技术和生物产业发展的基本情况为主线，重点介绍了我国在组学、结构生物学、干细胞、神经科学、免疫学等领域的研究进展以及生物技术应用于农业、医药、工业、环境等方面的情况，阐述了脑科学、合成生物学、非编码 RNA、基因组编辑技术、光遗传学技术等前沿热点的国内外情况。报告以文字、数据、图表相结合的方式，全面展示了 2014 年我国生物技术与产业领域的产业发展、投融资、论文发表、专利申请以及 2014 年期间我国在生物医药、生物农业、生物制造、生物环保、生物能源等方面取得的重要成果，反映了当前我国生物技术与产业发展的总体情况。

本书可为生物技术领域的科学家、企业家、管理人员和关心支持生物技术与产业发展的各界人士提供参考。

编　者

2015 年 9 月 24 日

目　　录

第一章　总论

当今世界，随着全球化与信息化的快速发展，新一轮科技革命和产业变革正在加速进行，科学技术发展日新月异，全球科技创新呈现出新的发展态势和特征。生命科学和生物技术作为 21 世纪最重要的创新技术集群之一，学科交叉汇聚日益紧密，拓展了科学发现与技术突破的空间；基础研究、应用研究、技术开发和产业化的边界日趋模糊，科技创新链条更加灵巧，创新周期大大缩短；技术创新、商业模式和金融资本深度融合，加速推动产业变革的步伐。

2014 年，全球共发表生命科学相关论文 593 398 篇，比 2013 年增长了 1.5%，占自然科学论文比例达到了 43.9%，美国 *Science* 杂志评选的十大科技突破中与生物相关的有 6 项；生物技术申请和授权专利数量分别为 77 060 件和 48 191 件，比 2013 年分别增长了 0.94% 和 2.67%；全球生物医药领域风险投资、上市融资、并购重组总额达 2248 亿美元，创历史新高，金融资本已成为创新创业的重要推手。

中国政府对生物技术的研发投入持续增加，年均增长率达到 28%，科技产出水平不断提高，生命科学论文发表量和生物技术授权专利数量均居世界第二，治疗 T 细胞淋巴瘤新药西达本胺成为中国第一个从机理到临床试验全过程自主完成的原创性化学药。生物产业规模不断壮大，2014 年达到 3.16 万亿元。

 一、全球生物技术与产业发展态势

生命科学和生物技术的发展日新月异，取得的重要进展和重大突破正推动生物产业快速发展，生物产业已进入持续增长阶段。2010 年经济合作和发展组织（OECD）发布《面向 2030 的生物经济》报告预测，到 2030 年世界生物经济初具规模，将对人类经济社会带来重大影响。生物产业将成为继信息产业之后世界经济中又一个新的主导产业，正引发世界经济格局的重大调整和国家综合国力的重大变化。

随之而来的国际竞争也日益激烈，抢占生物技术和生物产业的制高点已成为世界各国增强国际竞争力的重大战略。

2008 年爆发金融危机后，生物产业被视为新的经济增长点，以欧美地区为代表的发达国家、新兴经济体出台了众多规划，支持生物技术与生物经济的发展。2014年，德国、日本等国家又相继推出了新版规划，以适应生命科学发展的新变化。德国通过了新版《高科技战略》，对生命科学和生物技术在解决当前人类发展面临的挑战给予了高度关注，并作为重要内容列入未来任务研究领域和关键技术中；日本内阁发布了《科技与创新综合战略 2014》，将推进健康医疗战略计划列为五大行动计划之一；南非推出了《生物经济战略》，其目标是制定指导生物科学研究和创新投资的总体框架，并将国家开发生物技术的重心从能力开发转移到生物经济上；印度政府发布了《国家生物技术发展战略》II 期（2014—2020），这是在 2007 年发布第一版战略基础上，对学科汇聚的新态势进行分析后形成的新战略。

生命科学研究正进入新的发展阶段，生物技术正加速向应用领域渗透。在经历了发现 DNA 双螺旋结构和完成"人类基因组"计划的两次革命后，生命科学正经历第三次革命，即生物学与信息学、物理学、工程学等领域的会聚。学科会聚，推动技术变革，使生命科学研究向定量、精确、可视化发展。应用于生命科学领域的技术进步加快了人们对生命的认知和理解，超高分辨率、深层次的活体成像显微技术的出现使研究人员能够高效、精准、实时地观察生命过程的变化，虚拟现实成像技术可带来难以置信的现实体验。测序技术和组学研究仍然是生命科学发展的重要推动力，组学分析获取的海量数据推动生命科学进入大数据时代，"生命数字化"将深刻影响我们的生活。2014 年，脑科学等领域的重大发现丰富和加深了我们对生命的认识，记忆操控、脑 - 机接口、人工智能进一步实现技术突破：研究发现可激活小鼠记忆，控制与情感关联的记忆回路，成功实现了记忆操控；利用脑 - 机接口操控小鼠移植物中的基因表达，逐步实现猴子之间、人与人之间的意念控制，展示了脑 - 机接口治疗瘫痪患者的潜力以及人与人之间大脑直接通信的可能；首例受大脑控制的假肢 Deka 于 2014 年 5 月获美国食品与药品监督管理局（FDA）批准上市，IBM 成功研发了模拟人脑芯片 SyNAPSE，可用更接近活体大脑的方式来进行信息处理，打造了世界最大的用于语音和图像查询的计算机大脑，标志着人工智能正在实现。膨胀显微技术、新化学遗传学技术、神经元基因表达快照技术等一系列新技术突破，使复杂的神经回路研究越发精细、清晰和直接。干细胞重编程技术、CRISPR

（基因组编辑技术）、非编码 RNA 技术、DNA 测序技术、DNA 互联网技术、诊断技术等也将逐渐向及时、高效、精准、特异性发展。生命科学与生物技术在惠及民生和促进经济发展方面发挥越来越重要的作用，生命科学研究成果转化进程加速，重大疾病致病机理不断明晰，新疗法为疾病提供了更多的治疗方式。合成生物学、干细胞疗法等领域成果不断。利用计算机辅助设计技术，成功构造了酿酒酵母染色体Ⅲ，这是通往构建完整真核细胞生物基因组的关键一步，将有助于更快地培育新的酵母合成菌株，用于制造青蒿素和治疗乙肝的疫苗等，还能用于生产如乙醇、丁醇和生物柴油等生物燃料。分别利用人类胚胎干细胞、胰腺外分泌细胞在体外构建了人类 β 细胞，为糖尿病疗法的开发带来希望；治疗胰腺癌的联合免疫疗法获得美国 FDA 突破性药物认证；艾滋病新疗法开发屡获突破，发现可杀死艾滋病病毒的有效抗体及利用基因组编辑技术改造患者自身免疫 T 细胞基因的基因疗法已完成一期人体试验。2014 年，美国 Science 杂志评选的十大突破中与生物相关的有 6 项，包括年轻者的血液修复年迈者的健康问题、神经形态芯片、β 细胞、记忆操控、扩展遗传密码、从恐龙到鸟的转变。

生命科学和生物技术取得的重要进展和重大突破正推动生物产业进入高成长阶段。据安永公司统计，2014 年全球生物产业再创佳绩，几乎打破收入、盈利能力和融资规模等所有金融指标记录。位于成熟生物技术地区（美国、欧洲、加拿大和澳大利亚）的企业创收 1230 亿美元，首次突破 1000 亿美元大关，较 2013 年增长24%，保持连续五年收入增长。

生物医药发展迅速，2014 年，全球生物技术药物销售额达 1790 亿美元，较2013 年增长了 140 亿美元，至 2020 年预计将达到 2780 亿美元。在全球药物市场中，生物技术药物占总体药物市场销售额的 23%，相比 2013 年提高了 1 个百分点，预计到 2020 年这一比例将达到 27%。而在全球销售量前 100 名的药物中，2014 年生物技术药物销售收入占 44%，预计至 2020 年将进一步提升至 46%。美国 FDA2014 年批准了 41 个新药，远高于 2013 年批准数量（27 个新药），是自 1996 年以来批准新药数量最多的年份（据 Evaluate Pharma 公司统计）。美国 FDA 生物制品评价和研究中心（CBER）审批通过了 20 个生物制品，主要包括疫苗、血液制品、生物制品、生物诊断试剂等方面，涵盖 3 个血友病治疗生物制品、3 个过敏性疾病治疗生物制品、2 个疫苗、10 个血液制品和诊断试剂，以及治疗原发性免疫缺陷症患者体液免疫缺陷和遗传性血管性水肿急性发作的生物制品各 1 个。

生物技术在农业领域发挥越来越重要的作用。以转基因作物为例，2014 年，全球转基因作物的种植面积为 1.815 亿公顷，年增长率为 3%～4%，比 2013 年的 1.752 亿公顷增加了 630 万公顷。作为转基因作物商业化种植的第 19 年（1996～2014 年），其种植面积在连续 18 年取得显著增长之后继续保持增长。

生物技术正在向工业领域渗透，越来越多的化工产品通过生物技术手段生产出来，包括各种大宗化工产品和精细化学品。Lux Research 咨询公司 2015 年 1 月发布的报告显示，全球生物基材料和化学品（BBMC）2018 年产能将跃升至 740 万吨以上。在燃料替代领域，2014 年世界燃料乙醇产量达到创纪录的 7227 万吨，纤维素乙醇产量超过 107 吨（据 F. O. Licht 公司统计）。

 ## 二、我国生物技术与产业发展态势

当前，中国经济发展进入新常态，正由要素驱动向创新驱动转变，结构调整、经济转型、产业升级比以往任何时候更需要强大的科技支撑。以信息、生物为代表的新技术的出现和群体性突破正在成为新的经济增长点和就业创业的源泉。生命科学和生物技术在支撑引领经济发展中的作用日益突出。

2014 年，我国生命科学与生物技术领域论文与专利数量呈现增长态势，连续 4 年名列全球第二。中国发表生命科学相关论文 75 040 篇，比 2013 年增长了 15.37%，占全球论文总量比例从 2005 年的 3.68% 提高到 2014 年的 12.65%；生物与生物化学、环境与生态学、微生物学、病理与毒理学、植物与动物学 5 个子领域的论文数量均位居全球第二位。2014 年全球发表生命科学论文数量机构排名中，中国科学院位居第 4，共发表 7077 篇论文。中国专利申请数量和授权数量分别为 17 391 件和 10 007 件，占全球数量比值分别为 22.57%、20.77%。PCT 专利申请数量达到 497 件，较 2013 年增长了 4.41%。2005 年以来，我国生命科学与生物技术领域专利申请数量和获授权数量呈总体上升趋势。

随着研究投入的增加，我国生物技术研究取得了一系列突破性成果，在基因组学、转录组学、蛋白质组学、代谢组学、结构生物学、神经科学、转化医学、传染病与免疫学以及干细胞等方面取得了丰硕成果。2014 年，我国科研人员先后解析了人源葡萄糖转运蛋白 GLUT1、阿尔茨海默病致病直接相关的人源 γ 分泌酶复合物的三维结构，为理解疾病发生机制和治疗提供基础；发现了免疫细胞分化发育与功能调控新机制，为癌症等多种疾病的免疫治疗提供了新靶标和新思路；建立了世界上首个肝病肠道菌群基因集，为晚期肝疾病检测提供了新方法；建立了蛋白全序列从头设计新途径，为蛋白质结构功能的设计改造提供了新工具；完成了兰花、油菜、大麦、木本棉、鲤、比目鱼、北极熊、绵羊、川金丝猴等多个物种的基因组测序工作；绘制了大豆泛基因组图谱和番茄的变异组图谱；首次解析了人类早期胚胎的 DNA 甲基化调控网络；在人源胚胎干细胞 H9 中发现近万条环形 RNA，证明了内含子 RNA 互补序列介导的外显子环化；首次阐明了真核生物可以通过不同密码子翻译起始合成不同蛋白质亚型，为 PTEN 基因直接调控线粒体代谢过程提供了重要依据；首次发现 PPM1D 基因突变具有特异地促进脑干胶质瘤细胞生长的功能，使得脑干胶质瘤分型方法有望由影像学分型向基因分型发展，并可尝试在分子病理指导下的综合治疗，对今后寻找脑干胶质瘤新的治疗靶点有重大意义；成功实现了恒河猴成纤维细胞到"原始多潜能干细胞"、人类皮肤上皮干细胞到角膜缘干细胞和人体成纤维细胞到肝细胞的转变，并揭示了重编程过程中的一些分子调控机制。

2014 年，我国生物技术的应用研究取得了一系列突破性成果。医药生物技术方面，国家食品药品监督管理总局共批准了肿瘤、内分泌系统、眼科、消化系统、心血管系统、生殖系统等重要领域的 12 个新药上市，包括：西达本胺（爱谱沙®），组蛋白去乙酰化酶抑制剂，是治疗外周 T 细胞淋巴瘤的药物，为复发及难治性外周 T 细胞淋巴瘤患者提供了新的治疗机会；甲磺酸阿帕替尼片，是我国自主研发的首个血管内皮细胞生长因子受体抑制剂，也是全球首个治疗晚期胃癌的小分子靶向药物，为胃癌患者的治疗提供了新的用药选择；Sabin 株脊髓灰质炎灭活疫苗（单苗），填补了我国在脊髓灰质炎灭活疫苗生产领域的空白；国产替奈普酶制剂，用于急性心肌梗死症状发作 6 小时内，伴持续 ST 段抬高或新近出现左束支传导阻滞的心肌梗死患者的溶栓治疗；溶血栓生物新药"铭复乐"，可用于急性心肌梗死"一针救命"，标志着我国在急性心肌梗死治疗领域达到了国际先进水平；同时，研制开发的埃博拉疫苗 Ad5-EBOV 进入临床试验阶段，成功开发出埃博拉病毒核酸测定试剂盒，可对埃博拉病毒特异性基因片段进行荧光 PCR 检测，能够用于可疑感染患者的病原学快速鉴别诊断，已销往尼日利亚、几内亚、喀麦隆、肯尼亚等国家；BioelectronSeq 4000 基因测序仪和胎儿染色体非整倍体检测试剂盒获准上市，为我国基因检测技术进入世界先进行列做出了重要贡献。

生物医学工程方面，《中国制造 2025》将高性能医疗器械作为十大重点发展领域之一，国家食品药品监督管理总局批准了达安基因的第二代基因测序诊断产品上市，该产品可通过对孕周 12 周以上的高危孕妇外周血血浆中的游离基因片段进行基因测序，对胎儿染色体非整倍体疾病进行无创产前检查和辅助诊断。

农业生物技术方面，有 225 个微生物肥料产品在中国农业部正式登记；我国研制的"海神丰"海藻生物肥产品上市销售，已成功打入日本及美国市场；首次实现了超级稻百亩片平均亩产过千公斤的目标，并首次在遗传和生化层面上分析了水稻矮化多分蘗基因 DWARF53 的功能。

在科技水平不断提高的带动下，我国生物产业规模不断壮大，2014 年达到 3.16 万亿元，一批行业龙头企业迅速扩大规模，开始在部分领域与国际大型跨国企业开展同台竞争。在产业技术方面，关键领域已经取得了一系列重大突破。

医药工业保持了较快的经济增长速度，在各工业大类中位居前列，虽然主营业务收入、利润总额的增速较上年放缓，但仍显著高于工业整体水平。全年完成总产值 25 798 亿元，同比增长 15.7%；规模以上医药工业企业实现主营业务收入 24 553.16 亿元，同比增长 13.05%，高于全国工业整体增速 6.05 个百分点，但较上年降低 4.85 个百分点；医药出口略有回升，规模以上医药工业企业实现出口交货值 1740.81 亿元，同比增长 6.63%，增速较上年提高 0.54 个百分点；医药产品出口额为 549.6 亿美元，同比增长 7.38%。

生物药品制造总产值 2749.77 亿元，同比增长 13.95%。全国医疗器械销售规模约 2556 亿元，比上年度的 2120 亿元增长了 436 亿元，增长率为 20.06%；其中，医院市场约为 1944 亿元，占 76.09%；零售市场约为 612 亿元，占 23.91%；医疗器械行业出口总额为 549 亿元，占整个国内器械企业销售额 26%。

农业领域，我国拥有抗病虫、抗除草剂、优质抗逆等一批功能基因及核心技术的自主知识产权，抗虫水稻、玉米以及高产优质棉花、高品质奶牛等一批创新性成果达到国际领先水平。我国已经成为世界第二大种子市场，主要由玉米、水稻、蔬菜种子市场组成，2013 年我国种子市场的销售额约 580 亿元，约占世界种子市场总规模的 20%；2014 年我国转基因作物的种植面积为 390 万公顷，位列全球第六；截至 2014 年 12 月底，农业部微生物肥料和食用菌菌种质量监督检验测试中心正式登记微生物肥料有产品 1216 个。

中国生物发酵产业通过增强自主创新能力，加快产业结构优化升级、提高国际竞争力，使得产业规模持续扩大，总体保持平稳发展态势，并形成了一些优势产品，主要生物发酵产品产量从 2011 年的 2230 万吨增长到 2014 年的 2420 万吨，年总产值接近 3000 亿元，生物发酵产品总产量居于全球第一。

燃料替代方面，2014 年，我国燃料乙醇产量达到 233.2 万吨，混配 E10 乙醇汽油约 2140 万吨，占当年汽油总消费量的近 1/4，纤维素非粮乙醇产量为 3.2 万吨。

高速增长的产业发展态势吸引了大量社会资本的投入。2014 年，我国生物产业领域的风险投资激增，投资总额达到 17 亿美元，相比 2013 年上升了 70%；交易数量达到 69 项，相比 2013 年上升了 57%；生命科学服务业共募集到风险投资 5.67 亿美元，占投资总额的 34%；药物研发领域的投资额所占比重有所下降。全年共有 111 家企业上市，并购交易量达到 106 件，交易额为 86 亿美元，相比 2013 年增长 66%，平均交易额达到 9900 万美元。从 2009 年起，中国生命科学产业的并购市场已连续 5 年实现增长，并购已成为提升企业竞争力，促进产业整合的重要手段。此外，互联网医疗领域投资增长明显，2014 年公开披露融资额为 14 亿美元，融资交易 103 起，是 2013 年融资额和融资交易量的 3 倍。

全球生命科学研究、生物技术研发和生物产业发展保持较快增速。我国在某些领域已具有较为雄厚的积累和优势，为今后持续创新和发展奠定了较为坚实的基础。

第二章 基础研究

 一、国际生命科学进展年度简述

生命科学与生物技术已经成为最活跃的科技领域，根据 Web of Science 数据库的收录情况，2014 年，生命科学领域论文数量占自然科学论文比例达到了 43.9%。多项突破性成果入选 *Nature*、*Science*、*Nature Methods*、*MIT Technology Review*、*The Scientist* 等杂志的年度评选。*Science* 杂志评选的十大突破中，六项与生命科学相关。本章将基于生命科学领域权威期刊的评选，结合生命科学研究热点，对 2014 年的重大研究进展和技术革新进行简述。

（一）重大研究进展

2014 年，脑科学研究获得多项突破，记忆操控、脑－机接口、人工智能进一步实现技术突破；干细胞加速应用于疾病疗法开发，正式实现临床应用；癌症联合免疫疗法进一步拓宽免疫疗法之路，成为关注焦点；合成生物学基础与应用研究不断获得进展，人造生命逐渐向真核生物发展；艾滋病新疗法开发屡获突破，有望实现"功能性治愈"；年轻血液改善衰老研究受关注，为衰老性疾病的治疗提供新思路。

1. 脑科学及人工智能获多项突破

脑科学研究是综合交叉的重大科学前沿，逐渐开始迈入分子—细胞—脑—行为直至社会的跨学科、多层次研究。2014 年，脑科学研究相关技术持续推进，促进大脑连接图谱绘制取得多项突破。美国加州大学圣地亚哥分校开发的新型带荧光染料的 CNiFER 技术[2]为捕捉活体大脑信号提供了新途径；美国洛克菲勒大学设计的 Retro-TRAP 新技术[3]可根据神经元连接来绘制神经元基因表达谱，从而更精细地研究复杂神经回路的作用机制。美国艾伦脑科学研究所绘制出小鼠大脑神经连接图谱[4]和胚胎期人脑转录图谱[5]，前者是第一个哺乳动物全脑神经元连接图谱，也是迄今最全面的脊椎动物大脑连接图谱；美国南加州大学[6]绘制出小鼠大脑神经网络图，且作为交互式图像数据库在线开放获取，是小鼠大脑皮质网络研究的宝贵资源；美国霍华德·休斯医学研究所和约翰·霍普金斯大学记录了整个果蝇幼虫大脑活化神经元的行为效应并对其进行分类，绘制神经元 – 行为图谱[7]；美国斯坦福大学医学院[8]绘制了包含近百个重要基因的关键图谱，构建了单细胞分辨率的小鼠听囊细胞和早期成神经细胞系的重构图。

奥地利分子生物学技术研究所及美国麻省总医院于 2013 年利用诱导多能干细胞（iPSC）成功获得大脑类器官，为神经科学研究提供了新思路。2014 年，美国麻省总医院首次用患者脑细胞培养获得人脑神经网络，并观察到阿尔兹海默病斑块和神经纠结的特征，解决了阿尔兹海默病研究和治疗中的难题。美国 *MIT Technology Review* 预测大脑类器官将成为揭秘神经疾病机制的新利器。

2014 年，记忆操控、脑 – 机接口、人工智能等方面也取得了一系列突破。美国麻省理工学院的两项研究分别删除 / 激活了小鼠记忆[9]，控制与正面 / 负面情感关联的记忆回路[10]，成功实现了记忆操控，入选 *Science* 评选的 2014 年十大突破。利用意念控制假肢的多项进展改善了人类用户的动作和触觉反馈。瑞士苏黎世联邦理工学院、巴塞尔大学的科研人员通过脑 – 机接口，利用其注意力操控小鼠移植物中的基因表

2 Arnaud Muller, Victory Joseph, Paul A. Slesinger, et al. Cell-based reporters reveal in vivo dynamics of dopamine and norepinephrine release in murine cortex. Nature Methods, 2014, doi:10.1038/nmeth.3151.

3 Mats I E, Alexander R N, Zachary A K, et al. Molecular profiling of neurons based on connectivity. Cell, 2014, 157(5): 1230-1242.

4 Seung Wook Oh, Julie A. Harris, Lydia Ng, et al. A mesoscale connectome of the mouse brain. Nature, 2014, 508: 207-214.

5 Jeremy A. Miller, Song-Lin Ding, Susan M. Sunkin, et al. Transcriptional landscape of the prenatal human brain. Nature, 2014, 508: 199-206.

6 Brian Zingg, Houri Hintiryan, Lin Gou, et al. Neural networks of the mouse neocortex. Cell, 2014, 156(5): 1096-1111.

7 Joshua T V, Youngser P, Tomoko O, et al. Discovery of brainwide neural-behavioral maps via multiscale unsupervised structure learning. Science ,2014,344(6182): 386-392.

8 Lu W, Fuchou T. Reconstructing complex tissues from single-cell analyses. Cell, 2014, 157(4): 771-773.

9 Sadegh Nabavi, Rocky Fox, Christophe D. Proulx, et al. Engineering a memory with LTD and LTP. Nature, 2014, 511(7509): 348-352.

10 Roger L. Redondo, Joshua Kim, Autumn L. Arons, et al. Bidirectional switch of the valence associated with a hippocampal contextual memory engram. Nature, 2014, 513(7518): 426-430.

达[11]；美国哈佛医学院、华盛顿大学分别利用脑－机接口逐步实现猴子之间[12]、人与人之间[13]的意念控制，展示了脑－机接口治疗瘫痪患者的潜力以及人与人之间大脑直接通信的可能；首例受大脑控制的假肢 Deka 于 2014 年 5 月获美国 FDA 批准上市。同时，美国 IBM[14]成功研发了模拟人脑芯片 SyNAPSE，可用更接近活体大脑的方式来进行信息处理，其成功开发标志着人工智能正在实现。

2. 干细胞与再生医学进一步向临床推进

2014 年，国际干细胞和再生医学领域在 iPS 技术研究、组织器官生成、干细胞疗法开发等方面获得重大突破，并进一步向临床推进。英国剑桥大学等[15]通过消除 iPS 细胞的表观遗传标记，将其恢复到更接近胚胎干细胞的原始状态，进一步促进 iPS 细胞的应用；美国 CHA 健康系统[16]和美国纽约干细胞基金研究所[17]分别利用体细胞核移植技术构建了成人和患者的胚胎干细胞，解决了人类胚胎干细胞应用的伦理问题。组织器官构建中，英国爱丁堡大学[18]成功在小鼠体内培育出具完整功能的胸腺，向培育临床应用的人工器官迈出关键一步。在干细胞疗法开发方面，美国哈佛大学的两项研究分别利用人类胚胎干细胞[19]、胰腺外分泌细胞[20]在体外构建了人类 β 细胞，为糖尿病疗法开发带来希望，这一成果入选 Science 杂志 2014 年十大突破。此外，利用 iPS 细胞开展视网膜再生的首次临床试验也于 2014 年正式启动，成为 iPS 细胞临床应用的里程碑。

11 Marc Folcher, Sabine Oesterle, Katharina Zwicky, et al. Mind-controlled transgene expression by a wireless-powered optogenetic designer cell implant. Nature Communications, 2014, doi: 10.1038/ncomms6392.

12 Maryam M. Shanechi, Rollin C. Hu & Ziv M. Williams. A cortical-spinal prosthesis for targeted limb movement in paralysed primate avatars. Nature Communications, 2014, doi:10.1038/ncomms4237.

13 Rajesh P. N. Rao mail, Andrea Stocco mail, Matthew Bryan, et al. A direct brain-to-brain interface in humans. PLoS ONE, 2014, 9(11): e111332.

14 Paul A. Merolla1, John V. Arthur, Rodrigo Alvarez-Icaza, et al. A million spiking-neuron integrated circuit with a scalable communication network and interface. Science, 2014, 345(6197): 668-673.

15 Takashima Y, Guo G, Loos R, et al. Resetting transcription factor control circuitry toward ground-state pluripotency in human. Cell, 2014, 158(6): 1254-1269.

16 Chung YG, Eum JH, Lee JE, et al. Human somatic cell nuclear transfer using adult cells. Cell Stem Cell, 2014,14(6): 777-780.

17 Yamada M, Johannesson B, Sagi I, et al. Human oocytes reprogram adult somatic nuclei of a type 1 diabetic to diploid pluripotent stem cells. Nature, 2014, 510: 533.

18 Nicholas Bredenkamp, Craig S. Nowell & C. Clare Blackburn. Regeneration of the aged thymus by a single transcription factor. Development. 2014, 141: 1601.

19 Felicia W. Pagliuca, Jeffrey R. Millman, Mads Gürtler, et al. Generation of functional human pancreatic β cells in vitro. Cell, 2014, 159(2): 428-439.

20 Weida Li, Claudia Cavelti-Weder, Yingying Zhang, et al. Long-term persistence and development of induced pancreatic beta cells generated by lineage conversion of acinar cells. Nature Biotechnology. 2014, 32: 1223-1230.

3. 合成生物学发展快速

随着各国在合成生物学领域的日益重视与不断投入，其基础与应用研究不断取得突破。英国医学研究委员会利用实验室合成的 XNA 作为构建模块，制备了可引发切割或缝合小片段 RNA 等简单反应的 XNA 酶，是世界上首个由人工遗传物质制成的酶[21]；美国斯克里普斯研究所成功将人工合成碱基对"X-Y"定向插入大肠杆菌的 DNA 之中，以制造具备"非自然"氨基酸的设计蛋白，向"订制"特定生物组织迈进一步[22]；美国约翰·霍普金斯大学医学院、纽约大学 Langone 医学中心建立了一个全功能染色体 synⅢ，并成功地将这一染色体整合进啤酒酵母[23]，首次合成真核生物染色体是合成生物学领域的一项重大进步。

4. 联合癌症免疫疗法开发不断推进

癌症免疫疗法表现出对抗肿瘤的巨大潜力，2014 年得到了重要发展。整合两种免疫疗法，或是将免疫疗法与靶向药物、放射疗法或化学疗法相结合的联合疗法成为目前焦点，拓宽了免疫疗法之路，Aduro BioTech 生物技术公司治疗胰腺癌的联合免疫疗法已获得美国 FDA 突破性药物认证。*Science* 预测联合免疫疗法在 2015 年将出现重要突破。

5. 艾滋病基础研究与疗法开发获多项突破

艾滋病研究与疗法开发也出现多项突破，WHO 宣布接受药物治疗的人数首次超过感染人数。基础研究领域，欧洲分子生物学实验室获得极高分辨率的不成熟 HIV 的结构，揭示出其蛋白质构件的惊人排列方式：不成熟蛋白质构件的结构不同，组装成的不成熟病毒离开感染细胞后，构件再度重排成为成熟病毒[24]。其疗法开发也不断推进，南非艾滋病项目研究中心发现可杀死艾滋病病毒的有效抗体，有望研制出

---

21 Taylor AI, Pinheiro VB, Smola MJ, et al. Catalysts from synthetic genetic polymers, Nature(2014) doi: 10.1038/nature13982.

22 Malyshev DA, Dhami K, Lavergne T, et al. A semi-synthetic organism with an expanded genetic alphabet. Nature. 2014, 509(7500): 385-388.

23 Narayana Annaluru, Héloïse Muller, Leslie A. Mitchell, et al. Total synthesis of a functional designer eukaryotic chromosome. Science. 344(6179): 55-58.

24 Florian K. M. Schur, Wim J. H. Hagen, Michaela Rumlová, et al. Structure of the immature HIV-1 capsid in intact virus particles at 8.8 Å resolution. Nature. 2014, doi: 10.1038/nature13838.

艾滋病疫苗[25]；美国费城宾夕法尼亚大学研究人员首次利用基因编辑技术改造患者自身免疫 T 细胞的 *CCR5* 基因，从而增强其抵抗病毒的能力[26]，该基因疗法完成了一期人体试验，可促进艾滋病的"功能性治愈"。澳大利亚新南威尔士大学牵头实施的骨髓治疗研究中，两名感染艾滋病的癌症患者在接受骨髓干细胞移植治疗癌症时，其体内艾滋病病毒降到检测水平以下。

6. 血液生长分化因子为衰老性疾病治疗提供可能

美国哈佛干细胞研究所 2013 年的研究发现，通过外科手术将年轻小鼠与老年小鼠的血液循环系统相连，老年小鼠心肌肥大的症状可得到显著改善，且心肌细胞的体积也减小[27]。2014 年，哈佛干细胞研究所开展的两项研究发现，给老年小鼠注射血液中的生长分化因子 11 蛋白（GDF11 蛋白）后，小鼠的运动能力[28]和脑部嗅觉区功能得到提高。GDF11 功能的发现将有助于治疗心脏老化、骨骼肌老化和阿尔兹海默病等，有望在未来 3～5 年内开展人体临床实验。

（二）技术进步

超高分辨率、深层次的活体成像显微技术的出现使研究人员能够高效、精准、实时地观察生命过程的变化，虚拟现实成像技术可带来难以置信的现实体验。干细胞重编程技术、CRISPR 技术、非编码 RNA 技术、DNA 测序技术、DNA 互联网技术、诊断技术等也将逐渐向及时、高效、精准、特异性发展。

1. 成像技术

激光层照荧光显微技术能以很高的 3D 分辨率长时间对生物学样本进行非破坏性成像，可捕捉细胞或亚细胞水平发生的动态，被 *Nature Methods* 评为 2014 年年度技术[29]。

---

25 Nicole A. Doria-Rose, Chaim A. Schramm, Jason Gorman, et al. Developmental pathway for potent V1V2-directed HIV-neutralizing antibodies. Nature. 2014, 509(7498): 55-62.

26 Pablo Tebas, M.D., David Stein, M.D., Winson W. Tang, M.D., et al. Gene editing of CCR5 in autologous CD4 T cells of persons infected with HIV. The New England Journal of Medicine. 2014, 370:901-910.

27 Francesco S. Loffredo, Matthew L. Steinhauser, Steven M. Jay, et al. Growth differentiation factor 11 is a circulating factor that reverses age-related cardiac hypertrophy. Cell. 2013, 153(4): 828-839.

28 Lida Katsimpardi, Nadia K. Litterman, Pamela A. Schein, et al. Vascular and neurogenic rejuvenation of the aging mouse brain by young systemic factors. Science. 2014, 344(6184): 630-634.

29 Method of the Year 2014. Nature Methods. 2015, 12(1).

激光层照荧光显微技术用薄层光从侧边照射样本，然后从样本的上部或下部检测荧光，激发光路与检测光路垂直。该技术不仅大大降低了光毒性，还提高了活样本长时间成像的能力，预测未来几年将在研究中得到广泛应用。

霍华德·休斯医学研究所 Eric Betzig 作为超高分辨率荧光显微镜开发者之一，获得了 2014 年的诺贝尔化学奖，其最新细胞成像突破性成果——**单分子分辨率三维成像技术**[30] 能够以单分子分辨率随时间对细胞进行三维成像，*The Scientist* 将其评为 2014 年重大科学突破。

美国加州理工学院基于 CLARITY 技术建立了**全身组织透明化（PARS）技术**[31]。PARS 技术通过将透明剂泵入动物循环系统，在不影响内部结构的基础上去除脂肪，使组织、器官甚至整个机体透明，从而实现 DNA、RNA 和蛋白的同时定位，尤其适合观察长神经元，有助于人体周围神经系统的定位。

传统的 3D 成像技术会引起眩晕，初创公司 Magic Leap 耗资数亿美元研制出的最新成像技术，可带来虚拟现实体验。**Magic Leap 虚拟现实技术**让光线生成的 3D 图案与眼睛从实物上看到的图案相同，并让眼睛自动调整人工 3D 场景的不同焦距深度，产生出虚拟物体和真实世界合并的错觉。这一技术不仅可能给娱乐业带来一场革命，也可以在医学、工程训练等领域产生广泛应用。

此外，**超分辨率关联光学和电子显微镜技术**（correlated light and electron microscopy，CLEM）兼具荧光显微镜的分子标记功能和电子显微镜的高分辨率，深层成像技术可以更近距离地观测大脑等器官的深层结构，基因编码的体内电压感受器可实现体内神经元活动的成像，*Nature Methods* 预测其也将成为研究焦点。

2. 干细胞重编程新技术

2014 年在重编程研究领域取得多项成果，*Science* 预测新型重编程技术开发将在 2015 年成为研究焦点。过去认为处于分裂间期后期阶段的成体细胞不能诱导转化为胚胎干细胞，美国俄勒冈健康与科学大学[32] 利用处于细胞"分裂间期"阶段的 2- 细

30 Bi-Chang Chen, Wesley R. Legant, Kai Wang, et al. Lattice light-sheet microscopy: Imaging molecules to embryos at high spatiotemporal resolution. Science. 2014, 346(6208): 10.1126/science.1257998.

31 Bin Y, Jennifer B T, Rajan P K, et al. Single-cell phenotyping within transparent intact tissue through whole-body clearing. Cell, 2014, 158(4): 945-958.

32 Eunju Kang, Guangming Wu, Hong Ma, et al. Nuclear reprogramming by interphase cytoplasm of two-cell mouse embryos. Nature. 509, 101-104.

胞胚胎的细胞质，成功将小鼠成体细胞重编程为胚胎干细胞；波士顿儿童医院[33]利用8个转录因子诱导小鼠成体血细胞重编程获得诱导造血干细胞（iHSC），具有 HSC 的功能特征；英国爱丁堡大学[34]将成纤维细胞重编程为功能性的胸腺上皮细胞，并首次生成了具有完全功能的胸腺，标志着体外培养替代性器官又进一步。

3. 下一代 CRISPR 技术

随着 CRISPR-Cas 系统的不断成熟，研究人员开始考虑 CRISPR-Cas 系统的特异性、有效性，甚至真核生物核酸酶的应用可能性。*Nature Methods*[35]指出下一代 CRISPR 技术有望成为 2015 年的重磅技术，其核心工作是提高特异性。导向 RNA（gRNA）可将 Cas9 核酸酶带到基因组目标位置，提高其特异性是 CRISPR-Cas 系统的关键问题，美国麻省总医院[36]建议通过切断 gRNA 减少脱靶问题，且不影响靶标活性，而韩国首尔国立大学[37]则建议使用更长一些的 gRNA 来解决此问题。

4. 非编码 RNA 技术

随着 RNA 测序及其衍生技术（如 CaptureSeq）的出现，研究发现更多种类的非编码 RNA（ncRNA），但大部分 ncRNA 的功能至今仍未能明确。为阐明 ncRNA 的作用，研究人员进行了大量研究。美国哈佛医学院[38]通过多重敲除小鼠模型，揭示了基因间长链非编码 RNA（lincRNA）对生命和大脑发育的必要性，为大规模长链非编码 RNA（lncRNA）功能研究奠定了基础；一项研究[39]显示，根据 RNA 转录起始的特点及其对细胞核 RNA 外切复合体的敏感性，可以正确而有效地分类已注释的各种转录本，该分类策略有助于研究已知 RNA 和新 RNA 的功能。*Nature Methods* 预测 ncRNA

33 Jonah Riddell, Roi Gazit, Brian S. Garrison, et al. Reprogramming committed murine blood cells to induced hematopoietic stem cells with defined factors. Cell. 2014, 157(3): 549-564.

34 Nicholas Bredenkamp, Svetlana Ulyanchenko, Kathy Emma O'Neill, et al. An organized and functional thymus generated from FOXN1-reprogrammed fibroblasts. Nature Cell Biology. 2014, 16(902-908).

35 Nicole Rusk. Next-generation CRISPRs. Nature Methods, 2014, 12: 36.

36 Yanfang Fu, Jeffry D Sander, Deepak Reyon, et al. Improving CRISPR-Cas nuclease specificity using truncated guide RNAs. Nature Biotechnology. 2014, 32(279-284).

37 Seung Woo Cho, Sojung Kim, Yongsub Kim, et al. Analysis of off-target effects of CRISPR/Cas-derived RNA-guided endonucleases and nickases. Genome Research. 2013, doi: 10.1101/gr.162339.113.

38 Martin Sauvageau, Loyal A Goff, Simona Lodato, et al. Multiple knockout mouse models reveal lincRNAs are required for life and brain development. Elife. 2013; 2: e01749.

39 Robin Andersson, Peter Refsing Andersen, Eivind Valen, et al. Nuclear stability and transcriptional directionality separate functionally distinct RNA species. Nature Communications. 2014, 5, doi: 10.1038/ncomms6336.

依然是 2015 年的研究焦点，将出现更多分析 ncRNA 功能的新研究方法。

5. DNA 测序技术

2014 年是基因组学由基础研究向临床应用转化的元年。美国哈佛 – 麻省理工 Broad 研究所[40] 完成了埃博拉病毒 DNA 序列的测序，用基因组学阐述了埃博拉病毒起源和传播；利用新一代高通量测序技术对孕妇外周血游离 DNA 进行检测（NIPT）的技术由研究走向了临床应用，且该无创产前基因检测技术市场在中国逐渐规范；Illumina 公司推出的 HiSeq X Ten 使 1000 美元基因组测序成为现实；美国加州大学旧金山分校[41] 首次利用下一代测序技术诊断出罕见病原体感染，确诊并挽救了患有联合免疫缺陷综合征少年的生命。

6. 基因组数据共享技术

目前，已经有超过 20 万的人进行了全基因组测序，并将继续上升。实现 DNA 数据库间的数据共享可在疾病治疗中通过对基因组数据进行比对，设计出最优治疗方案。全球基因组学与健康联盟（GAGH）研发了遗传信息交换系统：匹配制造交换（match maker exchange）系统，加拿大与美国、英国的医院于 2014 年 1 月对其进行了测试，实现了患者 DNA 的自动对比；2014 年 3 月，谷歌加入 GAGH，并推出了"谷歌基因组学"服务，可以通过将基因组数据存储在云端实现共享。美国国家癌症研究所（NCI）也将斥资 1900 万美元，把约 2.6PB（1PB＝1024TB）的癌症基因组图谱上传至"谷歌基因组学"和亚马逊的数据中心，以打造"癌症基因组云数据库"。目前，基因组信息的共享还牵扯隐私权等伦理问题，GAGH 试图通过建立点对点的查询系统来解决。

7. 早期诊断技术

癌细胞在癌症早期释放到血液中的 DNA 数量较少，难以检测。香港中文大学、约翰·霍普金斯大学与 Illumina 公司的研究人员正在开发一种快速检测血液中 DNA

---

40 Stephen K. Gire, Augustine Goba, Kristian G. Andersen, et al. Genomic surveillance elucidates Ebola virus origin and transmission during the 2014 outbreak. Science. 2014, 345(6202): 1369-1372.

41 Michael R. Wilson, Samia N. Naccache, Erik Samayoa, et al. Actionable diagnosis of neuroleptospirosis by next-generation sequencing. The New England Journal of Medicine. 2014, 370: 2408-2417.

的液体活检技术，有助于癌症的早期发现。该技术利用下一代 DNA 测序设备，对血液中 DNA 片段进行快速测序，通过与人类基因组参考图谱进行比对实现对癌症的常规筛查。

8. 提高光合作用速率

国际水稻研究所、美国明尼苏达大学、英国剑桥大学以及澳大利亚国立大学共同开展研究，通过将玉米基因转入水稻中提高光合作用速率，从而提高水稻产量并缩短成熟期。目前，该技术尚处于早期阶段，有望快速提高粮食产量，以满足越来越多人口的需求。

此外，*Nature Methods* 还预测了蛋白质研究的相关技术，未来可利用 X 射线和电子衍射法从微晶体中确定蛋白质结构；纳米孔道将为单个蛋白质的特征研究带来希望；另外，数据非依赖性采集（DIA）质谱分析法可能会改变蛋白质组学数据的生成方式。

二、中国生命科学进展年度简述

2014 年，我国在生命科学各领域取得多项进展与突破。先后解析了人源葡萄糖转运蛋白、阿尔茨海默病致病蛋白的三维结构；免疫细胞分化发育与功能调控新机制的发现为免疫治疗提供了新思路；世界上首个肝病肠道菌群基因集的建立为晚期肝疾病检测提供了新方法。

1. 解析人源葡萄糖转运蛋白结构

清华大学医学院颜宁教授研究组[42]首次解析了人源葡萄糖转运蛋白 GLUT1 的晶体结构，初步揭示了其工作机制及相关疾病的致病机理。该成果不仅是针对葡萄糖转运蛋白研究取得的重大突破，同时为理解其他具有重要生理功能的糖转运蛋白的转运机理提供了重要的分子基础，揭示了人体内维持生命的基本物质进入细胞膜转运的过程，该成果对于研究癌症和糖尿病及其药物开发有重要意义。

---

42 Dong Deng, Chao Xu, Pengcheng Sun, et al. Crystal structure of the human glucose transporter GLUT1. Nature. 2014, 510(7516): 121-125.

2. 揭示阿尔茨海默病致病蛋白三维结构

清华大学生命科学院施一公院士研究组[43]首次揭示了与阿尔茨海默病发病直接相关的人源γ分泌酶复合物（γ-secretase）的精细三维结构，为阿尔茨海默病的发病机理提供了重要线索。研究人员利用瞬时转染技术，在哺乳动物细胞中成功过量表达并纯化出纯度好、性质均一、有活性的γ-secretase复合体。通过对获得的复合物样品进行冷冻电镜分析，最终获得了分辨率达4.5埃的γ-secretase复合物三维结构，为阿尔茨海默病的研究开启新篇章。

3. 建立蛋白全序列从头设计新途径

蛋白质氨基酸序列和空间结构之间的关系是科学界悬而未决的课题，目前国际上蛋白质自动设计方法极少，且成功率低。中国科学技术大学生命科学学院刘海燕教授、陈泉副教授研究组[44]建立了一种新的统计能量函数，并将胞内进化方法应用于从头设计蛋白可折叠性的高效实验鉴定和改进，成功实现给定目标结构的蛋白全序列从头设计。此研究建立了蛋白质从头设计的新途径，证明其效果能够达到甚至超过现有最好方法，为蛋白质结构功能的设计改造提供了新工具。

4. 免疫细胞分化发育与功能调控新机制研究

树突状细胞是机体免疫系统的控制者，被称为机体防御病原微生物侵袭的重要"哨兵"。第二军医大学医学免疫学国家重点实验室曹雪涛课题组[45]发现一种选择性表达于人树突状细胞中的lncRNA，可通过一种新的作用机制调控树突状细胞分化发育、抗原提呈功能与激活免疫应答的效果，为癌症等多种疾病免疫治疗与药物研发提供了新靶标、新思路。

5. 肝硬化中肠道菌群的改变的研究

浙江大学医学院附属第一医院传染病诊治国家重点实验室、感染性疾病诊治协

43 Peilong Lu, Xiao-chen Bai, Dan Ma, et al. Three-dimensional structure of human γ-secretase. Nature. 2014, 512(7513): 166-170.

44 Peng Xiong, Meng Wang, Xiaoqun Zhou, et al. Protein design with a comprehensive statistical energy function and boosted by experimental selection for foldability. Nature Communications. 2014, 5, Article number: 5330, doi: 10.1038/ncomms6330.

45 Pin Wang, Yiquan Xue, Yanmei Han, et al. The STAT3-binding long noncoding RNA lnc-DC controls human dendritic cell differentiation. Science. 2014, 344(6181): 310-313.

同创新中心主任李兰娟院士及其科研团队[46]通过收集 181 个来自于中国人肠道菌群的样本，利用宏基因组学研究方法开展了肝硬化肠道菌群的深度测序及关联分析研究，建立了世界上首个肝病肠道菌群基因集，其中 36.1% 的基因为首次发现。此研究是首次开展的肝硬化肠道菌群微生物关联分析研究，从肠道菌群发生紊乱的角度揭示肝硬化发生发展的机制，为检测晚期肝疾病提供了方法。

6. 超级稻亩产首破千公斤

2014 年，由湖南杂交水稻研究中心袁隆平院士团队牵头的国家 863 计划课题"超高产水稻分子育种与品种创制"取得重大突破，首次实现了超级稻百亩片平均亩产过千公斤的目标，创造了一项里程碑式的世界纪录。这是农业部首次针对超级稻千公斤攻关品种组织的国家级测产验收。

7. 水稻矮化多分蘗基因 *DWARF53* 的图位克隆和功能研究

DWARF53（D53）基因参与水稻分蘗、株高的调控，从而影响水稻的株叶形态，进而影响产量。南京农业大学万建民团队克隆了参与独脚金内酯信号途径的 *D53* 基因，并首次在遗传和生化层面上证实了 D53 蛋白作为独脚金内酯信号途径的抑制因子参与调控植物的分蘗生长发育，不仅为水稻株型改良提供重要理论基础，也为籼粳交杂种优势利用提供有用的基因和材料。

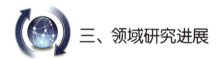 三、领域研究进展

（一）基因组学

20 世纪 90 年代初，以完成人类基因组全序列测定和注释为核心任务的人类基因组计划在美国的领导下兴起。自 1999 年中国加入人类基因组计划至今，中国基因组学得到了快速的发展。我国相继建立了国家人类基因组南方研究中心、国家人类基因组北方研究中心和深圳华大基因研究院等国际先进的基因组学技术平台，并出色

---

46 Nan Qin, Fengling Yang, Ang Li, et al. Alterations of the human gut microbiome in liver cirrhosis. Nature. 2014, 513(7516): 59-64.

地完成了多项重大基因组科学研究项目，对我国生命科学各个领域的发展产生了重要影响。2014 年，我国基因组学研究取得丰硕成果，主要体现在：多个物种全基因组测序，利用基因组编辑技术进行基因组改造，疾病易感基因的发现，功能基因组学研究。

1. 基因组测序

基因图谱的绘制有助于了解物种各基因的调控机制和生理代谢途径，为性状改良和遗传育种奠定基础。2014 年，我国科学家完成了兰花[47]、油菜[48]、大麦[49]、木本棉[50]、鲤[51]、比目鱼[52]、北极熊[53]、绵羊[54]、川金丝猴[55] 等多个物种的基因组测序工作，并绘制了大豆泛基因组图谱[56] 和番茄的变异组图谱[57]。此外，还利用基因测序技术构建了人类肠道微生物参考基因集和人类早期胚胎 DNA 甲基化全景观图谱。

华南理工大学等机构的研究人员基于 249 个新的测序样本和之前已公布的 1018 个人体肠道微生物样本，加上 511 株与人肠道密切相关的已测序原核微生物的基因组信息，构建了一个高质量、近乎完整的人类肠道微生物参考基因集。该成果为进一步研究人类肠道微生物提供了全面而精准的数据支持，对推动不同人群之间肠道微生物的遗传变异研究以及人类健康和疾病相关研究具有重要意义。相关成果于

47 Cai J, Liu X, Vanneste K, et al. The genome sequence of the orchid Phalaenopsis equestris.[J]. Nature Genetics, 2014, 47(1): 65-72.

48 Chalhoub B, Denoeud F, Liu S, et al. Early allopolyploid evolution in the post-Neolithic Brassica napus oilseed genome[J]. Science, 2014, 345(6199): 950-953.

49 Chen F H, Dong G H, Zhang D J, et al. Agriculture facilitated permanent human occupation of the Tibetan Plateau after 3600 BP[J]. Science, 2015, 347(6219): 248-250.

50 Chen Y, Lin Y, Vithana E N, et al. Common variants near ABCA1 and in PMM2 are associated with primary open-angle glaucoma[J]. Nature genetics, 2014, 46(10): 1115-1119.

51 Xu P, Zhang X, Wang X, et al. Genome sequence and genetic diversity of the common carp, Cyprinus carpio[J]. Nature genetics, 2014, 46(11): 1212-1219.

52 Chen S, Zhang G, Shao C, et al. Whole-genome sequence of a flatfish provides insights into ZW sex chromosome evolution and adaptation to a benthic lifestyle.[J]. Nature Genetics, 2014, 46(3): 253-260.

53 Liu S, Lorenzen E D, Fumagalli M, et al. Population genomics reveal recent speciation and rapid evolutionary adaptation in polar bears[J]. Cell, 2014, 157(4): 785-794.

54 Jiang Y, Xie M, Chen W, et al. The sheep genome illuminates biology of the rumen and lipid metabolism[J]. Science, 2014, 344(6188): 1168-1173.

55 Zhou X, Wang B, Pan Q, et al. Whole-genome sequencing of the snub-nosed monkey provides insights into folivory and evolutionary history[J]. Nature genetics, 2014, 46(12): 1303-1310.

56 Li Y, Zhou G, Ma J, et al. De novo assembly of soybean wild relatives for pan-genome analysis of diversity and agronomic traits[J]. Nature biotechnology, 2014.

57 Lin T, Zhu G, Zhang J, et al. Genomic analyses provide insights into the history of tomato breeding[J]. Nature genetics, 2014, 46(11): 1220-1226.

2014 年 7 月发表在 *Nature biotechnology* 上 [58]。

北京大学第三医院等机构的研究人员利用 DNA 甲基化组高通量测序技术首次解析了人类早期胚胎的 DNA 甲基化调控网络。此项研究对于人类认识自身早期胚胎发育过程中表观遗传调控机制、辅助生殖技术的安全性评估与改善以及临床上疑难病例的诊治均具有非常重要的意义。相关成果于 2014 年 7 月发表在 *Nature* 上 [59]。

2. 基因组编辑与基因合成

随着基因组测序技术的迅猛发展，越来越多物种的全基因组测序完成，面对大量的测序数据，基因组编辑技术成为将数据转化为基因功能和应用信息的最主要手段之一。与此同时，基因合成技术的发展，为生命的改造和人工合成也创造了有利条件。2014 年，我国在基因组编辑和基因合成上取得的主要成果包括：

南京大学和同济大学等机构的研究人员分别采用 CRISPR/Cas9 和 TALEN 技术成功对食蟹猴进行了基因修饰，其基因编辑的成功将有助于建立猴疾病模型，更好地模拟人类疾病，大大降低药物研究的风险。相关成果分别于 2014 年 1 月和 3 月发表在 *Cell*[60] 及 *Cell Stem Cell*[61] 上。

南京大学等机构的研究人员利用 Cas9 切口酶和成对 sgRNA 改进 CRISPR/Cas9 系统，对小鼠胚胎进行了活体基因组编辑。研究发现在不降低基因突变效率的前提下，该方法可有效降低 CRISPR/Cas9 系统在小鼠基因组上的脱靶效应。该方法可以应用于其他物种的基因组改造，并显示出临床基因治疗的应用前景。相关成果于 2014 年 3 月发表在 *Nature Methods* 上 [62]。

北京大学等机构的研究人员开发出了一个新型的 CRISPR/Cas9 sgRNA 文库，利用文库功能筛查结合高通量测序分析，研究人员成功地鉴别出了对于炭疽和白喉毒素毒性至关重要的宿主基因，并对候选基因进行了进一步的功能验证。该方法具有

58 Li J, Jia H, Cai X, et al. An integrated catalog of reference genes in the human gut microbiome[J]. Nature biotechnology, 2014, 32(8): 834-841.

59 Guo H, Zhu P, Yan L, et al. The DNA methylation landscape of human early embryos[J]. Nature, 2014, 511(7511): 606-610.

60 Niu Y, Shen B, Cui Y, et al. Generation of gene-modified cynomolgus monkey via Cas9/RNA-mediated gene targeting in one-cell embryos[J]. Cell, 2014, 156(4): 836-843.

61 Liu H, Chen Y, Niu Y, et al. TALEN-mediated gene mutagenesis in rhesus and cynomolgus monkeys[J]. Cell Stem Cell, 2014, 14(3): 323-328.

62 Shen B, Zhang W, Zhang J, et al. Efficient genome modification by CRISPR-Cas9 nickase with minimal off-target effects[J]. Nature methods, 2014, 11(4): 399-402.

较广泛的细胞系适应性，对于功能性基因的筛选和鉴定具有十分重要的意义。相关成果于 2014 年 4 月发表在 *Nature* 上[63]。

中国科学院遗传与发育生物学研究所等机构的研究人员，利用 TALEN 和 CRISPR/Cas9 基因组编辑技术实现了对小麦 *MLO* 基因的三个拷贝同时定向突变，获得了对白粉病具有广谱抗性的小麦品种。该工作为小麦基因功能的研究以及新品种培育提供了全新的思路和技术路线。相关成果于 2014 年 7 月发表在 *Nature Biotechnology* 上[64]。

中国科学院生物物理研究所等机构的研究人员首次综合利用 HDAdV、TALEN 和 CRISPR 三种不同的方法，对镰刀形细胞贫血症患者诱导多能干细胞中发生突变的血红蛋白基因（*HBB*）进行靶向矫正。发现这三种基因矫正方法对于 *HBB* 基因具有类似的打靶效率。同时，全基因组深度测序结果显示，TALEN 和 HDAdV 在基因矫正过程中最大限度地保持了病人基因组的完整性，从而提示了这些方法的安全可靠性。该研究在很大程度上减轻了干细胞和再生医学研究领域针对疾病基因靶向修复安全性的忧虑；同时，新型基因矫正载体的问世也将有助于加速干细胞临床转化的步伐。相关成果于 2014 年 8 月发表在 *Cell Stem Cell* 上[65]。

中国科学院广州生物医药与健康研究院和吉林大学的研究人员利用 CRISPR/Cas9 技术成功地培育出两种基因敲除克隆小型猪，即酪氨酸酶基因敲除猪和 *PARK2*、*PINK1* 双基因敲除猪，建立了人类白化病和帕金森综合征两种猪模型。该研究将 CRISPR/Cas9 技术与体细胞克隆相结合，不仅使猪基因打靶效率更高、更为精确，而且在一个世代内首次实现了大动物双基因的等位敲除。相关成果于 2014 年 10 月发表在 *Cellular & Molecular Life Sciences* 上[66]。

深圳华大基因研究院等机构的研究人员参与美国科学家牵头的研究工作，他们采用置乱技术（scrambling technique），在不损失染色体活力和功能的基础上，对酵母 DNA 大片段操控，从而成功合成了一条功能性酵母染色体。这是全球首次成功合

63 Zhou Y, Zhu S, Cai C, et al. High-throughput screening of a CRISPR/Cas9 library for functional genomics in human cells[J]. Nature, 2014, 509(7501): 487-491.

64 Wang Y, Cheng X, Shan Q, et al. Simultaneous editing of three homoeoalleles in hexaploid bread wheat confers heritable resistance to powdery mildew[J]. Nature biotechnology, 2014, 32(9): 947-951.

65 Suzuki K, Yu C, Qu J, et al. Targeted gene correction minimally impacts whole-genome mutational load in human-disease-specific induced pluripotent stem cell clones[J]. Cell stem cell, 2014, 15(1): 31-36.

66 Zhou X, Xin J, Fan N, et al. Generation of CRISPR/Cas9-mediated gene-targeted pigs via somatic cell nuclear transfer.[J]. Cellular & Molecular Life Sciences, 2015, 72(6): 1175-1184.

成真核细胞染色体，这项工作确立了酵母菌可作为设计合成真核生物基因组生物学的基础。相关成果于 2014 年 3 月发表在 *Science* 上[67]。

3. 疾病易感基因的发现

2014 年，我国科学家发现了多种疾病的易感基因，包括银屑病、喉鳞状细胞癌、食管鳞癌、胆囊癌、青光眼、肾上腺皮质肿瘤、卵巢早衰、前列腺癌、伏格特－小柳－原田综合征（Vogt-Koyanagi-Harada syndrome，VKH）等，此外还首次报道了卵子透明带缺失病例，并发现导致人类透明带缺失的致病基因。

安徽医科大学第一附属医院等机构的研究人员通过外显子组和靶向区域捕获测序技术，发现了 6 个与银屑病相关基因及多个可能引起致病的突变。该研究为银屑病这种多基因遗传病的机理研究提供了一条新的技术路线。相关成果于 2014 年 9 月发表在 *Nature Genetics* 上[68]。

解放军总医院等机构的研究人员对中国人群中 993 例喉鳞状细胞癌患者和 1995 例无癌对照进行了全基因组关联研究，并鉴定了 11q12（rs174549）、6p21（rs2857595）和 12q24（rs10492336）3 个易感基因位点。该成果将推进对喉鳞状细胞癌机制的深入研究，并对其早期预警、早期诊断及分子靶向治疗具有重要价值。相关成果于 2014 年 3 月发表在 *Nature Genetics* 上[69]。

中国医学科学院肿瘤医院等机构的研究人员通过高通量测序、比较基因组杂交芯片分析及生物学功能研究，全面系统揭示了食管鳞癌的遗传突变背景，发现了一批与食管鳞癌发生发展进程和临床预后相关的基因。该研究为了解食管鳞癌的发病机理，寻找食管鳞癌诊断的分子标志物，确定研发临床治疗的药物靶点以及制订有效的治疗方案提供了理论和实验依据。相关成果于 2014 年 3 月发表在 *Nature* 上[70]。

上海交通大学等机构的研究人员，针对胆囊癌开展全外显子组和靶向基因测序，鉴别出了一些频发突变，并证实 ErbB 信号通路在胆囊癌的发病机制中起重要的作

67 Annaluru N, Muller H, Mitchell L A, et al. Total synthesis of a functional designer eukaryotic chromosome[J]. Science, 2014, 344(6179): 55-58.

68 Tang H, Jin X, Li Y, et al. A large-scale screen for coding variants predisposing to psoriasis[J]. Nature Genetics, 2014, 46(1): 45-50.

69 Wei Q, Yu D, Liu M, et al. Genome-wide association study identifies three susceptibility loci for laryngeal squamous cell carcinoma in the Chinese population[J]. Nature Genetics, 2014, 46(10): 1110-1114.

70 Song Y, Li L, Ou Y, et al. Identification of genomic alterations in oesophageal squamous cell cancer[J]. Nature, 2014, 509(7498): 91-95.

用。该研究提供了胆囊癌体细胞突变景观一些新见解，为更深入地了解胆囊癌的发生发展机制以及开发出新型靶向性疗法提供了重要的分子基础。相关成果于 2014 年 7 月发表在 *Nature Genetics* 上[71]。

复旦大学附属眼耳鼻喉科医院等机构的研究人员针对来自中国南方的 1007 名罹患高压青光眼（HPG）的患者以及 1009 名对照人群展开了原发性开角型青光眼 GWAS 研究，鉴别出了与原发性开角型青光眼相关的新易感基因。该成果为原发性开角型青光眼治疗提供了新思路。相关成果于 2014 年 8 月发表在 *Nature Genetics* 上[72]。

上海交通大学医学院附属瑞金医院等机构的研究人员通过对 ACTH 非依赖性库欣综合征患者的肾上腺皮质肿瘤样本进行全外显子和转录组测序，发现了 *PRKACA* 基因上 L205R 热点突变与肾上腺瘤发病密切相关，并且发现了 DOT1L、CLASP2 与其他亚型的关联，为肾上腺皮质肿瘤及 ACTH 非依赖性库欣综合征的诊断、治疗提供了新思路。相关成果于 2014 年 3 月发表在 *Science* 上[73]。

复旦大学等机构的研究人员研究发现 *HFM1* 基因突变可以导致卵巢早衰。该项研究为揭示卵巢早衰的发病机制、遗传咨询、产前诊断、新药开发提供极为重要的科学基础。相关成果于 2014 年 6 月发表在 *New England Journal of Medicine* 上[74]。

复旦大学等机构的研究人员利用来自前列腺癌患者和健康人的 DNA 样本，采用全基因组关联研究方法，发现了与前列腺癌风险相关的几十个 SNPs。该成果为深化对前列腺癌的发病机制的理解起到了极大的促进作用。相关成果于 2014 年 1 月发表在 *Nature Genetics* 上[75]。

重庆医科大学等机构的研究人员，通过全基因组关联研究（GWAS）鉴别出了伏格特 – 小柳 – 原田综合征（VKH）新风险位点。该研究为 VKH 的遗传学等研究提供了研究基础。相关成果于 2014 年 8 月发表在 *Nature Genetics* 上[76]。

71 Li M, Zhang Z, Li X, et al. Whole-exome and targeted gene sequencing of gallbladder carcinoma identifies recurrent mutations in the ErbB pathway[J]. Nature Genetics, 2014, 46(8): 872-876.

72 Chen Y, Lin Y, Vithana E N, et al. Common variants near ABCA1 and in PMM2 are associated with primary open-angle glaucoma[J]. Nature Genetics, 2014, 46(10): 1115-1119.

73 Cao Y, He M, Gao Z, et al. Activating hotspot L205R mutation in PRKACA and adrenal Cushing's syndrome[J]. Science, 2014, 344(6186): 913-917.

74 Wang J, Zhang W, Jiang H, et al. Mutations in HFM1 in recessive primary ovarian insufficiency[J]. New England Journal of Medicine, 2014, 370(10): 972-974.

75 Huang Q, Whitington T, Gao P, et al. A prostate cancer susceptibility allele at 6q22 increases RFX6 expression by modulating HOXB13 chromatin binding[J]. Nature Genetics, 2014, 46(2): 126-135.

76 Hou S, Du L, Lei B, et al. Genome-wide association analysis of Vogt-Koyanagi-Harada syndrome identifies two new susceptibility loci at 1p31. 2 and 10q21. 3[J]. Nature Genetics, 2014, 46(9): 1007-1011.

中南大学等机构的研究人员在一位不孕女性患者身上发现了透明带完全缺失的现象，随后历时三年对该近亲婚配家系展开追踪和分析，最终在位于 11 号常染色体上的透明带基因 1 上找到了致病基因。该成果对研究透明带异常对生命繁衍的影响起到重要的推进作用。相关研究于 2014 年 3 月发表在 *New England Journal of Medicine* 上[77]。

4. 功能基因组学研究

功能基因组学又往往被称为后基因组学，随着人类基因组计划的顺利完成，生物医学研究已进入后基因组时代。它是利用结构基因组学提供的信息和产物，发展和应用新的实验手段，通过在基因组或系统水平上全面分析基因的功能，使得生物学研究从对单一基因或单一蛋白质的研究转向对多个基因或多个蛋白质同时进行系统研究的一门科学。2014 年，我国科学家对藏族人高原适应性、帝王蝶迁飞、黄瓜苦味等物种的关键性状进行了揭示。

深圳华大基因研究院等机构的研究人员对 40 个藏族人和 40 个汉族人的 *EPAS1* 区域进行了高覆盖度的重测序研究，发现藏族人具有极不寻常的 *EPAS1* 基因单体型结构。通过与来自全世界的多个现代人人群及古人类基因组数据比较，研究人员发现这个受到定向选择的单体型仅以高频率形式存在于现代藏族人和古丹尼索瓦人中。随着藏族人在青藏高原的定居，这个特殊的基因在藏族人中扩散并保持下来。该研究提供了人类对于包括极限温度、新病原体和高海拔等各种环境适应的新认识。相关成果于 2014 年 7 月发表在 *Nature* 上[78]。

中国科学院上海生命科学研究院等机构的研究人员从当今世界上主要的帝王蝶分布区域中，选取了包括迁飞型和非迁飞型的 22 个地理种群、5 个近缘种的 101 只 *Danaus* 属蝴蝶进行了全基因组重测序和群体遗传学分析，揭示了帝王蝶长距离迁飞的遗传基础。相关成果于 2014 年 10 月发表在 *Nature* 上[79]。

中国农业科学院等机构的研究人员采用基因组、分子生物学和生物化学等多种

---

77 Huang H L, Lv C, Zhao Y C, et al. Mutant ZP1 in familial infertility[J]. New England Journal of Medicine, 2014, 370(13): 1220-1226.

78 Huerta-Sánchez E, Jin X, Bianba Z, et al. Altitude adaptation in Tibetans caused by introgression of Denisovan-like DNA[J]. Nature, 2014, 512(7513): 194-197.

79 Zhan S, Zhang W, Niitepõld K, et al. The genetics of monarch butterfly migration and warning colouration[J]. Nature, 2014, 514(7522): 317-321.

技术手段研究黄瓜苦味合成、调控及驯化的分子机制。研究表明，黄瓜的苦味物质葫芦素由 9 个基因负责合成，而这 9 个基因受到 2 个"主开关"基因 *Bl* 和 *Bt* 的直接控制。葫芦素的合成和调控机制的破解，为相关药物的研发奠定了基础。相关研究于 2014 年 11 月发表在 *Science* 上[80]。

（二）转录组学

转录组学是一门在整体水平上研究细胞中基因转录的情况及转录调控规律的学科，能够从 RNA 水平揭示生命的发生和发展的规律。2014 年，我国在转录组学上取得的主要进展如下所示。

中国科学院上海生命科学研究院等机构的研究人员利用特殊核酸酶（RNase R）对环形 RNA 富集，通过计算分析与实验手段相结合的方法，在人源胚胎干细胞 H9 中发现近万条环形 RNA，证明了内含子 RNA 互补序列介导的外显子环化。该研究以全新的理论视角揭示了基因表达在转录 / 转录后水平的复杂性和多样性。相关成果于 2014 年 9 月发表在 *Cell* 上[81]。

深圳华大基因研究院牵头的"千种昆虫转录组进化"（1K insect transcriptome evolution，1KITE）项目组基于 144 个精心选择的能够代表昆虫各个类群物种的转录组数据，在重新构建了昆虫的系统发育关系的同时，有效地估算了昆虫不同类群的起源时间。相关成果于 2014 年 11 月发表在 *Science* 上[82]。

（三）蛋白质组学

蛋白质组学（proteomics）是一门大规模、高通量、系统化的研究某一类型细胞、组织或体液中的所有蛋白质组成及其功能的新兴学科。虽然基因决定蛋白质的水平，但是基因表达的水平并不能代表细胞内活性蛋白的水平，蛋白质组学分析是对蛋白质翻译和修饰水平等研究的一种补充，是全面了解基因组表达的一种必不可少的手段。2014 年，我国蛋白质组学研究的主要成果如下所示。

---

80 Shang Y, Ma Y, Zhou Y, et al. Biosynthesis, regulation, and domestication of bitterness in cucumber[J]. Science, 2014, 346(6213): 1084-1088.

81 Zhang X O, Wang H B, Zhang Y, et al. Complementary sequence-mediated exon circularization[J]. Cell, 2014, 159(1): 134-147.

82 Misof B, Liu S, Meusemann K, et al. Phylogenomics resolves the timing and pattern of insect evolution[J]. Science, 2014, 346(6210): 763-767.

中国科学院大连化学物理研究所等机构的研究人员利用定量蛋白质组学技术研究了胰蛋白质酶酶解复杂蛋白质样品的动力学，通过定量比较酶解的两个时间点产生的肽段，获得了酶解的动态数据。该工作开创了利用定量蛋白质组技术研究复杂体系中酶促动力学的先河，将对完善米氏方程为基础的酶促动力学理论研究起到促进作用。相关成果于 2014 年 3 月发表在 *Nature Methods* 上[83]。

中国科学院生物物理研究所等机构的研究人员对人类肝脏中的脂滴（LD）相关蛋白进行了广泛分析，找到了一系列在非酒精性脂肪肝中差异性表达的蛋白，并从中鉴定了一个新的致病蛋白。该研究揭示了 LD 蛋白与脂肪肝发病之间的关联，为相关药物的开发奠定了基础。相关成果于 2014 年 7 月发表在 *PNAS* 上[84]。

清华大学等机构的研究人员在 2.3 埃分辨率水平阐释了 AF9 蛋白 YEATS 结构域特异识别组蛋白 H3 赖氨酸 9 位乙酰化（H3K9ac）的分子机制。证明 YEATS 结构域是一类新型组蛋白乙酰化修饰"阅读器"。相关研究于 2014 年 7 月发表在 *Cell* 上[85]。

复旦大学等机构的研究人员通过绘制人类蛋白质降解组（degradome）描绘出了细胞对于蛋白酶体抑制的反应，并揭示了调控蛋白酶体稳态的一个反馈机制。该研究采用了一种新的双荧光蛋白质周转分析（ProTA）技术绘制人类蛋白质降解组图谱，为阐明药物作用及耐药潜在机制提供了一种新工具。相关成果于 2014 年 9 月发表在 *Cell Research* 上[86]。

（四）代谢组学

代谢组学是通过组群指标分析，进行高通量检测和数据处理，研究生物体整体或组织细胞系统的动态代谢变化，特别是对内源代谢、遗传变异、环境变化乃至各种物质进入代谢系统的特征和影响的学科。2014 年，我国主要研究成果如下所示。

北京大学等机构的研究人员揭示了真核生物中新的蛋白编码机制，并由此发现 PTEN 家族的新亚型 PTEN 蛋白，*PTEN* 基因既可利用传统的 AUG 编码启动子合成

83 Ye M, Pan Y, Cheng K, et al. Protein digestion priority is independent of protein abundances[J]. Nature methods, 2014, 11(3): 220-222.

84 Su W, Wang Y, Jia X, et al. Comparative proteomic study reveals 17β-HSD13 as a pathogenic protein in nonalcoholic fatty liver disease[J]. Proceedings of the National Academy of Sciences, 2014, 111(31): 11437-11442.

85 Li Y, Wen H, Xi Y, et al. AF9 YEATS domain links histone acetylation to DOT1L-mediated H3K79 methylation[J]. Cell, 2014, 159(3): 558-571.

86 Yu T, Tao Y, Yang M, et al. Profiling human protein degradome delineates cellular responses to proteasomal inhibition and reveals a feedback mechanism in regulating proteasome homeostasis[J]. Cell research, 2014, (24):1214-1230.

PTEN 蛋白，也可利用新型编码启动子 CUG 合成新亚型 PTEN 蛋白。进一步研究证实 *PTEN* 基因的缺失导致细胞线粒体结构异常、氧化磷酸化复合物活性下降、ATP 合成减少。该研究首次阐明了真核生物可以通过不同密码子翻译起始合成不同蛋白质亚型，并为 *PTEN* 基因直接调控线粒体代谢过程提供了重要依据。相关成果于 2014 年 5 月以封面文章形式发表于 *Cell Metabolism*[87]。

华中农业大学等机构的研究人员对 840 种代谢产物进行了全面的分析，并对来自 529 个不同的栽培稻品种的约 640 万 SNPs 进行了进一步的 mGWAS 分析，以高分辨率鉴别出了数百个常见变异，它们影响了许多次生代谢产物。该研究提供了关于水稻代谢组变异遗传的一些新认识，并为水稻改良提供了一个强有力的补充工具。相关成果于 2014 年 6 月发表在 *Nature Genetics* 上[88]。

（五）结构生物学

20 世纪 70 年代初期，我国科学工作者测定了亚洲地区第一个蛋白质晶体结构——猪胰岛素三方二锌晶体结构，成为我国结构生物学发展的起点。如今，该学科领域已成为国际前沿，呈现出快速发展态势。2014 年，我国结构生物学领域的主要成果如下所示。

清华大学等机构的研究人员利用上海光源生物大分子晶体学线站，解析了 bromo-PWWP-H3.1K36me3 复合物和 bromo-PWWP-H3.3K36me3 复合物的晶体结构，并结合从北京光源获得的 free bromo-PWWP 晶体结构数据，在原子水平上精细阐释了一种肿瘤抑制因子 ZMYND11 利用其串联"Bromo-ZnF-PWWP"结构域识别组蛋白变体 H3.3K36me3 修饰的分子机制。该研究对深入了解基因功能调控机制以及疾病的发生和治疗等有着重要意义。相关成果于 2014 年 3 月发表在 *Nature* 上[89]。

中国科学院上海药物研究所等机构的研究人员首次揭示了嘌呤能受体 P2Y12 与抗血栓药物复合物的高分辨率晶体结构，并从中发现了这一受体的特殊结构特征。该研究对于改善以 P2Y12 为靶点的心血管类药物有着极其重要的意义。相关成果于

87 Liang H, He S, Yang J, et al. PTENα, a PTEN isoform translated through alternative initiation, regulates mitochondrial function and energy metabolism[J]. Cell metabolism, 2014, 19(5): 836-848.

88 Chen W, Gao Y, Xie W, et al. Genome-wide association analyses provide genetic and biochemical insights into natural variation in rice metabolism[J]. Nature genetics, 2014, 46(7): 714-721.

89 Wen H, Li Y, Xi Y, et al. ZMYND11 links histone H3. 3K36me3 to transcription elongation and tumour suppression[J]. Nature, 2014, 508(7495): 263-268.

2014 年 3 月发表在 *Nature*[90] 上。

中国科学院生物物理研究所等机构的研究人员解析了 30nm 染色质纤维的高分辨率三维结构并提出了一种全新的结构模型，该模型揭示 30nm 染色质纤维是以 4 个核小体为结构单元，各单元之间通过相互扭转形成一个左手双螺旋高级结构，该研究也首次明确了连接组蛋白 H1 在 30nm 染色质纤维形成过程中的重要作用。该研究将染色质的高级结构组装、表观遗传调控机制的研究往前推了一大步，并为预测体内染色质结构以及各种表观遗传调控因素的可能机理提供了可靠的结构基础。相关成果于 2014 年 4 月发表在 *Science* 上 [91]。

清华大学等机构的研究人员解析了人源葡萄糖转运蛋白 GLUT1 的三维晶体结构，分别捕获了 FucP 向胞外开放、XylE 结合底物半开放、GLUT1 向胞内开放的三个 MFS 家族最具有代表性的转运状态结构，结构比对初步揭示出 MFS 糖转运蛋白在转运循环中的构象变化。该研究对于理解 MFS 家族糖转运蛋白的转运过程提供了重要的分子基础，相关成果于 2014 年 5 月发表在 *Nature* 上 [92]。

中国科学院上海药物研究所等机构的研究人员解析了嘌呤能受体 P2Y12R 蛋白质分子与激动剂以及拮抗剂的高分辨率三维结构。P2Y12R 受体在止血块和病理性动脉血栓形成中起到关键的作用。相关研究为相关低毒副作用的药物研发铺平了道路。相关成果于 2014 年 5 月发表在 *Nature* 上 [93,94]。

中山大学第一附属医院和中国科学院生物物理研究所的研究人员分别解析了源于沙门氏菌（*Salmonella typhimurium*）和致病菌福氏志贺菌（*Shigella flexneri*）的膜蛋白复合体（LptD-LptE 复合体）的晶体结构。LptD-LptE 膜蛋白复合体是重要的药物靶点，该成果为设计新型抗革兰氏阴性细菌药物提供了重要的信息。相关成果均于 2014 年 6 月发表在 *Nature* 上 [95,96]。

———————————

90 Zhang K, Zhang J, Gao Z G, et al. Structure of the human P2Y12 receptor in complex with an antithrombotic drug[J]. Nature, 2014, 509(7498): 115-118.

91 Song F, Chen P, Sun D, et al. Cryo-EM study of the chromatin fiber reveals a double helix twisted by tetranucleosomal units[J]. Science, 2014, 344(6182): 376-380.

92 Deng D, Xu C, Sun P, et al. Crystal structure of the human glucose transporter GLUT1[J]. Nature, 2014, 510(7503): 121-125.

93 Zhang K, Zhang J, Gao Z G, et al. Structure of the human P2Y12 receptor in complex with an antithrombotic drug[J]. Nature, 2014, 509(7498): 115-118.

94 Zhang J, Zhang K, Gao Z G, et al. Agonist-bound structure of the human P2Y12 receptor[J]. Nature, 2014, 509(7498): 119-122.

95 Qiao S, Luo Q, Zhao Y, et al. Structural basis for lipopolysaccharide insertion in the bacterial outer membrane[J]. Nature, 2014, 511(7507): 108-111.

96 Dong H, Xiang Q, Gu Y, et al. Structural basis for outer membrane lipopolysaccharide insertion[J]. Nature, 2014, 511(7507): 52-56.

中国科学院生物物理研究所等机构的研究人员在高等真核生物中发现了一种新的组蛋白伴侣 Anp32e，与常规核小体 H2A 相比，组蛋白变体 H2A.Z 与 Anp32e 具有更高的结合能力。Anp32e 与组蛋白复合物的结构揭示了 H2A.Z 通过构象改变与其伴侣蛋白进行特异识别的分子机制。相关成果于 2014 年 3 月发表在 *Cell Research* 上[97]。

清华大学等机构的研究人员揭示了与老年痴呆症发病直接相关的一种蛋白酶体 γ- 分泌酶（γ-secretase）的三维结构。该研究对于深入了解 γ- 分泌酶的功能机制，开发出预防及治疗阿尔茨海默病及某些类型的癌症的新型 γ- 分泌酶抑制剂具有重要的意义。相关成果于 2014 年 7 月发表在 *Nature* 上[98]。

中国科学院生物物理研究所等机构的研究人员获得了分辨率达到 3.05 埃、分子量为 405kDa 的大肠杆菌 CRISPR RNA 导向免疫监督复合物——Cascade 的晶体结构，揭示出了超越低分辨率低温电子显微镜结构的分子细节。相关成果于 2014 年 8 月发表在 *Nature* 上[99]。

复旦大学等机构的研究人员解析人体内与多种癌症及发育失调综合征密切相关的甲基转移酶 DNMT3A 在抑制状态和激活状态下的三维晶体结构，应用核磁共振方法协助分析了不同甲基化修饰后 H3 组蛋白结合条件下 DNMT3A 的构象变化，为成功揭示 DNMT3A 蛋白酶是如何在人体基因 DNA 上精确建立甲基化修饰的机制提供了重要依据。相关研究于 2014 年 11 月发表在 *Nature* 上[100]。

中国科学院生物物理研究所等机构的研究人员解析了磷脂酸磷酸酯酶 PAP2 家族中第一个膜蛋白结构（分辨率为 3.2 埃），并对催化机制及底物进入通道进行了研究，确认了 PAP2 家族中的膜蛋白与可溶蛋白采用的是相同的催化机制。相关成果于 2014 年 5 月发表在 *PNAS* 上[101]。

清华大学等机构的研究人员通过单颗粒低温电子显微技术，解析了兔 RyR1 与其调节子 FKBP12 结合时的结构，鉴定了三个新结构域（central、handle 和 helical 结

97 Mao Z, Pan L, Wang W, et al. Anp32e, a higher eukaryotic histone chaperone directs preferential recognition for H2A. Z[J]. Cell research, 2014, 24(4): 389–399.

98 Lu P, Bai X, Ma D, et al. Three-dimensional structure of human γ-secretase[J]. Nature, 2014, 512(7513): 166-170.

99 Zhao H, Sheng G, Wang J, et al. Crystal structure of the RNA-guided immune surveillance Cascade complex in Escherichia coli[J]. Nature, 2014, 515(7525): 147-150.

100 Guo X, Wang L, Li J, et al. Structural insight into autoinhibition and histone H3-induced activation of DNMT3A[J]. Nature, 2014, 517(7536): 640-644.

101 Fan J, Jiang D, Zhao Y, et al. Crystal structure of lipid phosphatase Escherichia coli phosphatidylglycerophosphate phosphatase B[J]. Proceedings of the National Academy of Sciences, 2014, 111(21): 7636–7640.

构域），这些结构域为配体结合和构象改变奠定了基础。该研究有助于人们进一步理解 RyR 的结构、功能及其通道活性的别构调节。相关成果于 2014 年 12 月发表在 *Nature* 上[102]。

（六）神经科学

神经科学研究的主要内容包括神经系统的发育，神经系统的形态和结构，神经系统的功能和机理，神经系统的主要化学成分和作用，影响神经系统结构和功能的遗传因素，神经系统疾病的解剖结构变化，作用于神经系统药物的作用和机制，神经系统结构和功能的成像，神经系统疾病的病因、发病机制、临床表现、诊断、治疗及预防等。2014 年，我国在神经科学领域取得的主要成果如下所示。

首都医科大学等机构的研究人员通过全基因组外显子测序技术，首次发现 *PPM1D* 基因突变具有特异地促进脑干胶质瘤细胞生长的功能，该突变可能同时会导致患者对放射线疗法不产生任何应答。该成果使得脑干胶质瘤分型方法有望由影像学分型向基因分型发展，并可尝试在分子病理指导下的综合治疗，对今后寻找脑干胶质瘤新的治疗靶点有极其重大意义。相关成果于 2014 年 6 月发表在 *Nature Genetics* 上[103]。

北京大学等机构的研究人员利用双光子成像技术观察小鼠大脑的运动皮层，记录了活体小鼠运动皮层中的树突棘变化，证明了睡眠可导致新突触的生长，从而有益于记忆。该成果揭示了睡眠对大脑运动皮层活动的影响。相关成果于 2014 年 6 月发表在 *Science* 上[104]。

南京医科大学等机构的研究人员发现通过提高小鼠海马中的神经元型一氧化氮合酶（nNOS）与羧基末端配体蛋白（CAPON）结合，可以导致一些焦虑症的行为，将 CAPON 与 nNOS 分离开则可生成抗焦虑效应。该成果为抗焦虑药的开发提供了一个新靶点。相关成果于 2014 年 8 月发表在 *Nature Medicine* 上[105]。

---

102 Yan Z, Bai X, Yan C, et al. Structure of the rabbit ryanodine receptor RyR1 at near-atomic resolution[J]. Nature, 2014, 517(7532): 50-55.

103 Zhang L, Chen L H, Wan H, et al. Exome sequencing identifies somatic gain-of-function PPM1D mutations in brainstem gliomas. [J]. Nature Genetics, 2014, 46(7): 726-730.

104 Yang G, Lai C S W, Cichon J, et al. Sleep promotes branch-specific formation of dendritic spines after learning[J]. Science, 2014, 344(6188): 1173-1178.

105 Zhu L J, Li T Y, Luo C X, et al. CAPON-nNOS coupling can serve as a target for developing new anxiolytics[J]. Nature medicine, 2014, 20(9): 1050-1054.

中国科学院上海生命科学研究院等机构的研究人员采用全新的 TAI-FISH 技术揭示了小鼠前脑边缘系统各脑区对于喜好或者厌恶的情绪反应的编码模式。TAI-FISH 技术可在单细胞层面和全脑范围同时考察两种不同刺激在同一动物脑中的编码模式，使同时考察多个神经环路成为可能。相关成果于 2014 年 9 月发表在 *Nature Neuroscience* 上[106]。

中国科学院上海生命科学研究院等机构的研究人员采用光遗传方法，通过干预"延迟期间"小鼠大脑内侧前额叶皮层（mPFC）的电活动影响了记忆任务的学习正确率，阐明了该脑区在记忆学习过程中放电模式变化的规律。该研究揭示出了 mPFC 区域在完成一项新工作记忆任务时，其延迟期活性对于信息的保留具有关键意义。相关成果于 2014 年 10 月发表在 *Science* 上[107]。

同济大学等机构的研究人员发现天冬酰胺内肽酶（AEP）会在衰老过程中激活并水解 tau 蛋白，使其丧失微管装配功能，诱导 tau 聚集并引发神经退行性变。该成果为 tau 介导的神经退行性疾病提供了新的治疗靶点。相关成果于 2014 年 10 月发表在 *Nature Medicine* 上[108]。

（七）遗传、发育和生长

遗传、发育和生长涉及复杂的网络调控机制。2014 年，我国在冠状动脉发育起源、哺乳动物表观遗传信息的遗传和编程规律等研究上取得了突破性进展。

中国科学院上海生命科学研究院、复旦大学中山医院等机构的研究人员利用谱系示踪技术，发现心脏中的一部分冠状动脉是在出生后新生成的，而不是由胚胎期已经形成的血管扩增而来的，进而揭示了冠状动脉血管的新起源——心内膜。心内膜干细胞作为冠状动脉血管内皮细胞库，在心肌小梁融合的过程中发生迁移并分化为血管内皮细胞，是出生后冠状动脉血管迅速增多的有效方式。该研究是目前有关冠状动脉起源中的突破性研究成果，并为降低心肌梗死后心衰引起的发病率和死亡

106 Jianbo X, Qi Z, Tao Z, et al. Visualizing an emotional valence map in the limbic forebrain by TAI-FISH. Nature Neuroscience, 2014, 17: 1552-1559.

107 Liu D, Gu X, Zhu J, et al. Medial prefrontal activity during delay period contributes to learning of a working memory task[J]. Science, 2014, 346(6208): 458-463.

108 Zhang Z, Song M, Liu X, et al. Cleavage of tau by asparagine endopeptidase mediates the neurofibrillary pathology in Alzheimer's disease[J]. Nature medicine, 2014, 20(11): 1254-1262.

率的再生医学研究带来了新的希望。相关成果于 2014 年 7 月发表在 *Science* 上[109]。

中国科学院北京基因组研究所的研究人员发现哺乳动物受精卵中无论是父本还是母本来源的 DNA 都是通过生物酶的催化反应而去甲基化，并且发现了父源和母源的 DNA 都被氧化的重要过程。通过对哺乳动物和鱼类的进化比较，研究人员进而推测哺乳动物全基因组特异的去甲基化过程导致了印记基因的产生，从而使胎盘类生殖方式的哺乳动物得以进化出来。该研究揭示了哺乳动物中子代如何继承亲代 DNA 甲基化图式的规律，更新了关于受精之后 DNA 甲基化图式重编程的传统认识。相关论文于 2014 年 5 月发表在 *Cell* 上[110]。

（八）转化医学

转化医学的核心是将医学生物学基础科研成果快速有效地转化为可在临床实际应用的疾病预防、诊断及治疗的新产品、新技术和新方法。转化医学作为现代医学理念的新发展，已逐渐成为全球医学、公共卫生、生物交叉学科的重要研究方向。2014 年，我国在转化医学领域取得的成果主要是针对肿瘤发生发展和复发转移机制的研究，此外，还对线粒体遗传病提出了新的防治策略。

上海交通大学医学院附属瑞金医院、深圳华大基因研究院等机构的研究人员采用全外显子测序和 RNA 测序技术，发现了 *PRKACA* 基因上 L205R 热点突变与肾上腺皮质腺瘤发生密切相关，并且发现了 DOT1L、CLASP2 与其他亚型的关联，为肾上腺皮质肿瘤及库欣综合征的诊断、治疗提供了新思路。相关成果于 2014 年 4 月发表在 *Science* 上[111]。

清华大学、德克萨斯大学等机构的研究人员揭示了肿瘤抑制因子 ZMYND11 利用其串联 "Bromo-ZnF-PWWP" 结构域识别组蛋白变体 H3.3K36me3 修饰的分子机制，将组蛋白变体介导的转录延伸控制与肿瘤抑制关联起来。该研究首次揭示出生物体内存在组蛋白变体特异的甲基化识别蛋白，为后续 ZMYND11 靶向的小分子抑制剂筛选，以及基于结构的药物设计提供了重要理论基础。相关成果于 2014 年 3 月发表

109 Tian X, Hu T, Zhang H, et al. De novo formation of a distinct coronary vascular population in neonatal heart[J]. Science, 2014, 345(6192): 90-94.

110 Jiang L, Zhang J, Wang J J, et al. Sperm, but not oocyte, DNA methylome is inherited by zebrafish early embryos[J]. Cell, 2013, 153(4): 773-784.

111 Cao Y, He M, Gao Z, et al. Activating hotspot L205R mutation in PRKACA and adrenal Cushing's syndrome[J]. Science, 2014, 344(6186): 913-917.

在 *Nature* 上[112]。

中国科学技术大学、约翰·霍普金斯大学等机构的研究人员发现并证实了与二维平表面上的细胞迁移截然不同的、不依赖于细胞黏附的一种癌细胞迁移的新机制，阐明了在细小管道内水分子和各种离子由细胞前端进入细胞，从后端离开细胞，从而实现癌细胞整体向前运动的新型细胞运动方式，揭示了水分子和离子的跨膜输运对癌细胞迁移的重要作用。该成果有助于了解癌细胞在体内的迁移扩散过程，对癌症的预防与治疗等方面的研究有着非常重要的科学意义与临床应用价值。相关成果于 2014 年 4 月发表在 *Cell* 上[113]。

北京大学人民医院等机构的研究人员在 13 例急性早幼粒细胞白血病（APL）砷剂耐药病例中，通过基因测序发现了 9 例病人存在 *PML* 基因突变，并且 *PML* 突变存在一个"突变热点区"（C202-S220）。该研究完善了对急性早幼粒白血病患者砷剂耐药机制的认识，检测 *PML* 突变有望实现 APL 的分层治疗和个性化治疗，并为下一步克服耐药的研究提供靶点。相关成果于 2014 年 6 月发表在 *New England Journal of Medicine* 上[114]。

中国医学科学院、第二军医大学等机构的研究人员报道了肝脏维甲酸诱导基因蛋白 I（RIG-I）表达水平可预测肝癌患者应用干扰素治疗是否有效的分子机制。该研究为进一步开展肝癌等肿瘤免疫治疗临床应用奠定了基础。相关成果于 2014 年 4 月以封面文章形式发表在 *Cancer Cell* 上[115]。

中国医学科学院、第二军医大学等机构的研究人员发现了一种新型小 G 蛋白分子 RBJ，RBJ 在肿瘤细胞核内可以直接结合信号分子 MEK 和 ERK（两种蛋白激酶），将其锚着于细胞核，使其"陷"入细胞核而不能出核，从而造成促癌信号分子在细胞核内异常聚集，导致下游细胞生长基因异常活跃和肿瘤恶性生长（细胞核信号陷阱现象）。该研究为深入探讨肿瘤细胞异常生长机制提出了新思路。相关成果于 2014 年 5 月以封面文章形式发表在 *Cancer Cell* 上[116]。

---

112 Wen H, Li Y, Xi Y, et al. ZMYND11 links histone H3. 3K36me3 to transcription elongation and tumour suppression[J]. Nature, 2014, 508(7495): 263-268.

113 Stroka K M, Jiang H, Chen S H, et al. Water permeation drives tumor cell migration in confined microenvironments[J]. Cell, 2014, 157(3): 611-623.

114 Zhu H H, Qin Y Z, Huang X J. Resistance to arsenic therapy in acute promyelocytic leukemia[J]. New England Journal of Medicine, 2014, 370(19): 1864-1866.

115 Hou J, Zhou Y, Zheng Y, et al. Hepatic RIG-I predicts survival and interferon-α therapeutic response in hepatocellular carcinoma[J]. Cancer Cell, 2014, 25(1): 49-63.

116 Chen T, Yang M, Yu Z, et al. Small GTPase RBJ mediates nuclear entrapment of MEK1/MEK2 in tumor progression[J]. Cancer cell, 2014, 25(5): 682-696.

复旦大学、安徽医科大学等机构的研究人员用极体（卵子在减数分裂过程中排出卵包膜外的"小细胞"）中的遗传物质代替细胞质内的遗传物质，在两种不同线粒体遗传背景的小鼠之间进行线粒体置换研究。研究结果显示第一极体置换产生的子一代小鼠及其衍生的子二代小鼠体内仅含卵细胞质供体小鼠的线粒体，在最大程度上避免了异质线粒体 DNA。同时，研究人员在小鼠上将极体移植、原核移植、纺锤体 – 染色体移植在同一尺度进行比较，证明了极体移植能有效阻止供体线粒体 nDNA 变异传播，凸显其优越性及潜在的临床应用价值，有望能主动和彻底地预防线粒体母源性遗传疾病的发生。相关成果于 2014 年 6 月发表在 *Cell* 上 [117]。

（九）传染病与免疫学

传染病与免疫学研究是保障人口健康的重要基础，我国历来十分重视相关领域的研究。2014 年，我国在 HIV 病毒、禽流感病毒、疟疾和甲型肝炎病毒的感染 / 发病机制研究上取得了多项突破，在机体保护性免疫反应机制研究中取得了众多成果，还建立了首个肝病肠道菌群基因集，为进一步研究肠道菌群与疾病、机体免疫之间的关系提供了重要的数据支撑。

哈尔滨工业大学、清华大学等机构的研究人员揭示了 HIV-1 病毒编码的 Vif 蛋白劫持宿主细胞 CBF-β 和 CUL5 E3 连接酶复合物的结构基础，从而为设计出新型的抗 HIV 药物奠定了理论基础。相关成果于 2014 年 1 月发表在 *Nature* 上 [118]。

中国疾病预防控制中心、南京疾病预防控制中心等机构的研究人员对全球新型 H10N8 禽流感病毒感染的首例死亡病例进行了分析。通过对取自下呼吸道样本的分析，研究人员发现 H10N8 病毒基因组中有 6 个基因片段来自 H9N2 禽流感病毒，重组病毒可感染人类肺部深层组织，进而在人体内复制。该研究对于 H10N8 禽流感病毒的防控具有重要的现实意义。相关成果于 2014 年 2 月发表在 *The Lancet* 上 [119]。

同济大学附属东方医院、中国科学院上海巴斯德研究所等机构的研究人员在恶性疟原虫外切体复合物类似蛋白中发现了 PfRNase Ⅱ 蛋白，PfRNase Ⅱ 可对 A-var 基因转

117 Wang T, Sha H, Ji D, et al. Polar body genome transfer for preventing the transmission of inherited mitochondrial diseases[J]. Cell, 2014, 157(7): 1591-1604.

118 Guo Y, Dong L, Qiu X, et al. Structural basis for hijacking CBF-[bgr] and CUL5 E3 ligase complex by HIV-1 Vif[J]. Nature, 2014, 505(7482): 229-233.

119 Chen H Y, Yuan H, Gao R, et al. Clinical and epidemiological characteristics of a fatal case of avian influenza A H10N8 virus infection: a descriptive study[J]. The Lancet, 2014, 383(9918): 714-721.

录产物进行原位降解，导致该信号通路处于"沉睡"状态，当 PfRNase Ⅱ 水平下降时，A-var 水平上升，凶险型疟疾的发生率也相应升高。因此，PfRNase Ⅱ 有望成为防治凶险型疟疾的新的重要靶分子。相关成果于 2014 年 6 月发表在 *Nature* 上 [120]。

中国科学院生物物理研究所、清华大学等机构的研究人员解析了甲型肝炎病毒（hepatitis A virus，HAV）和空病毒颗粒的高分辨率 X 射线结构，并基于结构分析结果揭示了现代小核糖核酸病毒（picornaviruses）的起源。该研究对于进一步解析 HAV 灭活病毒疫苗的免疫原性和保护机理具有重要意义，为抗肝炎病毒药物的研发提供理论指导和新方向。相关成果于 2014 年 10 月发表在 *Nature* 上 [121]。

清华大学、安德森癌症中心等机构的研究人员发现了一种 bHLH（basic helix-loop-helix，碱性螺旋 – 环 – 螺旋）转录因子 Ascl2（achaete-scute homologue 2），该转录因子在 Tfh 细胞（滤泡性辅助性 T 细胞）中选择性地表达上调，并证明了 Ascl2 具有直接启动 Tfh 细胞发育的功能。该研究为深入了解 Tfh 发育机制以及在机体免疫和相关疾病中的作用提供了重要的研究数据。相关成果于 2014 年 1 月发表在 *Nature* 上 [122]。

中国人民解放军第二军医大学、中国医学科学院等机构的研究人员以诱导外周血单核细胞分化为人类树突状细胞为模型，进行转录组微阵列分析和 RNA 测序，鉴别出了仅限于人类树突状细胞（DC）中表达的一种长链非编码 RNA（lnc-DC），并证实抑制 lnc-DC 可破坏体外人类外周血单核细胞以及体内的小鼠骨髓细胞分化为 DC，并减小了 DC 刺激 T 细胞活化的能力。该研究有助于人们深入认识免疫细胞分化发育机制，并将促进抗癌、抗感染新型高效疫苗的研发。相关成果于 2014 年 4 月发表在 *Science* 上 [123]。

中国科技大学、厦门大学等机构的研究人员首次发现坏死小体蛋白复合物 RIP1-RIP 及其下游信号通路在 RNA 病毒活化 NLRP3 炎性小体过程中起关键作用，该研究不仅揭示了一条新的抗病毒信号通路，也为病毒感染相关炎症性疾病的治疗提供了潜在的治疗靶点。相关成果于 2014 年 10 月发表在 *Nature Immunology* 上 [124]。

120 Zhang Q, Siegel T N, Martins R M, et al. Exonuclease-mediated degradation of nascent RNA silences genes linked to severe malaria[J]. Nature, 2014, 513(7518): 431-435.

121 Wang X, Ren J, Gao Q, et al. Hepatitis A virus and the origins of picornaviruses[J]. Nature, 2014, 517(7532): 85-88.

122 Liu X, Chen X, Zhong B, et al. Transcription factor achaete-scute homologue 2 initiates follicular T-helper-cell development[J]. Nature, 2014, 507(7493): 513-518.

123 Wang P, Xue Y, Han Y, et al. The STAT3-binding long noncoding RNA lnc-DC controls human dendritic cell differentiation[J]. Science, 2014, 344(6181): 310-313.

124 Wang X, Jiang W, Yan Y, et al. RNA viruses promote activation of the NLRP3 inflammasome through a RIP1-RIP3-DRP1 signaling pathway[J]. Nature Immunology, 2014, 15(12): 1126-1133.

清华大学研究人员揭示了人体免疫细胞逐步增高抗体亲和力的新机制，阐明了重要免疫疾病相关分子 ICOSL（诱发性共刺激分子）在此过程中的决定性作用。为改善抗病毒抗体疫苗，特别是研发更有针对性的"靶点"中和抗体疫苗开辟了潜在新方向。相关成果于 2014 年 10 月发表在 *Nature* 上[125]。

浙江大学、法国国家农业研究院（Metagenopolis, Institut National de la Recherche Agronomique）等机构的研究人员收集了 181 个来自于中国人肠道菌群的样本，利用宏基因组学的研究方法，开展了肝硬化患者肠道菌群的深度测序及关联分析研究，从中获得 269 万个非冗余的人体肠道微生物菌群的基因集，建立了世界上首个肝病肠道菌群基因集。该研究为治疗肝硬化的微生态制剂研发提供了方向。相关成果于 2014 年 9 月发表在 *Nature* 上[126]。

（十）干细胞

干细胞具有自我更新和多向分化的能力以及很大的医学应用潜力，并因此得到了国际社会的普遍关注。自 20 世纪 90 年代后期以来，干细胞研究一直受到我国政府和科学界的高度重视。在 863 计划、973 计划（含国家重大科学研究计划）、国家自然科学基金等大力支持下，我国干细胞研究取得了众多具有国际影响力的研究成果。2014 年，我国在转分化和诱导多能干细胞等细胞重编程研究、干细胞生长和功能调控及干细胞与疾病治疗领域取得了多项研究成果。

1. 细胞重编程

2014 年，我国科学家成功实现了恒河猴成纤维细胞到"原始多潜能干细胞"、人类皮肤上皮干细胞到角膜缘干细胞和人体成纤维细胞到肝细胞（hiHep 细胞）的转变，并揭示了重编程过程中的一些分子调控机制。

北京大学等机构的研究人员成功将恒河猴成纤维细胞诱导成为了"原始多潜能干细胞"。该研究为建立转基因灵长类动物模型提供了潜在的细胞来源。相关成果于 2014 年 10 月发表在 *Cell Stem Cell* 上[127]。

---

125 Liu D, Xu H, Shih C, et al. TB-cell entanglement and ICOSL-driven feed-forward regulation of germinal centre reaction[J]. Nature, 2015, 517(7533): 214-218.

126 Qin N, Yang F, Li A, et al. Alterations of the human gut microbiome in liver cirrhosis[J]. Nature, 2014, 513(7516): 59-64.

127 Fang R, Liu K, Zhao Y, et al. Generation of naive induced pluripotent stem cells from rhesus monkey fibroblasts[J]. Cell Stem Cell, 2014, 15(4): 488-496.

中山大学等机构的研究人员证实调控角膜缘干细胞分化的关键因子 WNT7A 和 PAX6 在角膜谱系专向分化中起着重要的作用，首次将皮肤干细胞诱导分化为角膜缘干细胞，并成功修复角膜功能，为治疗角膜疾病提出了新策略。相关成果于 2014 年 7 月发表在 *Nature* 上 [128]。

中国科学院上海生物化学与细胞生物学研究所等机构的研究人员通过表达三个肝脏转录因子 FOXA3、HNF1A、HNF4A，成功将人体成纤维细胞重编程为肝细胞。该成果为进行肝细胞治疗、制造生物人工肝奠定了基础。相关成果于 2014 年 2 月发表在 *Cell Stem Cell* 上 [129]。

中国科学院上海生命科学研究院生物化学与细胞生物学研究所等机构的研究人员证实了 DNA 双氧化酶 Tet 蛋白和胸腺嘧啶 DNA 糖基化酶 TDG 介导的 DNA 去甲基化，是体细胞重编程过程中发生上皮 – 间充质转化（MET）的必要条件。该研究揭示了表观遗传障碍在细胞谱系转换中的重要作用，为更好地控制细胞命运提供了一些新见解。相关成果于 2014 年 2 月发表在 *Cell Stem Cell* 上 [130]。

中国科学院广州生物医药与健康研究院等机构的研究人员选择鼠胚胎成纤维细胞作为研究对象，通过比较体细胞、重编程过程中的细胞、胚胎干细胞三类细胞中 RNA 聚合酶 Ⅱ 在基因上的分布情况，揭示了细胞重编程过程中多能基因网络调控机制。相关成果于 2014 年 10 月发表在 *Cell Stem Cell* 上 [131]。

2. 干细胞生长和功能调控

干细胞在体内的生长和相关的功能调控机制长久以来都是人们关注的问题。2014 年，我国科学家首次在成体乳腺器官发现了未分化的干细胞，也为干细胞的自我更新和分化提出了一些新的见解。

中国科学院上海生命科学院生物化学与细胞生物学研究所等机构的研究人员通过筛选找到了乳腺干细胞特异的表面标记，并采用乳腺干细胞移植技术以及在模式

[128] Ouyang H, Xue Y, Lin Y, et al. WNT7A and PAX6 define corneal epithelium homeostasis and pathogenesis[J]. Nature, 2014, 511(7509): 358-361.

[129] Huang P, Zhang L, Gao Y, et al. Direct reprogramming of human fibroblasts to functional and expandable hepatocytes.[J]. Cell Stem Cell, 2014, 14(3): 370-384.

[130] Hu X. Tet and TDG mediate DNA demethylation essential for mesenchymal-to-epithelial transition in somatic cell reprogramming[J]. Cell Stem Cell, 2014, 14(4): 512-522.

[131] Liu L, Xu Y, He M, et al. Transcriptional pause release is a rate-limiting step for somatic cell reprogramming[J]. Cell stem cell, 2014, 15(5): 574-588.

动物体内对干细胞进行谱系追踪，发现成体乳腺器官中存在未分化的干细胞。该研究"刷新"了乳腺干细胞性质的现有理论，奠定了乳腺癌干细胞治疗应用的基础。相关成果于 2014 年 10 月发表在 *Nature* 上 [132]。

中国科学院生物物理研究所等机构的研究人员发现 Csn4 因子作为 COP9 信号小体复合物（CSN）的一部分，能维持果蝇卵巢生殖干细胞的自我更新，在分化的子代细胞中，大量表达的促分化因子 Bam 通过竞争性募集 Csn4，从而转变其他的 Csn 蛋白组分发挥促进分化的功能。Bam 和 COP9 这两种因子对 Csn4 的竞争性结合现象，很好地解释了在多种干细胞体系中虽然干细胞和其子代拥有共同的调节因子但却拥有不同命运的现象。相关成果于 2014 年 8 月发表在 *Nature* 上 [133]。

3. 干细胞与疾病

干细胞的异体移植会产生免疫反应，干细胞与肿瘤发生发展也有着紧密联系。2014 年，我国科学家在这两方面研究都取得了重要进展。

深圳儿童医院等机构的研究人员将人胚胸腺及胚肝中的造血干细胞移植到免疫缺陷小鼠体内，培育出"人源化"实验鼠，通过组合使用两种免疫抑制分子 CTLA4-lg（类风湿关节炎治疗药物）和 PD-L1（一种肿瘤诱导免疫耐受中起重要作用的蛋白），成功抑制了移植的免疫反应。该成果为抑制异体干细胞移植的免疫反应提供了新的策略。相关成果于 2014 年 1 月发表在 *Cell Stem Cell* 上 [134]。

上海交通大学等机构的研究人员将人急性淋巴细胞白血病细胞注入小鼠体内，建立白血病小鼠模型，之后给予化疗。研究发现白血病传播细胞（leukemia propagating cells，小鼠体内接受外源急性淋巴细胞白血病细胞刺激，并传播白血病的细胞）会分泌一些细胞因子，招募和改造骨髓间充质干细胞，从而逃避化疗杀伤。该研究对于急性淋巴细胞白血病的预后和靶向治疗具有重要的指导意义。相关成果于 2014 年 6 月发表在 *Cancer Cell* 上 [135]。

---

132 Wang D, Cai C, Dong X, et al. Identification of multipotent mammary stem cells by protein C receptor expression[J]. Nature, 2014, 517(7532): 81-84.

133 Pan L, Wang S, Lu T, et al. Protein competition switches the function of COP9 from self-renewal to differentiation[J]. Nature, 2014, 514(7521): 233-236.

134 Rong Z, Wang M, Hu Z, et al. An effective approach to prevent immune rejection of human ESC-derived allografts.[J]. Cell Stem Cell, 2014, 14(1): 121-130.

135 Duan C W, Shi J, Chen J, et al. Leukemia propagating cells rebuild an evolving niche in response to therapy[J]. Cancer Cell, 2014, 25(6): 778-793.

第三章　热点前沿

 一、脑科学

（一）概述

脑是最复杂的器官。脑科学旨在了解人类大脑的结构和功能关系，是最具挑战性的基础科学命题之一。脑科学研究的进步不仅有助于人类理解自然和认识自我，而且对有效增进精神卫生和防止神经疾病、发展脑式信息处理和智能系统都十分重要，与脑科学有关的技术进步对人类健康、认知、社会运行、国家安全等多个领域具有深远影响和重大意义。为此，世界主要国家和地区等先后启动脑科学研究相关重大国家级研究计划，如欧盟的未来新兴技术旗舰项目之一"人脑项目"、美国的"创新型神经技术推动脑科学研究"计划等。

由于大脑结构功能关系的复杂性以及研究方法的局限性，使认识大脑面临巨大挑战。近年来，计算生物学、系统生物学等学科的兴起和快速发展以及影像技术取得的巨大进步，为脑科学研究提供了新的研究思路和方法，在多个领域形成新热点并不断取得重大突破，脑科学研究正迎来新一轮研究热潮。

（二）重要进展

1. 国外进展

（1）脑结构功能关系研究的工具、方法新突破

活体三维组织中选择性成像单个细胞。瑞士苏黎世联邦理工学院研究人员开发了一种新显微成像技术，首次在一种颜色的细胞（或分子）群体中，用另一种颜色

显示单个细胞（或分子）[136]。该成像技术有助于在活体生物中靶标单个神经细胞、研究胚胎发育或者监控动态过程等。

斑马鱼全脑活动的细胞水平分析。 美国霍华德·休斯医学研究所报告了可在细胞水平上实现对斑马鱼进行全脑神经活动大尺度分析的开源计算工具和成像方法[137]。该方法使得原本需要耗费数小时的数据集分析在数秒到数分钟之内便可完成。通过与一套可从细胞水平上进行全脑功能成像系统相结合，发现了之前未有记录的斑马鱼大脑活动新模式。

膨胀显微技术突破硬件观察极限。 美国麻省理工开发的膨胀显微技术（expansion microscopy）利用吸水材料让大脑组织膨胀，可以在常规显微镜下成像整个大脑，使普通显微镜达到了 60nm 的分辨率[138]。

在体协助灌注药剂释放技术实现小鼠全身透明化。 美国加州理工学院在适用于成年哺乳动物器官的被动透明技术（PACT）基础上，研发出在体协助灌注药剂释放技术（PARS），新技术能在不影响内部结构的基础上让组织、器官甚至整个机体变得透明[139]。PARS 可以同时定位 DNA、RNA 和蛋白，PARS 特别适合用来观察机体中的长神经元，但目前仍然受到抗体扩散能力的限制。

新化学遗传学技术 KORD。 这项技术基于 2007 年开发的设计药物激活专门受体（DREADD）技术，通过靶标两种不同的神经元表面受体，触发控制大脑功能和复杂行为的特定化学信号，揭示控制小鼠行为的大脑回路[140]。

神经元基因表达快照技术。 洛克菲勒大学研究人员改进了一种被称为翻译核糖体亲和纯化（TRAP）的技术，设计了一种新方法 Retro-TRAP，可根据神经元之间的连接，创建神经元基因表达快照，包含着神经元内活性基因的详细清单。Retro-TRAP 将为复杂的神经回路如何发挥作用带来更为精细的认识[141]。

---

136 William P D, Lada G, Patrick M H, et al. In vivo single-cell labeling by confined primed conversion. Nature Methods (2015) doi: 10.1038/nmeth.3405.

137 Nikita V, Yu M, Takashi K, et al. Light-sheet functional imaging in fictively behaving zebrafish. Nature Methods, 2014, doi: 10.1038/nmeth.3040.

138 Callaway E. Blown-up brains reveal nanoscale details[J]. Nature, 2015, 517(7534): 254.

139 Bin Y, Jennifer B T, Rajan P K, et al. Single-cell phenotyping within transparent intact tissue through whole-body clearing. Cell, 2014, 158(4): 945-958.

140 Vardy E, Robinson J E, Li C, et al. A new DREADD facilitates the multiplexed chemogenetic interrogation of behavior. Neuron, 2015, 86(4): 936-946.

141 Ekstrand M I, Nectow A R, Knight Z A, et al. Molecular profiling of neurons based on connectivity[J]. Cell, 2014, 157(5): 1230-1242.

功能性光声显微成像。美国华盛顿大学研究团队开发了功能性光声显微成像技术。该技术不用注入任何外源造影剂，能够以迄今为止最快的速度透过完整头骨，在活小鼠的大脑中成像血流、血液氧合、氧代谢和其他功能[142]。这项研究显著提升了光声显微成像（PAM）的时间和空间分辨率，可以在单细胞水平上揭示血流动态和氧代谢情况，有望成为fMRI的重要补充。

细胞型标记物CNiFERs。来自加州大学圣地亚哥分校的研究人员构建出了一种新型带有荧光染料的细胞CNiFERs，这种染料能对特殊的神经化学物质进行应答，改变颜色。将这些细胞移植到活体哺乳动物大脑中，能观察到通过食物奖励学习过程中，神经信号是如何改变的[143]。这项工作为设计报告庞大而多样的大脑信号分子提供了一种新途径。

（2）多尺度脑结构功能图谱绘制

绘制人类胎儿大脑完整基因表达图谱。美国华盛顿州西雅图艾伦脑科学研究所科研团队，构建了人类胎儿妊娠中期详细的大脑基因表达图谱，以前所未有的解剖学分辨率绘制出了怀孕中期不同的基因开启和关闭的详细图谱[144]。

绘制小鼠大脑神经元联系图谱。美国华盛顿州西雅图艾伦脑科学研究所科研团队，构建了一个小鼠大脑连接图谱，此图谱是第一个哺乳动物全脑神经元连接图谱，也是至今为止最全面的脊椎动物的大脑连接图谱，为了解大脑的不同区域如何沟通与交流提供了新的见解[145]。这一研究结果将有助于研究人类大脑发育和神经回路，从而为理解人类的行为和认知过程的健康状态与疾病状态提供了极其重要的资源。

绘制果蝇幼虫大脑活化神经元的行为效应集。根据感官输入和内在状态，神经系统可以生成许多不同的运动模式。来自霍华德·休斯医学研究所和约翰·霍普金斯大学的研究人员，记录了整个果蝇幼虫大脑活化神经元的行为效应并对其进行分类[146]，这将为神经科学家们开展研究工作、了解果蝇神经结构的功能提供参考。

绘制小鼠听囊单细胞分辨率神经细胞重构图。斯坦福大学医学院等机构的研究

142 Yao JJ, Wang LD, Yang JM, et al. High-speed label-free functional photoacoustic microscopy of mouse brain in action. Nature Methods, 2015, 12: 407-410.

143 Arnaud M, Victory J, Paul A S, et al. Cell-based reporters reveal in vivo dynamics of dopamine and norepinephrine release in murine cortex. Nature Methods, 2014, 11: 1245-1252.

144 Jeremy A M, Song-Lin D, Susan M S, et al. Transcriptional landscape of the prenatal human brain. Nature, 2014, 508: 199-206.

145 Seung W O, Julie A H, Lydia N, et al. A mesoscale connectome of the mouse brain. Nature, 2014, 508: 207-214.

146 Joshua T V, Youngser P, Tomoko O, et al. Discovery of Brainwide Neural-Behavioral Maps via Multiscale Unsupervised Structure Learning. Science, 2014, 344(6182): 386-392.

人员针对 382 个成神经细胞和听囊细胞，绘制了包含近百个重要基因的关键图谱，建了单细胞分辨率的小鼠听囊细胞和早期成神经细胞系的重构图[147]。

（3）脑高级功能与重大疾病研究

时间关联事件记忆对人类生存具有十分重要的意义，它可以帮助大脑判断如何趋利避害。 美国麻省理工学院研究人员发现，大脑中负责联通内嗅皮层第 3 层和海马 CA1 区的突触回路，与形成于内嗅皮层的第 2 层、可激活海马 CA1 区的抑制神经元被称为岛细胞的神经回路，可控制时间关联事件记忆的形成[148]。该发现十分重要，它表明内嗅皮层的不同神经元在向海马提供信息时所具有的重要功能。

形成独特联想记忆的关键在于来自感官的信息在大脑中如何编码。 牛津大学神经回路和行为中心的研究人员发现，如果扰乱果蝇中的稀疏编码，果蝇会丧失形成相似气味独特记忆的能力[149]。这种"稀疏"编码模式意味着，响应一种气味的神经元不会与响应其他气味的神经元有太多重叠，使得大脑能够更容易将非常相似的气味区分开来。

揭示出在小鼠中负责编码积极和消极学习联系的脑回路。 研究人员首先利用荧光珠示踪剂分选出了属于每个回路的神经元。随后在小鼠经历了恐惧或奖励学习后检测了投射中神经连接的强度，并借用光脉冲来控制对光敏感的基因工程动物中的脑回路，证实投射识别回路和行为之间的因果联系[150]。许多精神健康问题，包括焦虑、成瘾和抑郁都有可能是由于情绪加工扰乱所引起，这些研究结果可能为开发出一种基于回路的方法来治疗精神疾病铺平道路。

大脑网格细胞的导航模式根据环境形状发生改变。 大脑的网格细胞能够通过周期性激发建立网格模式，形成局部环境的内部地图，为动物提供导航。迄今为止，人们一直认为网格模式都是六边形，为大脑提供均匀间隔以便测量距离。英国伦敦大学学院新研究显示，为了匹配局部环境的几何形状，网格模式会发生扭曲，改变网格之间的距离[151]。

———————————

147 Lu W, Fuchou T. Reconstructing complex tissues from single-cell analyses. Cell, 2014, 157(4): 771-773.

148 Takashi K, Michele P, Junghyup S, et al. Island cells control temporal association memory. Science, 2014, 343(6173): 896-901.

149 Andrew C L, Alexei M B, Alix d C, et al. Sparse, decorrelated odor coding in the mushroom body enhances learned odor discrimination. Nature Neuroscience, 2014(17): 559-568.

150 Praneeth N, Anna B, Suzuko Y, et al. A circuit mechanism for differentiating positive and negative associations. Nature, 2015(520): 675-678.

151 Julija K, Marius B, Stephen B, et al. Grid cell symmetry is shaped by environmental geometry. Nature, 2015, 518: 232-235.

确定 N- 甲基 -D- 天冬氨酸（NMDA）受体的精细结构。俄勒冈健康与科学大学研究团队通过 X 射线晶体衍射技术，构建了清晰的 NMDA 受体的 3D 模型[152]。NMDA 受体的功能紊乱与多种神经系统疾病有关，NMDA 受体的精细结构有助于开发治疗相关疾病的新药物。

首次证明帕金森病在人脑的传播机制。奥地利维也纳医科大学研究小组通过使用一种新抗体 5G4 antibody，证明帕金森病在人的大脑细胞间传播。这一机制此前仅仅在实验模型中被观察到，这是在人类中首次观察到[153]。这项发现具有重大的临床实践意义，能够为这种疾病的治疗提供依据。

（4）人工智能和类脑研究

成功开发模拟人类大脑的信息传递机制的新一代"神经突触计算机芯片"。美国 IBM 和美国康奈尔大学研究团队试制的新一代模拟大脑芯片采用三星的 28 纳米制程技术制造，在一块芯片上集成了 100 万个"神经元"和 2.56 亿个"突触"，整个芯片上具有 4096 个"神经突触"内核和 54 亿个晶体管。新芯片模拟能够处理感觉、视觉、气味以及环境信息的右脑[154]。它能够通过一个巨大的神经元和突触网络，模拟人脑处理来自身体各处感官信息的能力，在某些方面它甚至优于现在的超级计算机。

模拟人脑能长期保存信息的存储器。澳大利亚墨尔本皇家理工大学科学家通过模拟人脑处理信息的过程，开发出一种能长期保存信息的存储器。该设备被认为是世界第一个电子多态存储器，能模拟人脑在处理信息的同时对多种信息进行存储的能力[155]，为体外复制大脑和电子仿生大脑的出现铺平了道路。

模拟大脑进行自然计算的硬件平台问世。自然计算是一种全新的计算形式，具有自适应、自组织、自学习的能力，能够解决传统计算方法难于解决的各种复杂问题。由美日科学家组成的研究小组开发出一种能够模拟大脑进行自然计算的硬件平台，由许多纳米尺度的忆阻器组成，每个忆阻器就是一个原子开关。这些开关能够根据此前存储的内容调整电阻，产生与之相适应的电流或电压。这种设计能够使该

---

152 Chia-Hsueh L, Wei L, Jennifer C M, et al. NMDA receptor structures reveal subunit arrangement and porearchitecture. Nature, 2014, doi: 10.1038/nature13548.

153 Gabor G K, Leonid B, Ryan G, et al. Intracellular processing of disease-associated α-synuclein in the human brain suggests prion-like cell-to-cell spread. Neurobiology of Disease, 2014, 69: 76-92.

154 Paul A. M, John V A, Rodrigo A I, et al. A million spiking-neuron integrated circuit with a scalable communication network and interface. Science, 2014, 345(6197): 668-673.

155 Hussein N, Sumeet W, Ahmad E K,et al. Donor-induced performance tuning of amorphous SrTiO3 memristive nanodevices: multistate resistive switching and mechanical tunability. Advanced Functional Materials, 2015, doi: 10.1002/adfm.201501019.

装置产生自发行为，可不断根据环境参数进行自我调整[156]。

2. 国内进展

（1）脑科学研究应用的工具、方法新突破

大规模记录大脑皮层内神经元活动新方法。清华大学研究组首次报道了一种新的光记录方式，即通过双光子显微镜，记录神经元活动依赖的早期基因表达，记录并数字化大脑皮层内每个神经元的活动，为研究外界信息在皮层神经网络内的处理过程奠定了基础。运用此种方法，首次发现了在脑皮层的 Ⅱ 层神经元中存在场景记忆存储印迹[157]。该技术为研究在大量皮层神经元组成的神经网络中多细胞相互作用、单细胞演化等过程，提供了确实可行的方法，并部分解决了实时监测动物行为活动相关脑皮层内神经活动的技术难题，提供了精确测量神经元网络水平活动的有效工具，使得探索神经元间相互作用在学习记忆过程中的改变成为可能。

体外可充电的治疗帕金森病第二代国产脑起搏器获得注册。由清华大学研制的治疗帕金森病第二代国产脑起搏器，获得国家食品药品监督管理总局颁发的医疗器械产品注册证[158]。体外可充电技术不仅突破了可充电式脑起搏器的难题，还可应用于其他植入产品，有广阔应用前景，我国也成为全球第二个掌握该技术的国家。该产品打破了国外公司的技术垄断局面，标志着我国脑神经调控技术步入"全球领跑者"行列。

基于全新原理的液态金属神经连接与修复技术。中国科学院理化技术研究所与清华大学组成的联合研究小组，首次报道了一种基于全新原理的液态金属神经连接与修复技术[159]。结果表明，利用液态金属连接的神经模型能很好地传递刺激信号，与剪断前的正常神经组织在信号传导方面具有高度的一致性和保真度，显著优于传统的林格氏液。同时，液态金属在 X 射线下具有很强的显影性，在完成神经修复之后很容易通过注射器取出体外，避免了复杂的二次手术。

---

156 Demis E C, Aguilera R, Sillin H O, et al. Atomic switch networks—nanoarchitectonic design of a complex system for natural computing. Nanotechnology,2015, doi: 10.1088/0957-4484/26/20/204003.

157 Hong X, Yu L, Youzhi Z, et al. In vivo imaging of immediate early gene expression reveals layer-specific memory traces in the mammalian brain. Proceedings of the National Academy of Sciences, 2014, 18, 111(7): 2788-2793.

158 中国科学报. 我国脑神经调控技术步入"领跑者"行列. http://news.sciencenet.cn/htmlnews/2014/9/303614.shtm. 2015-05-30.

159 Jie Z, Lei S, Chao J, et al. Liquid metal as connecting or functional recovery channel for the transected sciatic nerve. http://arxiv.org/abs/1404.5931.

化学重激活被淬灭的荧光蛋白分子，实现大体积生物组织亚微米级的高分辨率荧光成像。武汉光电国家实验室（筹）生物医学光子学研究中心发现 GFP 在树脂包埋的过程中并没有变性，通过用碱溶液进行化学激活处理树脂包埋的生物组织，可以恢复绝大多数的 GFP 分子荧光，从而可忠实地观察到被荧光蛋白标记的精细结构[160]。该结果颠覆了人们关于树脂包埋组织荧光成像的普遍认识，为大体积生物组织亚微米级的高分辨率荧光成像提供了解决方法。

（2）脑图谱绘制

完成了全脑尺度上脑区功能亚区划分以及多模态连接模式绘制。2014 年 6 月，中国科学院自动化所脑网络组在德国汉堡举办的第二十届国际脑图谱大会上，分别通过大会报告、展位展览以及墙报报告等形式，向国内外同行推出了首版“脑网络组图谱”。该研究团队利用多模态磁共振技术提供的脑解剖和功能连接信息进行脑区亚区精细划分，并初步建立既具有精细脑区划分又具有脑区功能和解剖连接模式的脑图谱。脑网络组图谱不仅是脑科学研究的基础，也将会成为解剖学、神经科学、认知科学、神经病学和精神病学等学科的基本工具。

（3）脑高级功能与重大疾病研究

揭示工作记忆新机制。中国科学院上海生命科学研究院研究组通过干预“延迟期间”小鼠大脑内侧前额叶皮质（mPFC）的电活动影响记忆任务的学习正确率，阐明了该脑区在记忆学习过程中放电模式变化的规律[161]。研究组用光遗传手段在抉择期间操纵了神经元活动，观察到在学习后期确实有行为上的缺陷，从而表明前人的结果可能是因为用损毁或药理学等手段在操纵“延迟期间”神经元活动的同时还影响了抉择行为。

记忆再巩固机制研究取得新突破。复旦大学脑科学研究院研究组发现，一种记忆形成后，通过回忆可激活脑内的 β 抑制因子神经通路，使记忆得以“再巩固”，而不是激活 G 蛋白通路，导致记忆“再巩固”[162]。这一记忆再巩固的新假说，对长期以

---

160 Hanqing X, Zhenqiao Z, Mingqiang Z, et al. Chemical reactivation of quenched fluorescent protein molecules enables resin-embedded fluorescence microimaging. Nature Communications 5, doi: 10.1038/ncomms4992.

161 Liu D, Gu X W, Zhu J, et al. Medial prefrontal activity during delay period contributes to learning of a working memory task. Science,2014,346:458-463.

162 Xing L, Li M, Hao H, et al. β-Arrestin-biased signaling mediates memory reconsolidation supporting information. PNAS, 2015, 112(14): 4483-4488.

来被广泛认同的记忆再巩固的 G 蛋白机理假说提出了挑战，该发现有助于阐明记忆长期存储的分子机制，并对新靶向药物研发有重要意义。

新型仿生脂蛋白纳米药物。 上海交通大学医学院设计并率先构建了既能通过血脑屏障又具有 β 淀粉样蛋白亲和特性的仿生脂蛋白纳米药物。实验证明，该仿生纳米药物的应用大大改善了阿尔茨海默病患病模型小鼠的认知功能[163]。该纳米药物可高效载药，具有良好的转化应用前景。

破译神经生长导航新机制。 北京大学生命科学学院研究团队等的研究首次揭示了 Netrin-1 与其受体结合的三维结构，并以此阐释了神经元发育过程中导航问题的一个全新机理[164]。

就边缘皮层在陈述性记忆中的功能提出新观点。 北京大学心理学系研究员发表了基于解剖结构及神经生理学信号的边缘皮层功能特性研究综述，通过回顾不同记忆任务中的单神经元细胞反应特性，从生理学角度对边缘皮层的功能角色提供了新观点和新解释[165]。

揭示组蛋白乙酰化在神经分化中的不同功能。 中国科学院上海生命科学研究院研究人员利用人胚胎干细胞体外神经分化作为研究模型，发现 H3K9 乙酰化在从多能性的人胚胎干细胞分化到神经干细胞过程中呈现一个先降低后升高的动态变化趋势，并据此将人胚胎干细胞神经分化划分为两个阶段[166]。

揭示神经元死亡新机制。 北京大学生命科学学院研究组通过建立果蝇神经元坏死模型，进行了遗传学筛选，发现了一条新的调控神经元坏死的通路。这条通路在哺乳动物神经元坏死中是保守的[167]。这一发现为抑制神经元坏死提供了新的药物靶点和分子标记物。

揭示老年痴呆症致病蛋白结构。 清华大学研究组在世界上首次揭示了与阿尔茨海默病发病直接相关的人源 γ 分泌酶复合物（γ-secretase）的精细三维结构[168]，为理解

163 Qingxiang S, Meng H, Lei Y, et al. Lipoprotein-based nanoparticles rescue the memory loss of mice with Alzheimer's Disease by accelerating the clearance of amyloid-beta. ACS Nano, 2014, 8(3): 2345-2359.

164 Lorenzo I F, Nina K, Xiaqin S, et al. The crystal structure of netrin-1 in complex with DCC reveals the bifunctionality of netrin-1 as a guidance cue. Neuron, 2014, doi: 10.1016/j.neuron.2014.07.010.

165 Wendy A S, Yuji N. The perirhinal cortex. Annual Review of Neuroscience, 2014, 7: 39-53.

166 Yunbo Q, Ran W, Xianfa Y, et al. Dual roles of histone H3 lysine 9 acetylation in human embryonic stem cell pluripotency and neural differentiation. The Journal of Biological Chemistry, 2014, doi: 10.1074/jbc.M114.603761.

167 Kai L, Lianggong D, Yuhong L, et al. Neuronal necrosis is regulated by a conserved chromatin-modifying cascade. PNAS, 111(38): 13960-13965.

168 Peilong L, Xiao-chen B, Dan M, et al. Three-dimensional structure of human γ-secretase. Nature, 2014, 512: 166-170.

γ 分泌酶复合物的工作机制以及阿尔茨海默病的发病机理提供重要线索。

揭示大脑编码情绪的模式。中国科学院上海生命科学研究院课题组利用 TAI-FISH 技术揭示了小鼠前脑边缘系统各脑区对于喜好或者厌恶的情绪反应的编码模式。TAI-FISH 技术可在单细胞层面和全脑范围同时考察两种不同刺激在同一动物脑中的编码模式，使同时考察多个神经环路成为可能；同时首次揭示了多个脑区神经元对于喜好或者厌恶刺激的应答模式，提示了编码情绪效价的关键脑区[169]。

关于注意行为中基于振荡的时间组织的新研究。中国科学院生物物理研究所研究团队发现经典的空间注意行为表现在这个动态过程的低频段上，空间注意行为包含大量动态振荡成分等[170]。这是继听觉中时间组织的神经机制研究后的又一时间组织领域的重要成果。

（4）人工智能和类脑研究

百度公司启动"百度大脑"项目。百度首席科学家表示，百度已打造了世界最大的用于语音和图像查询计算机大脑[171]。这项名为"百度大脑"的产品，其计算速度将达到 2012 年推出的"谷歌大脑"的 100 倍、斯坦福大学人工智能实验室 2013 年推出的"计算机大脑"的 10 倍。

中国科学院自动化所成立类脑智能研究中心[172]。类脑智能研究中心的主要研究方向包括：多模态感知，自主学习与记忆，思维、决策、动作等相关的认知脑模拟，类脑多模态信息处理，以及基于神经机制的类脑机器人。目前在针对脑皮层认知功能的计算模拟、自主学习机制及其计算实现、脑知识图谱、"手、眼、脑"协同的认知机器人等方面取得阶段性进展。

清华大学成立类脑计算研究中心。其主要研发方向包括：类脑计算芯片系统设计、制程与集成、仿真软件、建模与编码、脑神经计算、器件与材料等[173]。

169 Jianbo X, Qi Z, Tao Z,et al. Visualizing an emotional valence map in the limbic forebrain by TAI-FISH. Nature Neuroscience, 2014, 17: 1552-1559.

170 Song, K, Meng, M, Chen, et al. Behavioral oscillations in attention: rhythmic alpha pulses mediated through theta band. Journal of Neuroscience, 2014, 34(14): 4837-4844.

171 中关村科技园区海淀园管理委员会. 人脑工程研究发展迅猛 百度打造最大计算机大脑. http://www.zhsp.gov.cn/Yqdt/qydt/201409/t20140910_632831.htm.2015-05-30.

172 中国科学院自动化研究所. 自动化所成立类脑智能研究中心 整体性启动类脑智能研究. http://www.ia.cas.cn/xwzx/ttxw/201504/t20150415_4338098.html.2015-05-30.

173 清华大学. 清华大学类脑计算研究中心揭牌同期举行第一次学术委员会会议. http://news.tsinghua.edu.cn/publish/news/4204/2015/20150423084328089604668/20150423084328089604668_.html.2015-05-31.

（三）前景与展望

人类大脑在结构上和生理上可以被正常的智力和自身的经历所改变。尽管近年来大脑研究在技术上取得重大进步，但目前仍未描述出各种各样的、构成大脑及确定其功能的细胞。重要的是，大脑的各种组件是不能脱离其他部分而独立操作的，它们必须互相沟通和协同工作，来处理信息和产生记忆、思想和行为，但目前缺乏一个基本的关于健康的大脑功能的理论，亟需脑科学理论创新。

大脑工作过程是多学科现象。因此，研究脑结构功能关系需要多学科的方法。包括开展关于多物种神经系统的正常运作的研究，揭示和预测在健康大脑中的复杂的神经活动的理论和计算模型研究，用于监控和控制大脑的探针、成像用途的新材料和光电子学研究。从长远来看，只有通过以上基础性研究奠定坚实基础，才有可能为重大脑疾病治疗方法开发和类脑研究应用铺平道路。

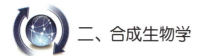

二、合成生物学

（一）概述

本世纪之交，基因组学将分子生物学技术推向了"大规模、高通量、定量化"的新高度，在此基础上，不仅产生了以计算生物学为导向的"自上而下"的系统生物学，又融入工程学理念，产生了"自下而上"的合成生物学。这些新型交叉学科前沿，已被称为生命科学的"会聚"（convergence）研究范式，成为自分子生物学和细胞生物学、基因组学两大范式以来的生命科学的"第三次革命"。

合成生物学从成功全合成支原体染色体DNA[174]，并在此基础上创建"新物种"，证明人工合成生命的可行性[175]，到合成自然界中不存在的XNA[176]和XNA酶[177]，证明

---

174 Gibson DG, Benders GA, Andrews-Pfannkoch C, et al. Complete chemical synthesis, assembly, and cloning of a *Mycoplasma genitalium* genome. Science, 2008, 319(5867): 1215-1220.

175 Gibson DG, Glass JI, Lartigue C, et al. Creation of a bacterial cell controlled by a chemically synthesizedgenome. Science, 2010, 329(5987): 52-56.

176 Pinheiro VB, Taylor AI, Cozens C, et al. Synthetic genetic polymers capable of heredity and evolution, Science, 2012, 336: 341-344.

177 Taylor AI, Pinheiro VB, Smola MJ, et al. Catalysts from synthetic genetic polymers, Nature, 2014, doi: 10.1038/nature13982.

DNA 不再是唯一的生命密码载体，"人造生命"正帮助我们接近生命起源和进化的真相。另一方面，随着高效低价的寡核苷酸合成及大片段 DNA 拼接技术的快速发展，"人造生命"的对象已从病毒、细菌发展到酵母、微藻等真核生物，其目的也逐渐从最初的概念证实迈向复杂生命体系活动机理研究，以及人工遗传线路和底盘生物设计构建等工程体系的建立，促使生命科学从以观测、描述及经验总结为主的"发现"（discovery）科学，跃升为可定量、计算、预测及工程化合成的"创新"（innovation）科学。

合成生物学已经引起全球科技界与社会各层面的高度关注。美国能源部、国家科学基金会（NSF）、国立卫生研究院（NIH）、农业部、国防部等都大力支持合成生物学的研究，并建立相关机构，一些基金组织及风险投资集团也参与和支持合成生物学研发项目，促进其转化应用。英国于 2012 年发布《合成生物学路线图》，英国生物技术和生物科学研究理事会（BBSRC）、工程与自然科学研究理事会（EPSRC）等机构在 2013 年资助 7500 余万英镑，建立合成生物学知识与创新中心（SynbiCITE）[178]，并于 2014 年投入 4000 万英镑在布里斯托尔（Bristol）、诺丁汉（Nottingham）和剑桥/诺维奇（Cambridge/Norwich partnership）建立了 3 个合成生物学研究中心[179]，全力推动合成生物学的发展及新技术的开发。

为了加强欧洲在合成生物学领域的竞争力，整合相关的研究活动，欧盟最早推动并起草了合成生物学路线图，该路线图既是技术路线图，也是政策路线图，体现了欧盟 2008～2016 年对合成生物学的设计和规划。根据该路线图，欧盟至少已资助了 20 多个合成生物学相关研究项目。2014 年 4 月，欧洲合成生物学研究区域网络（ERA SynBio）发布了题为《欧洲合成生物学下一步行动——战略愿景》的报告。报告指出，合成生物学将在工业生物技术和生物能源、医药、生态和农业、材料科学等方面具有巨大的应用潜力。合成生物学研究将对欧洲的经济产生巨大的推动作用，并解决重大社会问题。欧盟对合成生物学的发展提出了 5 点建议：对创新型、转化型及网络型的合成生物学研究进行资助；对合成生物学领域，制定负责任的和包容性的政策促进合成生物学的发展；构建网络化、多学科、跨国际的研究和政策制定

178 EPSRC. New Innovation and Knowledge center to drive UK's synthetic biology progress. [EB/OL] http://www.epsrc.ac.uk/newsevents/news/2013/Pages/syntheticbiologyprogress.aspx.

179 BBSRC. UK establishes three new synthetic biology research centres. [EB/OL] http://www.bbsrc.ac.uk/news/research-technologies/2014/140130-pr-new-synthetic-biology-research-centres.aspx.

团体；通过提供具有熟练技能的、有创造力的、相互有关联的劳动力，支持合成生物学未来的发展；利用开放、前沿的数据和基础技术。

同时，报告提出了欧洲合成生物学未来发展的大胆设想，以及未来五到十年的重大机遇与挑战；绘制了欧洲合成生物学在基础科学、支撑技术、产业和应用领域短期（2014～2018 年）、中期（2019～2025 年）和长期（2025 年后）的路线图[180]。

（二）重要进展

1. 国外进展

在各国的大力支持下，2014 年，合成生物学在基因线路、合成系统、DNA 存储与遗传物质改造等方面，以及生物燃料应用研究等领域取得了一些重要进展和突破。

（1）基因线路工程

加州大学旧金山分校 Christopher Voigt 及同事不仅在单个细胞内部建立基因逻辑线路，还通过多个细胞的相互通讯组成具有逻辑门判断能力的基因线路，实现了更精细、更复杂的逻辑线路。例如拥有 4 个"与门"信号输入，包含 3 个子线路、4 种诱导系统和 11 个调控蛋白的基因线路控制，在应用上能够使用基因逻辑线路控制 10L 容量的生物反应器中的生产。2014 年，他们又以基因簇为单位对基因逻辑线路进行优化[181]，并整体性地将原核生物的基因线路移植到真核细胞中[182]。

合成基因网络在重编程和生物机体改写方面具有广泛的用途，关键的问题是建立一种能在实验室和体内环境以外利用这种网络的强大功能的方法。2014 年，哈佛大学 Wyss 生物工程研究所、波士顿大学的研究人员研发了一种基于纸质的非细胞线路，构建了一种基于纸张的体外平台，为研究人员提供一种多用途的可变系统，该系统可作为实验室以外的工程基因网络中介，应用于疾病的快速诊断等[183]。

---

180 http://www.bbsrc.ac.uk/news/policy/2014/140423-n-european-vision-for-synbio-published/Next steps for European synthetic biology:a strategic vision from ERASynBio.

181 Smanski MJ, Bhatia S, Zhao D, et al. Functional optimization of gene clusters by combinatorial design and assembly. Nat Biotechnol, 2014, 32, 1241-1249.

182 Stanton BC, Siciliano V, Ghodasara A, et al. Systematic transfer of prokaryotic sensors and circuits to mammalian cells. ACS synthetic biology, 2014, 3, 880-891.

183 Keith Pardee, Alexander A. Green, Tom Ferrante, et al. Paper-based synthetic gene networks. Cell, 2014, 159: 940-954.

（2）合成系统

2014 年，由美、英、法等多国研究人员组成的科研小组利用计算机辅助设计技术，成功构造了酿酒酵母染色体Ⅲ，尽管合成的仅仅是酿酒酵母 16 条染色体中最小的一条，但这是通往构建一个完整的真核细胞生物基因组的关键一步。这项成果将有助于更快地培育新的酵母合成菌株，用于制造稀有药物，包括治疗疟疾的青蒿素或治疗乙肝的疫苗等。此外，合成酵母还能用于生产更有效的生物燃料，如乙醇、丁醇和生物柴油等。这项研究成果是合成生物学领域的重大飞跃[184]。另外，英国科学家利用人工遗传物质合成了一种酶，即 XNA 酶，该酶能够以类似 DNA 的方式储存和传递遗传物质。研究人员利用 "XNAs" 的合成分子作为构建模块，制备了 "XNAzymes"，它能引发简单的反应，例如切割或缝合小片段 RNA，就像天然酶一样。这一进展为生命的起源提供了新的见解，也为全新一代药物和诊断法的开发，提供了新的思路。

（3）DNA 存储与遗传物质改造

研究人员过去是通过开启或关闭特定蛋白的表达，把细胞变成简单的传感器，研究细胞对某种刺激的回应。但因为每一次开关都只能记录一条简单的信息，即细胞是否曾经受到过刺激，但无法记录接受刺激的时长或者规模。如果细胞死亡，隐藏在蛋白质中的信息就会丢失。2014 年，麻省理工学院的研究人员开发了一套生物程序，能让活细胞在接触到信号的时候重写自己 DNA。通过对携带这一程序的细胞群体进行基因测序，研究人员就可以确定特定信号的规模和持续时间。这种方法被取名为 "SCRIBE"（synthetic cellular recorders integrating biological events）。利用这种 DNA 链来存储数据的新方法，研究人员能够很容易读取细胞的 "记忆"[185]。

由于使用非天然核苷酸的新生物可以为很多细胞工程提供平台，因此使用非天然核苷酸创建新生物一直是合成生物学的目标。美国斯克里普斯研究所的科学家们构建出了一种细菌，其遗传物质中加入了自然界中不存在的 DNA 碱基对。只要供给分子构件，这一独特细菌的细胞可以几乎正常地复制这些非天然的 DNA 碱基。在这项新研究中，研究小组合成出了一段环状 DNA，将它插入到大肠杆菌细胞中。这一质粒 DNA 中包含了天然的 T-A 和 C-G 碱基对，以及新发现的、表现最好的非天然碱

184 Narayana Annaluru, Héloïse Muller, Leslie A. Mitchell, et al. Total synthesis of a functional designer eukaryotic chromosome. Science, 2014, 343: 1426-1429.

185 Fahim Farzadfard, Timothy K. Lu. Genomically encoded analog memory with precise in vivo DNA writing in living cell populations. Science, 2014, 346: 6211.

基对。结果发现，这一半合成质粒以适当的速度和准确度进行复制，并没有阻碍大肠杆菌细胞生长，也没有显示任何失去非天然碱基对的迹象[186]。这项研究表明，有可能存在其他的信息储存方式，能更进一步地扩展 DNA 生物学。同时，该研究在新药、纳米技术等领域都具有令人兴奋的、广阔的应用前景。开发这一技术的斯克里普斯研究所已经成立了一家公司，尝试用这一新技术研发新的抗生素、疫苗和其他产品。

在生命科学领域，DNA 的编码规则通常被认为都会遵循一条颠扑不破的法则，然而美国能源部联合基因组研究所研究人员发现，生物体经常会违反这些规矩。研究人员从来自 1776 个位点的微生物的 DNA 和 RNA 中寻找到了所谓的"再编码"事件。终止密码子通常会告诉机体停止合成一种蛋白质，但"再编码"过程中，终止密码子却会发出继续合成蛋白质的信号。这一发现对合成生命的设计而言具有特殊意义：通过设计能够打破这些规则的生物体，研究人员或许有望制造出可以抵抗病毒感染的新的生命形态。

（4）应用研究

合成生物技术为发展能源、化学材料带来了新希望。近年来，在对微生物代谢网络进行系统分析的基础上，通过合理设计、改造的代谢途径及性能系统优化，可以合成出各种高效的人工细胞，将生物质资源高效快速地转化为各种平台化学品[187]。中国科学院大连化学物理研究所的研究人员 2013 年就利用"模块途径工程策略"，构建了微生物"细胞工厂"，降低了植物源萜类化合物的合成成本。

目前，在其他植物次级代谢研究中，研究者也已经积累了丰富的酶元件。2014年，比利时根特大学的研究人员结合运用原产植物途径解析和异源元件挖掘策略，最终将 *Glycyrrhiza glabra* 来源的 β-amyrin 合成酶，*Arabidopsis thaliana* 来源的 CPR-AtATR1，*Bupleurumfalcatum* 来源的 CYP716Y1，*Medicago truncatula* 来源的 CYP716A12 以及 *Barbarea vulgaris* 来源的 UGT73C11 装配到了酿酒酵母萜类高产菌株中，从头合成了皂甙的单糖基化修饰产物[188]。该研究的成功充分表明了已知的次级代谢数据库相关资源可以为更复杂萜类化合物异源合成提供重要的元件。

---

186 Malyshev DA, Dhami K, Lavergne T, et al. A semi-synthetic organism with an expanded genetic alphabet. Nature. 2014, 509(7500): 385-388.

187 Nielsen J, Fussenegger M, Keasling J, et al. Engineering synergy in biotechnology. Nature Chemical Biology, 2014, 10, 319-322.

188 Tessa Mosesa, Jacob Pollier, Lorena Almagro, et al., Combinatorial biosynthesis of sapogenins and saponins in Saccharomyces cerevisiae using a C-16α hydroxylase from Bupleurum falcatum. Proceedings of the National Academy of Sciences, 2014. 111(4): 1634-1639.

由甲醇或氢供电的低温燃料电池已经被广泛研究，但因缺少对聚合物材料的有效催化系统，现有的低温燃料电池技术不能直接使用生物质作为燃料。2014 年，美国佐治亚理工学院的科学家与中国科学家合作研制出一种新型低温燃料电池，在催化剂帮助下通过激活太阳能或热能，可以将生物质直接转化为电能。这种混合动力燃料电池可以使用各种生物质原料，包括淀粉、纤维素、木质素，甚至柳枝稷、粉状木材、微藻和家禽加工废弃物[189]。

2. 国内进展

2014 年间，我国在合成生物学的基础研究和应用研究等方面也取得了一系列重要进展。

（1）蛋白质全序列从头设计的新途径

蛋白质设计是人工指定蛋白质的氨基酸序列设计，使其具有预期的三维结构和功能。目前，有实验验证的设计方法只有一两种，但成功率低，极大阻碍了蛋白质设计的广泛应用。中国科学技术大学生命科学学院研究人员建立了一种全新的统计能量函数，用于蛋白质设计，不仅检测效率高，还能通过实验筛选对设计做出改进。基于这些方法，该研究团队以 3 种不同天然蛋白质的空间结构为设计目标，获得了 4 个稳定折叠的人工蛋白质。通过检测发现，其实际空间结构均与设计目标高度一致[190]。该工作建立了蛋白质从头设计的新途径，为蛋白质结构功能的设计改造提供了新工具。

（2）基因组编辑技术

近年来，MAGE 平台、TALENs 等基因组编辑技术，尤其是 CRISPR-Cas 技术发展迅速，可以实现在细胞内同时进行对多个关键基因的改造与调控，将进一步提高对人工细胞的改造能力，大力促进合成生物学技术的发展[191]。北京大学等机构研究人员采用一种有效的方法构建出了一种新型的 CRISPR/Cas9 sgRNA 文库。利用文库功能筛查结合高通量测序分析，他们成功地鉴别出了对于炭疽和白喉毒素毒性至关重

189 Wei Liu, Wei Mu, Mengjie Liu, et al., Solar-induced direct biomass-to-electricity hybrid fuel cell using polyoxometalates as photocatalyst and charge carrier, Nature Communications. 2014; 5 doi: 10.1038/ncomms4208.

190 Peng Xiong,Meng Wang, Xiaoqun Zhou, et al. Protein design with a comprehensive statistical energy function and boosted by experimental selection for foldability. Nature Communications.5, Article number: 5330 doi: 10.1038/ncomms6330.

191 Cheng JK, AlperHS. The genome editing toolbox: a spectrum of approaches for targeted modification. CurrOpinBiotechnol, 2014Dec; 30C: 87-94.

要的宿主基因，并在随后的细胞实验中对这些候选基因进行了进一步的功能验证[192]。

深圳大学第一附属医院的研究人员基于 CRISPR-Cas9 系统，构建出了可以鉴别、靶向和控制膀胱癌细胞的与门（AND gate）遗传线路。这一线路可以特异性地检测膀胱癌细胞，并显著提高荧光素酶的表达。这种方法为体外靶向和控制膀胱癌细胞提供了一个合成生物学平台[193]。

（3）天然产物的生物合成研究

FR901464 是具有高效抗肿瘤活性的天然产物。中国科学院上海有机化学研究所的研究人员通过体外实验，首次证实了在 FR901464 聚酮链延伸过程中，位于 PKS 内部的一个 TE 功能域行使脱水酶（DH）的功能，催化了顺式双键的生成。同时证明了位于 TE 功能域下游的 KS 可以选择性将脱水后的 PKS 链转移到后续的 ACP 上。该研究不仅表明聚酮合酶功能域可能具有全新的功能，同时也揭示了聚酮天然产物中顺式双键形成的一种新机制[194]。

中国科学院合成生物学重点实验室与中国科学院上海药物研究所合作，首次构建了可以生产"非天然人参皂苷"的酵母细胞工厂，实现了人参皂苷的生物合成，并基于重组酵母细胞中一种新化合物的发现与鉴定，证实了在重组酵母细胞中存在着两条合成 CK 的代谢途径，这暗示着人参中也存在着类似的两条平行的人参皂苷合成途径，从而通过挖掘鉴定 UDP- 糖基转移酶元件，在酵母底盘细胞实现了从单糖到稀有人参皂苷 CK 的生物合成[195]。

中国科学院天津工业生物技术研究所与中国中医科学院中药资源中心合作，通过在酿酒酵母中整合带有强启动子的关键基因，获得产齐墩果酸型三萜化合物重要前体 β- 香树脂的底盘菌。在此底盘菌基础上，整合了齐墩果酸的功能模块（OA module）和原人参二醇 – 原人参三醇的功能模块（PPD/PPT module），构建了同时产齐墩果酸、原人参二醇和原人参三醇的"人参酵母"细胞工厂[196]。该研究为最终获得

192 Zhou YX, Zhu SY, Cai, CZ, et al. High-throughput screening of a CRISPR/Cas9 library for functional genomics in human cells. Nature, 2014, 509(7501): 487-491.

193 Yuchen Liu, Yayue Zeng, Li Liu, et al. Synthesizing AND gate genetic circuits based on CRISPR-Cas9 for identification of bladder cancer cells. Nature Communications, 2014, doi: 10.1038/ncomms6393.

194 Yan X, Fan Y, Wei W, et al. Production of bioactive ginsenoside compound K in metabolically engineered yeast. Cell Research, 2014: 1-4.

195 Yan X, Fan Y, Wei W, et al. Production of bioactive ginsenoside compound K in metabolically engineered yeast. Cell Research, 2014: 1-4.

196 Zhubo Dai, Beibei Wang, Yi Liu, et al. Producing aglycons of ginsenosides in bakers' yeast. Scientific Reports 4, doi:10.1038/srep03698.

生产人参皂苷的酵母细胞工厂奠定了基础。

（4）二氧化碳的转化利用和化学品的生物合成研究

在光合二氧化碳的固定利用方面，中国科学院天津工业生物技术研究所研究人员对光合蓝细菌底盘细胞的生理调控机制进行系统研究，构建了抗逆性能提高的光合蓝细菌底盘细胞[197]。

中国科学院天津工业生物技术研究所创建和优化了从葡萄糖到丁二酸、戊二胺、己二酸、5-氨基乙酰丙酸等途径，达到预期经济性，其中5-氨基乙酰丙酸产量达到50g/L，比国际水平高5倍；丁二酸产量达到125g/L，产物对底物葡萄糖的转化率为105%，技术指标处于国际领先水平[198]。

（三）前景与展望

合成生物学采用在人工设计指导下的生物元件表征、模块构建、途径系统组合、器件与底盘适配等一系列工程学策略，按照人类预先设定的功能目标，创建或改建生命系统。它不仅以崭新的思维方式和强大的创造力开启了生命与非生命的对话，为研究生命起源和进化提供了新的思路和手段，并迅速向社会生活和经济生产的各个层面渗透。从现今的发展趋势看，合成生物学有可能为改善人类健康，解决资源、能源、环境等重大问题提供全新解决方案，为现代工业、农业、医药等产业带来跨越性乃至颠覆性发展的机遇[199]。

近年来，通过基础研究的不断深入以及与传统的代谢工程学和新兴的定量生物学的不断交叉会聚，合成生物学的内涵正逐渐充实、提升并走向成熟；研究框架和体系逐步形成并具体化；科学问题亦日渐清晰，目标日益明确。然而，合成生物学从理论基础到研究方法策略，从使能技术到工程化操作平台，尚处于初创阶段，有待发展和完善。同时，生物系统是高度动态、灵活调控、非线性且不可预测的。如何以工程化的设计，获得具有特定功能的人工生物，是合成生物学面临的核心挑战。为此，合成生物学不仅需要对"人工生命"设计与构建的科学原理进行研究，丰富、发展和创新

197 Jin H, Chen L, Wang J, et al. Engineering biofuel tolerance in non-native producing microorganisms. Biotechnology Advances, 2014, 32(2): 541-548.

198 Zhu X, Tan Z, Xu H, et al. Metabolic evolution of two reducing equivalent-conserving pathways for high-yield succinate production in Escherichia coli. Metabolic Engineering, 2014, 24: 87-96.

199 熊燕，刘晓，赵国屏. 科学与社会，2015.

合成生物学理论，更需要一系列方法和技术创新的支撑[200]。必须学会从自然抽象生物学元素，或在不同层次上对生物元件的结构与功能进行解耦，或人工构建正交稳定的基因线路，以实现目标导向的鲁棒性设计；还必须发展一系列使能技术，并建立相应的工程平台，在标准化、通用化基础上实现简捷和低成本构建的目的。

三、非编码 RNA 研究

（一）概述

遗传的中心法则是从 DNA 转录成信使 RNA（mRNA），再翻译成蛋白质发挥功能。mRNA 被称为编码 RNA，而那些不编码蛋白质的 RNA 被称为非编码 RNA（ncRNA）。ncRNA 按长度不同大致可分为两类：①长链非编码 RNA（lncRNA）——一类不含开放阅读框、长度超过 200nt 的 ncRNA；②靶向调控因子的短序列片段，如微小 RNA（microRNA）和 Piwi 互作 RNA（piRNA）等。从形状及基因组中所处位置和功能等角度，这两类都可细分成多种不同的 ncRNA。由于 ncRNA 研究是一个新兴领域，其分类及命名规则在不断变化中[201]。

对人类基因组图谱的分析发现，人类基因组中能编码蛋白质的基因只占整个基因组的不到 2%，而 98% 以上是功能未知的非蛋白质编码序列。长期以来，ncRNA 被认为是基因组上的"垃圾"或"暗物质"而未受到重视，但借助新技术，如 2011 年 CaptureSeq——一种结合基因捕获技术和深度测序的靶向性 RNA 测序技术[202]，科学家们发现，ncRNA 不仅不是"垃圾"，而且在各种生命过程中发挥着重要作用。美国国立卫生研究院（NIH）下属的人类基因组研究所（NHGRI）和欧洲生物信息研究所（EMBL）牵头的"DNA 元件的百科全书（ENCODE）"国际计划 2012 年发布其重要成果，为超过 80% 的人类基因组组成部分至少确定了一项生化功能，其中大部分是非编码的[203]。越来越多的研究表明，ncRNA 广泛参与生命现象的各个环节，如生长、

200 马延和，科学与社会，2014,4(4): 11-25.

201 Wright MW. A short guide to long non-coding RNA gene nomenclature. Hum Genomics, 2014, 8.

202 Mercer TR, Gerhardt DJ, Dinger ME, et al. Targeted RNA sequencing reveals the deep complexity of the human transcriptome. Nat Biotechnol, 2012, 30(1): 99-104.

203 Magdalena Skipper, Ritu Dhand, Philip Campbell. Presenting ENCODE[J]. Nature, 2012, 489(7414): 45.

分化、发育、免疫，甚至在肿瘤、心血管等重要疾病中也发挥重要的调控作用。

近年来，非编码 RNA 受到各国的重视。除了主导"ENCODE"计划，美国还设立"胞外 RNA（exRNA）通讯"重大研究计划，对胞外非编码 RNA 进行研究[204]，并通过院长早期独立奖支持非编码 RNA 领域的研究人员[205]。欧盟通过"第七框架"计划和"地平线 2020"计划资助和实施 40 多项非编码 RNA 领域的研究项目[206]。德国 2012 年 9 月正式启动为期 5 年的"德国人类表观遗传学研究计划"，其主题之一是非编码 RNA[207]。日本于 2000 年发起建立了哺乳动物基因组功能注释（FANTOM）国际协作组，该联盟先后有 15 个国家 50 个研究机构参加[208]，开展人类和小鼠 RNA 转录组的系统研究。目前 FANTOM 第 5 期（FANTOM5）采用最新的单分子测序技术对基因表达进行研究，将对更多的非编码 RNA 进行挖掘，其第二阶段的成果已经发布[209]。我国"973"计划 2014 年将"循环微小 RNA 生物学功能及临床应用（C 类）"作为重要支持方向[210]；"863"计划在生物和医药技术领域资助了多个相关项目；国家自然科学基金委生命科学部重点项目自 2004 年开始资助非编码 RNA 研究，并于 2014 年 8 月设立了"基因信息传递过程中非编码 RNA 的调控作用机制"重大研究计划，该计划旨在发现基因信息传递过程中新的非编码 RNA，研究非编码 RNA 的生成和代谢，非编码 RNA 参与重要生命活动的生物学功能，为发现新的功能分子元件及由其引发的新的生命活动规律提供关键信息[211]。

近年来，非编码 RNA 领域获得的重要进展主要体现在：各种 microRNA 和 lncRNA 的机制和功能被进一步深入研究，疾病诊断与治疗中的应用研究也不断获得突破。

204 NIH funds research to explore a cell communication process[EB/OL]. http://www.nih.gov/news/health/aug2013/ncats-13.htm, 2013-08-13/2015-05-10.

205 NIH. 2012 NIH Director's Early Independence awards recognizes 14 scientists. http://www.nih.gov/news/health/oct2012/od-01.htm, 2012-10-01/2015-0516.

206 检索自 http://cordis.europa.eu/home_en.html.

207 德国启动人类表观遗传学研究计划（DEP）. http://www.most.gov.cn/gnwkjdt/201210/t20121008_97085.htm, 2012-10-09/2015-05-20.

208 Kawai J, Shinagawa A, Shibata K, et al. Functional annotation of a full-length mouse cDNA collection. Nature, 2001, 409(6821): 685-690.

209 The FANTOM5 project finds general rules for how cells change from one cell type to another. http://fantom.gsc.riken.jp/5/, 2015-05-22.

210 国家重点基础研究发展计划和重大科学研究计划 2014 年重要支持方向 [EB/OL]. http://www.lailook.net/jctj/05/2013-02-07/18112_3.html, 2013-02-07/2015-05-16.

211 国家自然科学基金委员会. 关于发布"基因信息传递过程中非编码 RNA 的调控作用机制"重大研究计划 2014 年度项目指南的通告 [EB/OL]. http://www.nsfc.gov.cn/publish/portal0/tab91/info45035. htm, 2014-08-27/2015-05-12.

（二）重要进展

1. 国外进展

（1）长链非编码 RNA

lncRNA 能够通过结合 DNA、RNA 或蛋白质行使功能。不同于其他基因，lncRNA 没有通用的作用模式，它可以在 DNA、RNA 和蛋白质水平上调控靶标，影响相关的生理进程。在基础研究方面，lncRNA 的分子结构已被证明与其功能有密切联系；在应用研究领域，lncRNA 与疾病发生、免疫应答机制都相关。随着 lncRNA 数量不断增长，相关数据库也逐渐成熟。

1）lncRNA 的分子调节机制

lncRNA 可作为分子支架发挥作用。斯坦福大学医学院和加州理工学院的研究人员揭示 *Xist* 对于 X 染色体失活（XCi）过程不可或缺，*Xist* 在 XCi 过程中发挥分子支架的机制。斯坦福大学研究人员通过质谱分析法发现了与 *Xist* 相互作用的 80 余种蛋白[212]，其中一些蛋白可以帮助 *Xist* 定位和沉默基因，而另一些蛋白则能维持这种沉默状态。加州理工学院研究人员[213]抽提纯化 *Xist* 分子及小鼠胚胎干细胞中与其直接相互作用的蛋白质，发现了 10 种与 *Xist* 相互作用的特异蛋白质，其中 SAF-A（scaffold attachment factor-A）、LBR（lamin B receptor）和 SHARP（SMRT and HDAC associated repressor protein）是参与 XCi 的必需蛋白。SAF-A 连接了 *Xist* 与 X 染色体 DNA 上的蛋白质，LBR 对染色体结构进行重塑，SHARP 则发挥"沉默"作用。

lncRNA 还可以进行远距离调控。牛津大学研究人员发现，基因间长链非编码 RNA（lincRNA）不仅可以调控临近基因的转录激活，还能对基因间隔较远的蛋白激活产生远端调控[214]。研究人员发现 *Dali*—— 一种影响神经分化的 lincRNA，可以通过结合 *Pou3f3/Brn1* 启动子序列的组蛋白修饰富集区域，正向调控临近基因 *Pou3f3/Brn1* 的转录翻译。进一步研究发现，与 *Dali* 结合的 1427 个序列中，仅有 150 个基因含有 *Dali* 的结合位点并受其直接调控。大部分结合序列并未与 *Dali* 序列互补配对

212 Chu C, Zhang QFC, da Rocha ST, et al. Systematic discovery of Xist RNA binding proteins. Cell, 2015, 161(2): 404-416.

213 McHugh CA, Chen CK, Chow A, et al. The Xist lncRNA interacts directly with SHARP to silence transcription through HDAC3. Nature, 2015, 521(7551): 232-236.

214 Chalei V, Sansom SN, Kong LS, et al. The long non-coding RNA Dali is an epigenetic regulator of neural differentiation. Elife, 2014, 3: e04503.

或形成 RNA-DNA:DNA 的三聚体结构，而是可能通过 RNA- 蛋白质相互作用的方式发挥作用。此外，巴黎第十一大学的研究人员也提出了基于染色体结构的远距离调控机制[215]。

少量 lncRNA 能编码微肽。研究人员发现在已被定义的 lncRNA 序列中仍含有极短的开放阅读框（ORF），这类小 ORF 同样可以编码功能性微肽。由于 RNA 转录本中的小 ORF 识别十分困难，所以约上百个由"非编码 RNA"编码的微肽在基因组注释中被忽视[216]。德克萨斯大学研究人员在编号 LINC00948 的 lncRNA 中发现了一个小型转录本——它含有长约 138bp 的 ORF，能编码长度为 46 个氨基酸的微肽。研究人员将这个微肽命名为 MLN，功能实验显示 MLN 在骨骼肌和肌肉细胞中调控 Ca^{2+} 水平和肌肉组织的收缩。

2）lncRNA 的功能研究

lncRNA 参与了生长发育、免疫应答、生物节律、疾病发生等生理病理过程，发挥原癌基因、肿瘤抑制剂、细胞周期调控因子、增强子等功能。最新研究把某些特异 lncRNA 与恶性疾病和生长发育结合起来，使 lncRNA 逐渐走向应用和临床研究。

lncRNA 广泛参与哺乳动物的发育过程：MALAT1 参与了小鼠产前和产后发育；CDR1AS 与小鼠中脑发育缺陷相关；Linc-MD1 控制肌肉细胞的分化进程[217]。宾夕法尼亚大学研究人员在小鼠肺和前肠内胚层中确认了 363 个 lncRNA。他们通过功能缺失分析证明：两个 lncRNA——LL18/NANCI 和 LL34 在中胚层的发育中参与 Nkx2.1 的上游和 Wnt 信号下游的基因表达调控。在肺部发育时抑制 NANCI 的表达，会降低 Nkx2.1 的水平，导致表面活性蛋白减少。LL34 受到抑制会使维甲酸信号减弱，对肺部和其他组织的早期发育产生重要影响。

机体内部的生物钟，又称作昼夜节律，调控了从清醒、睡眠、体温到饥饿等许多机体功能的日常"节奏"。德克萨斯大学研究人员在粗糙脉孢菌中发现一种 lncRNA-qrf 对于昼夜节律至关重要[218]。大多数的机体器官——例如胰腺和肝脏都有自

215 Ariel F, Jegu T, Latrasse D, et al. Noncoding transcription by alternative RNA polymerases dynamically regulates an auxin-driven chromatin loop. Mol Cell, 2014, 55(3): 383-396.

216 Anderson DM, Anderson KM, Chang CL, et al. A micropeptide encoded by a putative long noncoding RNA regulates muscle performance. Cell, 2015, 160(4): 595-606.

217 Fatica A and Bozzoni I. Long non-coding RNAs: new players in cell differentiation and development. Nat Rev Genet, 2014, 15(1): 7-21.

218 Xue ZH, Ye QH, Anson SR, et al. Transcriptional interference by antisense RNA is required for circadian clock function. Nature, 2014, 514(7524): 650-653.

身内部的生物钟。目前已鉴别出大约 20 个与生物钟相关的基因，它们影响了包括血糖调控和胆固醇生成等几乎所有的细胞代谢信号通路。

在癌症方面，纽约大学研究人员在 T 细胞急性淋巴母细胞性白血病（T-ALL）细胞中证明了一种 lncRNA-LUNAR1 结合并激活临近的 *IGF-1R* 基因，开启细胞信号传导途径，并在 T-ALL 患者体内高表达[219]。另外，德克萨斯大学研究人员在转移性乳腺癌中证实了 lncRNA-BCAR4 是 hedgehog 信号通路激活的必要条件，BCAR4 与 hedgehog 的协同作用是乳腺癌侵袭的重要通路之一[220]。研究人员使用锁核酸（LNA）技术靶向 BCAR4，有效抑制了乳腺癌细胞转移。

在心血管疾病方面，2013 年 1 月麻省理工学院研究人员发现名为"Braveheart"（Bvht）的一种 lncRNA 负责调控心血管基因网络，对于心脏发育至关重要[221]。2014 年 8 月印第安纳大学研究人员发现另一种对抗心脏病理性肥大的 lncRNA[222]，这类 lncRNA 由肌球蛋白重链 7 的基因（myosin heavy chain 7，*Myh7*）剪切而成，能与核染色质重塑因子 BRG1 结合并产生拮抗作用，阻止 BRG1 与靶标 DNA 结合，从而阻止心脏衰竭。

（2）MicroRNA

与 lncRNA 不稳定、易分解的特性不同，MicroRNA（以下简称 miRNA）是一类高度保守的内源性小分子 RNA。miRNA 以 3 种形态存在于细胞中：①长 300～1000nt 的原始 pri-miRNA，即初级转录本（primary transcript）；②长 70～90nt 的前体 pre-miRNA；③长 20～25nt 的成熟 miRNA。近几年来，人们除了关注 miRNA 的应用价值以外，开始深入研究 miRNA 生成机制和靶向偏好性，并提出了竞争性内源 RNA（competitive endogenous RNA，ceRNA）调控的假说。

1）miRNA 机制与功能研究

miRNA 成熟的第一步为 RNA 结合蛋白 DGCR8 和Ⅲ型 RNAase DROSHA 识别并切割 pri-miRNA。洛克菲勒大学研究人员发现 DGCR8 能够区别 pri-miRNA 与其他转

219 Trimarchi T, Bilal E, Ntziachristos P, et al. Genome-wide mapping and characterization of notch-regulated long noncoding RNAs in acute leukemia. Cell, 2014, 158(3): 593-606.

220 Xing Z, Lin AF, Li CL, et al. lncRNA directs cooperative epigenetic regulation downstream of chemokine signals. Cell, 2014, 159(5): 1110-1125.

221 Klattenhoff CA, Scheuermann JC, Surface LE, et al. Braveheart, a long noncoding RNA required for cardiovascular lineage commitment. Cell, 2013, 152(3): 570-583.

222 Han P, Li W, Lin CH, et al. A long noncoding RNA protects the heart from pathological hypertrophy. Nature, 2014, 514(7520): 102-106.

录本的二级结构，特异地识别并结合 pri-miRNA 并诱导 DROSHA 剪切[223]。鸟嘌呤上的 m6A 标记是最为常见的 RNA 修饰之一，这种 RNA 加工由 METTL3 酶介导调控。通过 m6A 修饰，DGCR8 与 pri-miRNA 结合，并在全局上促进 miRNA 成熟。

传统观点认为，300～1000nt 的 pri-miRNA 经过加工后形成约 20nt 的成熟 miRNA，其余片段会在细胞质中迅速降解。但是，法国图卢兹大学研究人员在植物 pri-miRNA 中发现短序列的 ORF，这些 ORF 可以编码一类称作 miPEP 的功能性微肽[224]。研究人员把蒺藜苜蓿中 pri-miR171b 和拟南芥中 pri-miR165a 产生的微肽分别命名为 miPEP171b 和 miPEP165a，合成的 miPEP171b 和 miPEP165a 能够分别引起 miR-171b 和 miR-165a 的积累，导致植物主根生长和侧根减少。研究人员在开花植物中发现 7 个类似的 miPEP，并推测动物细胞中也存在类似的分子。

通过 AGO 蛋白与 mRNA 的 3′ 非翻译区的互补配对是 miRNA 发挥抑制功能的途径之一。美国斯克利普斯研究所研究人员发现，miRNA-mRNA 的结合是一个"逐步开展"的过程[225]。AGO2 首先暴露引导 RNA 的第 2～5 个碱基用于靶向配对，当结合后分子构象发生改变后，暴露第 2～8 个和第 13～16 个碱基利于进一步的靶向识别，其中与引导序列第 1 个碱基相对的腺苷结合口袋更便利于靶序列识别。

2）疾病应用研究

在疾病研究方面，美国德克萨斯大学研究人员发现 miR-143 和 miR-145 对于肠道伤口的愈合至关重要[226]。正常的结肠上皮细胞可以快速增殖，填补损伤伤口，而 miR-143 和 miR-145 缺失的肠道细胞无法切换到这种修复模式。值得注意的是，miR-143 和 miR-145 还被证明参与了结肠癌发生。研究人员使用定位技术发现这两个 miRNA 定位于间充质细胞，而非肠道上皮细胞，这意味着结肠癌的发生可能起源于肠道外部信号的变化，而非由肠道上皮细胞的增殖引起。

3）ceRNA 调控

2011 年，哈佛大学的 Pandolfi PP 等人提出了 ceRNA 调控的假说[227]：细胞中的部

223 Alarcon CR, Lee H, Goodarzi H, et al. N-6-methyladenosine marks primary microRNAs for processing. Nature, 2015, 519(7544): 482-485.

224 Lauressergues D, Couzigou JM, Clemente HS, et al. Primary transcripts of microRNAs encode regulatory peptides. Nature, 2015, 520(7545): 90-93.

225 Schirle NT, Sheu-Gruttadauria J and MacRae IJ. Structural basis for microRNA targeting. Science, 2014, 346(6209): 608-613.

226 Chivukula RR, Shi GL, Acharya A, et al. An essential mesenchymal function for miR-143/145 in intestinal epithelial regeneration. Cell, 2014, 157(5): 1104-1116.

227 Salmena L, Poliseno L, Tay Y, et al. A ceRNA hypothesis: the rosetta stone of a hidden RNA language?. Cell, 2011, 146(3): 353-358.

分 mRNA、lncRNA 和假基因能够与 miRNA 应答元件（microRNA response element，MRE）的竞争结合，影响相关 miRNA 的调控功能。这类竞争因子被命名为竞争性内源 RNA（competitive endogenous RNA，ceRNA）。之后，ceRNA 调控成为 miRNA 领域的研究热点之一。例如，伦敦癌症研究所的研究人员在非小细胞肺癌中发现了具有多重功能的致病基因 *HMGA2*[228]。*HMGA2* 在转移性肺腺癌中高度表达，介导了恶性肺癌的肿瘤进展和远端转移。研究人员发现 *HMGA2* 可以以非编码基因的形式调节肿瘤发展。在 *let-7* 存在的情况下，即使 *HMGA2* 不表达成熟蛋白，它仍能作为 *let-7* 的 ceRNA 抑制其功能。

另外 Pandolfi PP 团队在提出 ceRNA 假说之后，又证明了假基因（pseudogene）也可发挥 ceRNA 的功能[229]。研究人员把研究焦点集中于 *BRAF* 假基因——它具有调控 BRAF 蛋白表达的潜能。通过构建基因工程技术在小鼠中过表达假基因 *BRAF-rs1* 或人源变体 *BRAFP1* 后，小鼠均形成侵袭性的淋巴瘤，且其表型与过表达 *BRAF* 全长基因一致。研究人员认为，*BRAF* 假基因（包括其不完整片段）能够以 miRNA 的 ceRNA 形式调控 BRAF 及相关信号通路，促进淋巴瘤形成。

（3）ncRNA 数据库构建

尽管 ncRNA 领域已经建立了多个数据库，但仍然存在信息和资源分散的问题。科学家要寻找由特定基因组编码的 RNA，必须从几个独立的资源提取信息，例如从 miRBase 数据库获取 microRNA 信息，从 HAVANA 数据库获取 lncRNA 信息。为解决这一问题，英国生物技术和生命科学研究委员会（BBSRC）资助，整合世界各地合作机构的力量，建立一个含有所有类型 ncRNA 数据的统一资源——RNAcentral[230]，2015 年初首次公开的 RNAcentral 包含约 800 万条序列。

RNAcentral 1.0 提供了十种不同专家数据库的数据入口，并提供用于文献、其他分子数据库和搜索引擎的长期登录号。RNAcentral 网站可以让用户根据来源、物种和分子功能，搜索不同的 ncRNA 序列，未来将包括 ncRNA 结构、修饰、分子间相互作用和功能的附加数据类型和信息。

---

228 Kumar MS, Armenteros-Monterroso E, East P, et al. HMGA2 functions as a competing endogenous RNA to promote lung cancer progression. Nature, 2014, 505(7482): 212-217.

229 Karreth FA, Reschke M, Ruocco A, et al. The BRAF pseudogene functions as a competitive endogenous RNA and induces lymphoma in vivo. Cell, 2015, 161(2): 319-332.

230 Petrov AI, Kay SJE, Gibson R, et al. RNAcentral: an international database of ncRNA sequences. Nucleic Acids Res, 2015, 43(D1): D123-D129.

2. 国内进展

（1）microRNA

近两年，我国科学家主要在 piRNA 的作用机制方面取得重要进展。

果蝇的生殖细胞是研究 piRNA 的良好模型。piRNA 的成熟包括初级加工和次级加工两个过程，其中 piRNA- 次级加工途径，又称乒乓循环（Ping-Pong cycle）。在乒乓循环中，PIWI 家族成员 AUB 和 AGO3 通过 piRNA 识别的靶 RNA 进行剪切，使得 piRNAs 循环扩增。中国科学院动物研究所陈大华实验室研究发现，AGO3 的核酸内切酶（Slicer）活性对 piRNA 的次级扩增非常重要[231]。作为 piRNAs 初级加工途径的重要成员，Armitage 蛋白通常出现在细胞质和线粒体上。Slicer 突变体会导致 Armitage 蛋白定位于 piRNA 的次级加工场所 nuage 细胞器上。这一研究首次发现 AGO3 与 Zucchini 存在相互作用。Zucchini 调控 AGO3/Armitage 复合体在线粒体与 nuage 之间的动态穿梭，并在 nuage 上共同参与 AGO3 RISC 复合体的组装。

中国科学院动物研究所、中国科学院上海生命科学研究院和武汉大学的研究人员共同证实小鼠睾丸中 MIWI 和 piRNA 介导切割了一些信使 RNAs(mRNAs)[232]。研究人员在一些特异的 mRNAs 上鉴别出了大约 200 个潜在 piRNA 靶点。结合这一结果，他们在小鼠圆精细胞（round spermatids，RS）进行了交联免疫沉淀结合深度测序（crosslinking immunoprecipitation coupled with deep sequencing, CLIP-seq），证实大约 43% 鉴别的 piRNA 靶位点与 MIWI 发生了物理结合，并用报告基因实验证实 MIWI/piRNA 介导了对靶 mRNA 的抑制。这使人们推测 piRNA 可能像 siRNAs 一样广泛发挥作用，降解特异的 mRNA。

（2）lncRNA

环状 RNA（circRNA）是一类特殊的非编码 RNA 分子，与传统的线性 RNA 不同，circRNA 分子呈封闭环状结构，不受 RNA 外切酶影响，其表达更稳定，不易降解。近年的功能研究表明，circRNA 分子富含 miRNA 结合位点，在细胞中发挥 miRNA 海绵（miRNA sponge）的作用，这一作用机制被称为竞争性内源 RNA（ceRNA）机制。

231 Huang HD, Li YJ, Szulwach KE, et al. AGO3 Slicer activity regulates mitochondria-nuage localization of Armitage and piRNA amplification. J Cell Biol, 2014, 206(2): 217-230.

232 Zhang P, Kang JY, Gou LT, et al. MIWI and piRNA-mediated cleavage of messenger RNAs in mouse testes. Cell Res, 2015, 25(2): 193-207.

2013 年北卡罗来纳大学医学院研究人员提出了 circRNA 发生的两种模型：套索驱动的环化模型（lariat-driven circularization）和内含子配对驱动的环化模型（intron-pairing-driven circularization）[233]。套索驱动的环化由外显子组成的剪接供体（splice donor）和剪接受体（splice acceptor）共价结合引起，而内含子驱动的环化则由两个内含子互补配对结合并形成环状结构。发生结合过程后，剪接体（splicesome）切除剩余内含子并形成 circRNA。而中国科学院上海生命科学研究院计算生物所和生物化学与细胞生物学研究所的研究人员证实：内含子的互补序列介导了外显子环化[234]。研究人员利用全基因组分析和 circRNA 重演，证实是外显子环化依赖于两侧的内含子互补序列。这样的序列和分布表明外显子环化在进化上呈动态。此外，研究人员还发现侧翼内含子之间及个别内含子内部的 RNA 配对竞争可以影响外显子环化效率。RNA 选择性配对和 RNA 的竞争导致了选择性环化，使得一个基因可以生成多种circRNA 转录物。

中国科学技术大学研究人员发表在 *Nature Structural & Molecular Biology* 2015年第 3 期的研究论文报道发现了一类新型环状 RNA——外显子 – 内含子环形 RNA（ElciRNA），这类环状 RNA 中，内含子没有被除去，而是被保留在环形 RNA 之中，研究发现此类非编码 RNA 可以调控其自身所在的基因的表达[235]。

（3）ncRNA 在疾病中的应用

我国科学家主要开展了 ncRNA 在肿瘤、糖尿病的诊断和治疗中的应用研究。

在肿瘤方面，上海交通大学研究人员发现 ncRNA 参与了 CD44 依赖性细胞侵袭的调控，这一成果把 lncRNA、microRNA 与肿瘤相关因子联系起来，阐述了胃癌转移和不良预后的相关机制[236]。研究人员通过生物芯片分析和原位杂交技术发现了一种促进胃癌转移的新型 lncRNA-GAPLINC。GAPLINC 可以捕获 miR-211-3p，解除 miRNA 对 CD44 的抑制，影响相关表型。这一成果揭示了 ncRNA 参与的 CD44调控通路，并阐明了胃癌细胞侵袭的分子机制。对于肿瘤转移，中山大学的宋尔卫

233 Jeck WR, Sorrentino JA, Wang K, et al. Circular RNAs are abundant, conserved, and associated with ALU repeats. RNA, 2013, 19(2): 141-157.

234 Zhang XO, Wang HB, ZhangY, et al. Complementary sequence-mediated exon circularization. Cell, 2014, 159(1): 134-147.

235 Li ZY, Huang C, Bao C, et al. Exon-intron circular RNAs regulate transcription in the nucleus. Nature Structure Molecular Biology, 2015, 22(3): 256-264.

236 Hu Y, Wang JL, Qian J, et al. Long noncoding RNA GAPLINC regulates CD44-dependent cell invasiveness and associates with poor prognosis of gastric cancer. Cancer Res, 2014, 74(23): 6890-6902.

教授在乳腺癌中发现了一种具有抑癌功能 lncRNA-NKILA[237]。研究人员发现，NKILA 能够与 NF-κB/IκB 蛋白形成稳定的复合体结构。其中 NKILA 可以覆盖 IκB 的磷酸化位点，抑制 IKK 诱导的 IκB 磷酸化和 NF-κB 激活。炎症刺激的 NKILA 对于阻止 NF-κB 信号通路过度激活起至关重要的作用，NKILA 在乳腺癌中发挥抑癌作用，其低表达与乳腺癌转移以及患者不良预后相关联。

在糖尿病方面，南京医科大学研究人员发现 lncRNA-MIAT 能够作为 ceRNA 与 VEGF 和 miR-150-5p 形成反馈调节网络，参与糖尿病性微血管病变的调控[238]。在动物实验中，MIAT 干预影响微血管渗漏、新生血管发生和炎症反应；在细胞实验中，MIAT 干预影响视网膜血管内皮细胞的增殖、迁移和成管过程。MIAT 通过 ceRNA 作用机制，构成 lncRNA-MIAT/VEGF/miR-150 的调控网络，在微血管异常过程发挥调控作用。

除了验证个别 ncRNA 在疾病中的功能作用外，宁波大学研究人员还在肿瘤疾病中应用生物信息学和数学方法，提出了一个 lncRNA/miRNA/mRNA 的调控网络，并在 6 类肿瘤（头颈部鳞癌、前列腺癌、甲状腺乳头状癌、垂体促性腺激素肿瘤、卵巢癌、慢性淋巴细胞白血病）中加以验证[239]。研究人员通过胃癌 lncRNA 微阵列数据、生物信息学算法 miRcode 以及 miRNA 靶标数据库 TarBase，揭示了 8 种 lncRNA 和 9 种 miRNA 在相关疾病中的调控关系。

（三）前景与展望

整个真核生物基因组的转录产生了大量非蛋白质编码 RNA 种类，RNA 不仅是在 DNA 和蛋白质间起作用的一个信使，它们还具有复杂的表达和调控模式。

随着各国对 ncRNA 的持续投入，RNA 测序技术等技术的发展和相关工具的开发，如反义寡核苷酸的优化以用于高效地敲除细胞核非编码 RNA 等，ncRNA 领域仍将维持快速发展趋势。

未来，对于功能机制较清晰的 miRNA，研究人员将更关注其功能及在疾病诊断

237 Liu BD, Sun LJ, Liu Q, et al. A cytoplasmic NF-kappa B interacting long noncoding RNA blocks I kappa B phosphorylation and suppresses breast cancer metastasis. Cancer Cell, 2015, 27(3): 370-381.

238 Yan BA, Yao J, Liu JY, et al. lncRNA-MIAT regulates microvascular dysfunction by functioning as a competing endogenous RNA. Circulation Research, 2015, 116(7): 1143-1156.

239 Xia T, Liao Q, Jiang XM, et al. Long noncoding RNA associated-competing endogenous RNAs in gastric cancer. Sci Rep-Uk, 2014, 4: 6088.

与治疗中的应用潜力，重点在癌症、心血管疾病、神经退行性疾病、抗感染中的应用；lncRNA 领域，当前对于其分子机制的基础研究仍占主要地位，未来将有越来越多的 lncRNA 被鉴定，其作用机制和功能将被深入探索，并应用于疾病诊疗中。

与此同时，作为新兴的研究领域，研究人员也开始反思目前 ncRNA 的分类体系。要了解 ncRNA 的作用机制，需要知道 RNA 的结构、修饰及其结合对象。统一的命名体系有助于新成员的添加，明确不同 ncRNA 在功能上的联系，尤其是 lncRNA。开发更好的计算工具对 ncRNA 进行预测，将对这一领域产生重要的影响。此外，该领域也亟需更好的数据库用于比较 ncRNA 的结构、功能和对疾病的影响。

 ## 四、光遗传学技术

（一）概述

光遗传学技术是一项整合了光学、软件控制、基因操作技术、电生理等多学科交叉的生物工程技术，包括开发光敏感蛋白技术，将光敏感蛋白编码基因转入目的细胞技术，定向光控技术以及各种输出信号，比如细胞、组织或活体动物行为的改变等检测技术。光遗传学技术将重组 DNA 这种分子水平技术与光学技术结合起来，通过导入的光敏蛋白—光信号导入—效益信号输出复合系统，开创性地对相对完整的复杂生物系统中的分子生物学、细胞生物学事件进行特异性（特定细胞类型或单个细胞、亚细胞）、快速（毫秒级别）、可逆的"开 – 关"调控[240]。

2002 年美国科学家 Gero Miesenböck 利用多组分蛋白控制系统率先实现光调控神经元[241]，2005 年美国科学家 Karl Deisseroth 首次报道转入的单组分控制工具微生物视蛋白基因可在毫秒级别时间刻度上对哺乳动物神经元进行精确控制[242]。光遗传学技术在光敏蛋白的开发、靶向光照和效应信号读取材料等领域都有明显突破，利用光遗传技术进行神经回路的解析及神经系统基本生理功能的研究已成为国际神经科学领域的研究热点。

240 Karl Deisseroth. Optogenetics. Nature methods, 2011, 8, 1: 26-29.

241 Zemelman BV, Lee GA, Ng M, et al. Selective photostimulation of genetically chARGed neurons. Neuron, 2002, 33: 15-22.

242 Boyden ES, Zhang F, Bamberg E, et al. Millisecond-timescale, genetically targeted optical control of neural activity. Nature Neuroscience, 2005, 8: 1263-1268.

（二）研究进展

1. 国外进展

（1）新型光敏蛋白、光感化合物和光激活化学反应研发加快

永久性标记神经元活动的荧光蛋白。 美国霍华德·休斯医学研究所研究人员开发了一个新工具荧光蛋白 CaMPARI，可以在动物大脑中永久性标记神经元活动[243]。在神经元激发钙离子流入时，CaMPARI 会从绿色变为红色。新工具能够超越显微镜视场的限制，帮助人们分析大范围脑组织的神经活动，还可应用于更复杂的行为神经活动成像。

新型具有高抑制效率的抑制性光敏蛋白。 美国斯坦福科学家 Karl Deisseroth 研究团队设计了一种抑制性的光敏蛋白 SwiChR，大大提高了抑制性开关的工作效率[244]。这种抑制性视蛋白通道的光敏性很强，一个蓝色光脉冲就使神经元关闭了好几分钟。此外，这一过程还能够被红光逆转。这种新型视蛋白的优势在于能够更有效地抑制神经元活性，对光刺激更为敏感，还能够长时间保持开启。

非侵入性的光敏蛋白 Jaws。 传统的光遗传学技术需要将光纤植入大脑，但这一过程比较困难，也不支持许多应用。美国麻省理工学院研究人员开发了一个新型光敏蛋白 Jaws，它们可以响应头骨外的光源，实现非侵入性的神经元控制[245]。Jaws 蛋白不仅可以在无植入光源的情况下进行长期研究，还能够影响更大量的组织，这一成果将为光遗传学技术治疗癫痫等神经系统疾病奠定基础。

直接用光激活非基因改造的正常神经元。 美国芝加哥大学研究人员等研究发现，使用靶向性的、与人工合成的 Ts1 分子结合起来的金纳米颗粒，在可见光照射下把光能转化为热量（在绿光下最有效），进而可以激活未经基因改造的神经元[246]。研究显示，抗体–纳米颗粒处理后的神经元，也能够有效地被光激活，这使得其在应用

243 Benjamin F F,Yi S, Hod D, et al. Labeling of active neural circuits in vivo with designed calcium integrators. Science, 2015, 347: 755-760.

244 Andre B, Soo Ye L, Charu R, et al. Structure-guided transformation of channelrhodopsin into a light-activated chloride channel. Science, 2014, 344: 420-424.

245 Amy S C, Mitra L M, Volker B, et al. Noninvasive optical inhibition with a red-shifted microbial rhodopsin. Nature Neuroscience, 2014, 17: 1123-1129.

246 João L. C, Jeremy S T, Bobo D, et al. Photosensitivity of neurons enabled by cell-targeted gold nanoparticles. Neuron, 2015, 86(1): 207-217.

上非常灵活，目前正在动物模型中测试这一技术的实际效果。

法国国家科研中心（CNRS）研究人员报道了一种遗传工程改造后的光激活性ATP-激活的P2X通道，他们在其蛋白质的跨膜区域添加了偶氮苯[247]。这种方法为改造光敏感通道提供了一种新策略。

（2）开发基于新一代电极阵列技术的光遗传学技术

威斯康星大学麦迪逊分校的研究人员研发出一项利用石墨烯做传感器的电极阵列技术 CLEAR，可用于进行高分辨率神经结构与功能的研究。该技术用石墨烯做传感器，厚度仅相当于 4 个原子，首次可兼容光学和电学手段同时观测[248]。此外，石墨烯对生物系统无毒害，比之前的试验材料进步了许多。这项技术结合了三个领域的前沿技术：石墨烯技术；超分辨率荧光显微镜；光遗传学。新一代神经科学技术有望直接观察、测量和模拟神经回路并确认大脑回路的功能。

（3）光遗传学推动重大研究突破

利用光消除小鼠的特定记忆。美国加州大学戴维斯分校神经科学中心和心理学系的研究人员，利用光消除了小鼠脑中的特定记忆，并证明了一个关于"大脑不同部分如何共同工作来检索情景记忆"的基本理论[249]。

揭示了控制记忆与正面或负面情感关联的大脑回路。来自加州大学圣地亚哥医学院的研究人员利用光敏感通道蛋白标记了在记忆形成过程中开启的海马细胞，首次极精确地证实抑制和兴奋可以共存于一条大脑信号通路中，证实连接海马和杏仁核的一个神经元回路在记忆与情感的联系中发挥至关重要的作用[250]。

2. 国内进展

（1）建立光遗传学神经调控技术基础平台

建立光遗传学神经调控技术平台。依托中国科学院战略性先导专项"光遗传学神经调控及其在情绪功能图谱等研究中的应用"等，中国科学院深圳先进技术研究

---

247 Damien L, Chloé H, Adeline M P, et al. Optical control of an ion channel gate. PNAS, 2013, 110(51): 20813-20818.

248 Dong-Wook P, Amelia A S, Solomon M, et al. Graphene-based carbon-layered electrode array technology for neural imaging and optogenetic applications. Nature Communications 5, doi: 10.1038/ncomms6258.

249 Kazumasa Z T, Aleksandr P, Anahita B H, et al. Cortical representations are reinstated by the hippocampus during memory retrieval. Neuron, 2014, 84(2): 347-354.

250 Steven J S, Christophe D P, Joaquin P, et al. GABA/glutamate co-release controls habenula output and is modified by antidepressant treatment. Science, 2014, 345: 1494-1498.

院研究人员建立了光遗传学神经调控技术平台。应用光遗传技术解析了帕金森病、癫痫、精神分裂症等疾病的神经环路，相关技术辐射到国内150余家实验室。

细胞信号转导的近红外光控激活技术。北京大学化学与分子工程学院研究人员通过将TGF-b与LAP蛋白形成的SLC复合体连接于单壁碳纳米管（SWCNTs）表面，利用碳纳米管吸收近红外光产生局部热效应的特性，实现TGF-b信号转导通路的近红外光控激活[251]。他们首先在活细胞水平上验证了这一策略，这一方法也被用于小鼠活体中TGF-b信号转导的近红外光控激活。

（2）开发光遗传学光学系统硬件

中国科学院苏州生物医学工程技术研究所成功研制光遗传学无线程控光刺激系统[252]。该系统具有多通道、微负荷、参数无线程控等优点，刺激器尺寸为2.0cm×1.6cm×0.5cm，重量为3.3g，无线通信距离为10m，刺激光极尺寸为500μm×30μm，并采用LED技术实现神经核团功能调控。刺激器系统可应用于自由活动小鼠、大鼠在体神经刺激研究中，并具有灵活的扩展性，可用于脑深部、脑皮层、脊髓等处的光刺激，为光遗传技术在行为学相关的神经环路和疾病机理研究中提供一种新型的调控工具。

自动激光追踪和光遗传学操纵系统。中国台湾清华大学的研究人员开发了一种自动激光追踪和光遗传学操纵系统（ALTOMS）用于研究果蝇的社会记忆[253]。当ALTOMS激活了参与疼痛感受的表达光敏感通道-2（ChR2）的神经元从而惩罚雄性接近雌性的时候，被瞄准的雄性学会了避开雌性。ALTOMS可能让科研人员识别出负责特定的果蝇行为的神经回路。

（3）光遗传学推动重大研究突破

中国科学院武汉物理与数学研究所与深圳先进技术研究院脑认知与脑疾病研究所、中国科学院生物物理研究所、中国科学技术大学等机构的研究人员合作，应用光遗传学神经环路调控方法、多脑区活体电生理以及跨突触病毒环路标记等技术，

251 Liang L, Ling L, Bing Z, et al. Carbon nanotube-assisted optical activation of TGF-β signalling by near-infrared light. Nature Nanotechnology, 2015, 10: 465-471.

252 中国科学院南京分院. 苏州医工所成功研制微型无线程控光刺激器. http://www.njb.cas.cn/xwzx/zhxw/201505/t20150508_4352328.html.2015-05-20.

253 Ming-Chin W, Li-An C, Po-Yen H,et al. Optogenetic control of selective neural activity in multiple freely moving Drosophila adults. PNAS, 2014; doi: 10.1073/pnas.1400997111.

首次证实了大脑皮层下快速处理威胁刺激信息的神经环路的存在[254]。利用光遗传学技术特异性地"关闭"或者"打开"这条通路的功能，研究人员发现这条通路特异性地介导了动物本能恐惧反应的产生。

关于果蝇嗅觉神经环路的研究成果。中国科学院上海生命科学研究院神经科学研究所研究人员等采用果蝇转基因操作、精密控制的光遗传学刺激、双色钙成像和在体电生理记录等技术，研究果蝇嗅觉信息从外周向高级中枢传递中的不同投射途径，揭示了果蝇脑内嗅觉信息加工的一种神经环路机制[255]。

工作记忆是"秒"级的记忆，而传统的实验手段操纵神经元会造成长时程甚至永久性的影响，不能实现"秒"级的干预。中国科学院上海生命科学研究院神经科学研究所研究人员利用光遗传手段，特异性地只在"延迟期间"对小鼠内侧前额叶的神经元进行电活动的上调或下调操作，**研究表明"延迟期间"前额叶的电活动对学习工作记忆任务有重要的贡献**[256]。这一结果还说明了用具有秒级尺度的光遗传手段研究工作记忆的必要性。

发现帕金森病干预新途径。中国科学院深圳先进技术研究院研究人员利用光遗传学技术首次发现特异性地激活胶质细胞可以释放生长因子，对多巴胺能神经元功能起到重要的保护作用，进而达到修复帕金森病中受损脑功能的目的[257]。

（三）前景与展望

虽然光遗传学技术源自神经科学，但是光遗传学技术并不局限于神经科学，它还可以广泛应用于生物学研究的各个领域。使用光遗传学技术可以对特定细胞里特定的生物事件在特定的时间给予特定的控制，而且最关键的是这种调控操作对生物体是无损伤的。理论上而言，伴随不断升级的技术改造，光遗传学工具可以对参与细胞各种重要功能的各类蛋白的功能和定位、细胞信号转导事件进行操控，从而更快建立生物有机体不同层次生物学事件的关联关系。

---

254 Pengfei W, Nan L, Zhijian Z, et al. Processing of visually evoked innate fear by a non-canonical thalamic pathway. Nature Communications 6, 2015, doi:10.1038/ncomms7756.

255 Wang K, Gong J, Wang Q，et al. Parallel pathways convey olfactory information with opposite polarities in Drosophila. PNAS, 2014, 111: 3164-3169.

256 Liu D, Gu X W, Zhu J, et al. Medial prefrontal activity during delay period contributes to learning of a working memory task. Science, 2014, 346: 458-463.

257 Fan Y, Yunhui L, Jie T, et al. Activated astrocytes enhance the dopaminergic differentiation of stem cells and promote brain repair through? bFGF. Nature Communications 5, 2014, doi: 10.1038/ncomms6627.

重要的是，光不仅是一种可观察生物体的物理媒介，也可能是一种可精细调控生物体的物理媒介，这种特性使得未来利用光学工具进行生物学研究不仅可以实现生物体各种层次的观察，还可以原位实时精确调控并观测调控结果，进而可以将从微观到宏观、从静态到动态、从结构到功能的生物学研究更加系统化，获得更加逼近生物内在运作规律的研究发现。可以预测，在未来的数年或数十年内，包括光遗传技术在内的生物学现象精细调控工具，将会改变整个生物医学的面貌，而且将作为一种新兴的医疗手段得到广泛的应用。

 ## 五、基因组编辑技术

（一）概述

基因组编辑依赖于位点特异的核酸内切酶在剪切位点通过 DNA 修复系统触发序列修改。目前，在该领域主要有三种技术，即：锌指核糖核酸酶技术（zinc-finger nuclease, ZFN）、转录激活因子样效应因子核酸酶技术（transcription activator-like effector nuclease, TALEN）和 RNA 介导的成簇规律间隔的短回文重复序列（clustered regulatoryinterspaced short palindromic repeat, CRISPR）系统。TALEN 与 ZFN 技术组成了一大类强有力的基因组编辑工具，由一个可编码的序列特异性 DNA 结合模块与一个非特异性的 DNA 切割结构域所组成，通过诱导 DNA 双链断裂（DNA double-strand break）来刺激容易出错的非同源末端连接或在特定基因所在的位置进行的同源定向修复，完成一系列遗传学编辑修饰操作。CRISPR 是最新出现的一种基因组编辑工具。与其他基因组编辑工具相比，CRISPR 技术更易于操作，具有更强的可扩展性，目前已成功应用于人类细胞、斑马鱼、小鼠以及细菌的基因组精确修饰。

CRISPR 是一类广泛分布于细菌和古菌基因组中的重复结构。研究表明，CRISPR 与一系列相关蛋白、前导序列一起，能为原核生物提供对抗噬菌体等外源基因的获得性免疫能力。这种结构的作用机理可能与真核生物的 RNA 干扰过程类似，最早于 1987 年在大肠杆菌（*Escherichia coli*）K12 的 *iap* 基因侧翼序列中被发现。21 世纪初，CRISPR 位点附近高度保守的 CRISPR 相关基因（CRISPR-associated genes, Cas）引起了研究者关注。*Cas* 基因是一类基因家族，其编码的蛋白质具有与核酸结合功能。2007 年 3 月，Danisco 美国公司（Danisco USA Inc）、Danisco 法国公司（Danisco France Inc）与加拿大魁北克省 Laval 大学（Université Laval）的研究人员在 *Science* 上发表文章称，CRISPR 与 Cas 构成的 CRISPR-Cas 系统能够使细菌抵抗噬菌体，从而免受病毒和质粒侵害[258]。之后，研究人员逐步探明了 CRISPR-Cas 系统详细的免疫机制，为 CRISPR-Cas 系统发展成为通用的 RNA 介导的可编程 DNA 核酸内切酶铺平了道路[259]。2012 年 8 月，加州大学伯克利分校的 Jinek M 等在 *Science* 杂志上发表文章正式提出，利用 RNA 介导 CRISPR-Cas 系统可实现基因组编辑[260]。2013 年年初，*Science* 杂志公布了两项研究成果[261,262]，麻省理工学院和哈佛大学的研究团队利用产脓链球菌（*Streptococcus pyogenes*）和嗜热链球菌（*Streptococcus thermophiles*）中的 CRISPR 酶和 RNA，在小鼠和人类细胞的 DNA 中进行了插入、切割、修复和编辑。这两篇论文首次证明了 Cas9 核酸酶能用于哺乳动物细胞基因组的编辑。

（二）重要进展

2014 年，以 CRISPR-Cas 为代表的基因组编辑技术又取得了一系列重要进展。该技术成功应用于动植物及微生物的报道已屡见不鲜，在快速解析基因功能及基因间的相互作用、定向育种、构建疾病模型等方面都有效果显著的应用，尤其是在基因治疗和疾病研究方面显示出强大的应用潜力。

1. 国外进展

（1）CRISPR 编辑 DNA 和 RNA

英国布里斯托尔大学和立陶宛生物技术研究所的研究人员观察到 CRISPR 绑定并改变 DNA 结构的过程[263]。他们使用经过特别改装的显微镜对 R 环模型进行了检测。

---

258 RodolpheBarrangou, Christophe Fremaux, Hélène Deveau, et al. CRISPR provides acquired resistance against viruses in prokaryotes[J]. Science, 2007, 315: 1709-1712.

259 Gasiunas, G., Barrangou, R., Horvath, P., et al. Cas9-crRNA ribonucleoprotein complex mediates specific DNA cleavage for adaptive immunity in bacteria. Proceedings of the National Academy of Sciences of the United States of America, 2012, 109(39): 2579-2586.

260 Jinek M, Chylinski K, Fonfara I. A programmable dual-RNA-guided DNA endonuclease in adaptive bacterial immunity[J]. Science, 2012, 337(6096): 816-821.

261 Le Cong, F. Ann Ran, David Cox, et al. Multiplex genome engineering using CRISPR/Cas systems[J]. Science, 2013, 339(6121): 819-823.

262 Mali P, Yang L, Esvelt KM, et al. RNA-guided human genome engineering via Cas9[J]. Science, 2013, 339(6121): 823-826.

263 Szczelkun MD, Tikhomirova MS, Sinkunas T, et al. Direct observation of R-loop formation by single RNA-guided Cas9 and Cascade effector complexes[J]. Proceedings of the National Academy of Sciences of the United States of America, 2014, 111(27): 9798-9803.

显微镜下的单个 DNA 分子被磁场拉伸着，通过改变 DNA 受到的扭力，他们能够直接观测由单个 CRISPR 酶介导 R 环形成的过程。这使得这个过程中以前不为人知的一些步骤毕现无疑，也让研究人员能够探讨 DNA 碱基对序列对 R 环形成的影响。这将有助于未来合理地重新设计 CRISPR 酶，以提高其精确度，将脱靶效应降至最低。

随后，加州大学伯克利分校和劳伦斯伯克利国家实验室的研究人员揭示出 Cas9 酶可与称作为 "PAM"（protospacer adjacent motif）的短 DNA 序列共同作用[264]，识别并结合到单链 RNA（ssRNA）特异位点上。证实这一方法可以编程 CRISPR-Cas9 蛋白复合物在序列特异性的靶位点识别并切割 RNA。他们将这一 RNA 靶向性 CRISPR-Cas9 复合物命名为 RCas9。这一研究发现可能改变 RNA 功能研究的模式，为检测、分析和操控 RNA 转录物铺平道路。

（2）CRISPR 系统用于疾病治疗

1）CRISPR 技术治愈肝病小鼠

麻省理工学院研究人员利用 CRISPR 技术治愈了因单一遗传突变致罹患罕见肝病的小鼠[265]，该研究首次为 CRISPR 技术可以逆转活体动物的疾病症状提供了证据。研究人员利用高性能的注射器快速将 CRISPR 元件，包括 RNA 引导链、编码 Cas9 的基因以及由 199 个核苷酸构成并包含突变 FAH 基因正确序列的 DNA 模板释放到小鼠静脉中，使遗传物质成功地传送到了肝细胞。在接下来的 30 天里，这些健康细胞开始增殖，取代病变肝细胞，最终占据肝细胞总数的约 1/3。研究同时表明，CRISPR 技术可能用于人类肝病的基因疗法中。

2）CRISPR 技术用于清除细胞中的艾滋病病毒（HIV）

艾滋病病毒与其他逆转录病毒一样，其遗传物质也是整合到人体宿主基因组上进行复制，虽然抗逆转录病毒疗法可以有效地抑制艾滋病病毒，但是却不能根除这些整合性病毒。美国天普大学研究人员利用 CRISPR 基因组编辑系统的精确剪切[266]，针对几个人类细胞系，如小胶质细胞和 T 细胞进行了研究，从这些细胞中去除了艾滋病病毒，从而阻止了随后的病毒感染，这在之前是无法实现的。

---

264 O'Connell MR, Oakes BL, Sternberg SH, et al. Programmable RNA recognition and cleavage by CRISPR/Cas9[J]. Nature, 2014, 516(7530): 263-266.

265 Yin H, Xue W, Chen S, et al. Genome editing with Cas9 in adult mice corrects a disease mutation and phenotype[J]. Nature Biotechnology, 2014, 32(6): 551-553.

266 Hu WH, KaminskiR, YangF, et al. RNA-directed gene editing specifically eradicates latent and prevents new HIV-1 infection[J]. Proceedings of the National Academy of Sciences of the United States of American, 2014, 111(31): 11461-11466.

3）CRISPR 改写 β- 地中海贫血突变基因

β- 地中海贫血是由 *HBB* 基因突变引起的，会造成严重的血红蛋白缺乏。加州大学旧金山分校研究人员尝试用 CRISPR 改写这种疾病的突变基因[267]，他们先将 β- 地中海贫血患者的皮肤细胞（成纤维细胞）诱导成为 iPSC。然后利用 CRISPR 技术，将校正 DNA 序列引到 *HBB* 的突变位点，切割双链 DNA。结果显示，校正 *HBB* 突变之后的 iPSC 没有检测到脱靶效应，细胞保持着完全的多能性，核型也很正常。随后，研究人员将这些 iPSC 分化为成红血细胞，结果细胞的 *HBB* 表达得以恢复。不过，要将基因组编辑真正用于临床治疗 β- 地中海贫血，还需要进行大量的工作。

4）利用 CRISPR 技术治疗杜氏肌营养不良症

德州大学西南医学中心的研究人员发现，利用 CRISPR 技术，能阻止杜氏肌营养不良小鼠模型中的肌肉退化[268]。杜氏肌营养不良症是由于一种肌肉纤维强度必需蛋白 dystrophin 突变导致的，目前尚无有效的治疗方法。这项研究采用了 CRISPR 技术，帮助研究人员精确"纠正"基因突变。研究人员移除了雌鼠体内携带突变的胚胎，在这些胚胎中注射了 CRISPR 编辑元件，这些元件主要靶向并纠正 dystrophin 突变，然后将这些胚胎返回到野生型雌鼠体内，其子代小鼠具有正常的 dystrophin 及正常的骨骼肌功能。这种技术虽然目前尚未应用于人体，但为未来治疗这种疾病带来了希望。

5）CRISPR 系统对抗超级细菌

麻省理工学院研究人员利用 CRISPR 基因组编辑系统靶向超级细菌中的一些特异基因[269]。当研究人员用 CRISPR 系统来对抗 NDM-1 时，特异性地杀死了超过 99% 的携带 NDM-1 的细菌，而抗生素却没有诱导任何显著的杀伤效应。研究人员还成功地靶向了编码 SHV-18 的另一个抗生素耐药基因和肠道出血性大肠杆菌中的一个毒力因子研究，证实可以利用 CRISPR 系统基于遗传标记从多样的菌群中选择性地除去特异的细菌，由此在抗菌应用之外还开辟了"微生物组编辑"的潜在可能性。

---

267 Xie F, Ye L, Chang JC, et al. Seamless gene correction of β-thalassemia mutations in patient-specific iPSCs using CRISPR/Cas9 and piggyback[J]. Genome Research, 2014, 24(9): 1526-1533.

268 Long CZ, McAnally JR, Shelton JM, et al. Prevention of muscular dystrophy in mice by CRISPR/Cas9-mediated editing of germline DNA[J]. Science, 2014, 345(6201): 1184-1188.

269 Citorik RJ, Mimee M, Lu TK. Sequence-specific antimicrobials using efficiently delivered RNA-guided nucleases[J]. Nature Biotechnology, 2014, 32(11): 1141-1145.

（3）CRISPR 技术在癌症研究领域大放异彩

1）CRISPR 重现肿瘤染色体易位

西班牙国立癌症研究中心（CNIO）和西班牙国家心血管研究中心（CNIC）研究人员通过 CRISPR 技术第一次成功地在来自血液和间质组织的人类干细胞中重现了与两种癌症类型（急性髓性白血病和尤文氏肉瘤）相关的染色体易位[270]。凭借这一突破，可以生成具有与患者肿瘤细胞中观察到的相同遗传改变的细胞模型，研究其在肿瘤形成中的作用。以这种方式，可以通过实验重演出正常细胞转变为癌细胞的一些至关重要的步骤。

2）用 CRISPR 构建癌症模型

麻省理工学院研究人员通过破坏肿瘤抑制基因 *p53* 和 *pten*，在成年小鼠体内生成了肝肿瘤[271]，利用 CRISPR 构建出了携带 *β-catenin* 癌基因的小鼠模型，这一基因可使得细胞在随后发生其他的突变时更有可能癌变。利用 CRISPR 来生成肿瘤，可使得科学家们能够更快速地研究不同的遗传突变相互作用产生癌症的机制，以及一些潜在的药物对于具有特异基因图谱的肿瘤所产生的效应。

3）CRISPR 技术模拟肺癌基因效应

麻省理工学院研究人员基于 CRISPR 技术在小鼠体内模拟出驱动癌症生长的基因突变[272]，重现了两个众所周知的肺癌基因的效应，并模拟了一个名为 *APC* 的基因，获知 *APC* 在肺癌中所起到的作用。这种方法的速度比构建出携带致癌突变遗传工程小鼠的现有方法速度要快得多，为根据癌症患者肿瘤中的突变类型来寻求个体化的治疗提供了新的途径。研究人员预想可以利用这一技术来构建出携带着与患者具有相同基因图谱的肿瘤的小鼠，并在它们身上测试不同的药物，看哪些可获得最好的疗效。

4）鉴别筛选癌症基因，精确控制基因表达

SunTag 是一套分子挂钩，能够将多个拷贝的生物活性分子挂到可用来靶向一些基因或其他分子的蛋白质支架上。整合了 SunTag 的 CRISPR 分子可用于精确地控制基因组内大量基因的表达。加州大学旧金山分校研究人员利用这一策略鉴别出了阻止癌细胞生长以及调控组织发育的一些基因，并获得了细菌毒素损伤细胞机制的一

270 Torres R, Martin MC, Garcia A, et al. Engineering human tumour-associated chromosomal translocations with the RNA-guided CRISPR-Cas9 system[J]. Nature Communications, 2014, 5: 3964, doi: 10.1038/ncomms4964.

271 Xue W, Chen SD, Yin H, et al. CRISPR-mediated direct mutation of cancer genes in the mouse liver. Nature, 2014, 514(7522): 380-384.

272 Sanchez-Rivera FJ, Papagiannakopoulos T, Romero R, et al. Rapid modelling of cooperating genetic events in cancer through somatic genome editing[J]. Nature, 2014, 516(7531): 428-431.

些新认识[273-274]，促成更好地了解疾病以及开发出新的治疗方法。此外，麻省理工学院研究人员在对 CRISPR-Cas9 进行了改造后[275]，使其可以快速对整个基因组进行功能筛选，帮助人们鉴定涉及特定疾病的基因。这项研究中研究人员就鉴定了让黑色素瘤细胞抵抗癌症药物的几个基因。

（4）CRISPR 用于设计和编辑干细胞

George M. Church 领导哈佛医学院的团队，在人类 iPS 细胞中进行了 CRISPR 基因编辑。他们将全基因组测序和靶向深度测序结合起来，评估了 Cas9 编辑 iPS 细胞时的脱靶效应，还鉴定了一个影响 Cas9 特异性的单核苷酸变异（SNV）[276]。研究人员通过 CRISPR/Cas9 系统在人类诱导多能干细胞（iPSC）中敲除了 *Tafazzin* 基因，效率达到 54%。随后，他们对 Cas9 编辑过的人类 iPSC 进行了全基因组测序，结果并未发现显著的基因组改变或突变率提高。研究人员还深度测序了计算机模拟的 Cas9 脱靶位点，进一步验证了 Cas9 的高特异性，为人们展示了用 CRISPR/Cas9 在 iPS 细胞中进行高特异性基因编辑的可行性。

此外，哈佛大学干细胞和再生生物学系研究人员首次利用 CRISPR-Cas 技术有效精确地编辑删除了人类造血干细胞和 T 细胞中的临床相关基因[277]，构建出了一种能够阻断 HIV 侵袭和破坏患者免疫系统的有效治疗方法。研究显示他们可以有效地、可预测性地精确编辑删除 T 细胞的 *β2M* 以及造血干 / 祖细胞（HSPCs）的 *CCR5*。经过编辑的 HSPCs 可以继续生成正常的血细胞和免疫细胞组合。

（5）CRISPR 方法的脱靶效应研究

来自美国麻省总医院的研究者发现 CRISPR-Cas 系统存在重大的局限性，它会在基因组的非目标位置产生非必要的 DNA 突变，即脱靶效应（off-target effect）[278]。随

---

273 Gilbert LA, Horlbeck MA, Adamson B, et al. Genome-scale CRISPR-mediated control of gene repression and activation[J]. Cell, 2014, 159(3): 647-661.

274 Tanenbaum ME, Gilbert LA, Qi LS, et al. A protein-tagging system for signal amplification in gene expression and fluorescence imaging[J]. Cell, 2014, 159(3): 635-646.

275 Konermann S, Brigham MD, Trevino AE, et al. Genome-scale transcriptional activation by an engineered CRISPR-Cas9 complex[J]. Nature, 2015, 517(7536): 583-588.

276 Yang LH, Grishin D, Wang G, et al. Targeted and genome-wide sequencing reveal single nucleotide variations impacting specificity of Cas9 in human stem cells[J]. Nature Communications, 2014, 5: 5507, doi: 10.1038/ncomms6507.

277 Mandal PK, Ferreira LMR, Collins R, et al. Efficient ablation of genes in human hematopoietic stem and effector cells using CRISPR/Cas9[J]. Cell Stem Cell, 2014, 15(5): 643-652.

278 Fu Y, Foden JA, Khayter C, et al. High-frequency off-target mutagenesis induced by CRISPR-Cas nucleases in human cells[J]. NatureBiotechnology. 2013, 31(9): 822-826.

后，有很多的研究提出了同样的质疑。为了减弱甚至消除脱靶效应，科学家提出了不同的方案。

Adli 及其同事构建了失去酶活性的 Cas9（dCas9），并将其与 12 种不同的 gRNA 搭配。随后他们通过 ChIP-seq 技术，在 HEK293T 细胞中检验了 dCas9 在全基因组的结合情况。研究人员发现，脱靶结合的多少主要取决于 gRNA。对于绝大多数 gRNA 而言，dCas9 能结合几十到几百个脱靶位点[279]。研究显示，具有酶促活性的 Cas9 的确会切割这些 ChIP-seq 鉴定的脱靶位点（尽管不是全部），系统的特异性可能无法满足某些应用的需求。Adli 等人认为，可以用突变型 Cas9（Cas9 nickase）代替野生型 Cas9 进行基因组编辑。

哈佛大学 David Liu 研究组[280]和麻省总医院 Keith Joung 研究组[281]找到了更好的办法。他们对 Cas9 进行基因工程改造，让其依赖二聚化才能酶切，就像 ZFN 和 TALEN 那样。二聚化酶有着更严格的序列要求，理论上应该能够大大减少脱靶位点的数量。这两个研究团队不约而同地将 Fok1 核酸酶融合到了 dCas9 的 N 端，与 ZFN 和 TALEN 中的方向相反。他们发现，融合而成的二聚酶与 Cas9 的正确切割效率相差不多。Liu 和 Joung 两个团队还通过深度测序，检验了野生型 Cas9 的那些脱靶位点，发现二聚酶显著减少了可检测到的脱靶事件。

2. 国内进展

CRISPR 势不可挡的热浪当然也席卷到了中国，中国科学院、清华大学等众多研究机构利用该技术开展科学研究。2014 年，863 计划资助 CRISPR 相关项目的经费约 3300 万元，国家自然科学基金共批准了 CRISPR 相关的项目 31 项，总金额达 1300 万元。2014 年，中国科研人员利用 CRISPR 技术展开研究也取得了不俗成绩。

（1）利用 TALEN 和 CRISPR-Cas9 技术定向编辑小麦基因

中国科学院遗传与发育生物学研究所、中国科学院微生物研究所的研究人员利

---

279 Cem Kuscu, Sevki Arslan, Ritambhara Singh, et al. Genome-wide analysis reveals characteristics of off-target sites bound by the Cas9 endonuclease[J]. Nature Biotechnology, 2014, 32(7): 677-683.

280 John P Guilinger, David B Thompson, David R Liu. Fusion of catalytically inactive Cas9 to FokI nuclease improves the specificity of genome modification[J]. Nature Biotechnology, 2014, 32(6): 577-582.

281 Shengdar Q Tsai, Nicolas Wyvekens, Cyd Khayter, et al. Dimeric CRISPR RNA-guided FokI nucleases for highly specific genome editing[J]. Nature Biotechnology, 2014, 32(6): 569-576.

用 TALEN 和 CRISPR-Cas9 技术[282]，在六倍体面包小麦的三个编码 MLO 蛋白的同源等位基因中成功地导入了靶向突变。由于遗传冗余，以往科学家们无法评估三个 *MLO* 等位基因发生突变是否有可能赋予了面包小麦对白粉菌的抵抗力，而在此研究中，研究人员证实 TALEN 诱导的所有 3 个 *TaMLO* 同源基因突变赋予了对白粉菌可遗传的广谱抵抗力。随后，利用 CRISPR-Cas9 技术生成了携带 *TaMLO-A1* 等位基因突变的转基因小麦，研究人员还证实在面包小麦中通过 TALENs 引导 DNA 断裂双链非同源末端连接来操控靶向性 DNA 插入的可行性。这项研究为未来改良多倍体作物提供了理论基础和方法框架。

（2）CRISPR 系统中 Cascade 复合物结构解析

中国科学院生物物理研究所揭示了关于 CRISPR 系统中 Cascade 的晶体结构及其与 RNA 相互作用的方式[283]。CRISPR-Cas 系统分为三个类型（Ⅰ型、Ⅱ型和Ⅲ型），大肠杆菌 CRISPR/Cas 系统属于 I-E 型，由 5 种 Cas 蛋白组成的 11 个亚基以及一段 61 个核苷酸的成熟 crRNA（CRISPR RNA）组成 Cascade 复合物。Cascade 复合物的质量约为 405kDa，外观上呈现出近似于"海马"的结构，王艳丽研究组通过深入研究，获得了分辨率为 3.05 埃的 X 射线晶体结构，为 Cascade 如何发挥功能提供了重要依据。

（3）利用 CRISPR/Cas9 技术培育两种基因敲除克隆小型猪

中国科学院广州生物医药与健康研究院和吉林大学的研究团队，利用最新的 CRISPR-Cas9 技术成功地培育出两种基因敲除克隆小型猪[284]，即酪氨酸酶基因敲除猪和 *PARK2*、*PINK1* 双基因敲除猪，建立了人类白化病和帕金森综合征两种猪模型。该研究将新兴的 CRISPR-Cas9 技术与体细胞克隆相结合，不仅使猪基因打靶效率更高、更为精确，而且在一个世代内首次实现了大动物双基因的等位敲除。

（4）CRISPR 的适应机制研究

多年来，CRISPR 如何在适应过程中区分异己的外源 DNA 和自身的染色体 DNA 一直困扰着科学家们。中国科学院微生物研究所的极端嗜盐古菌研究团队在这一领

---

282 Wang, Yanpeng, Cheng, Xi, Shan, Qiwei, et al. Simultaneous editing of three homoeoalleles in hexaploid bread wheat confers heritable resistance to powdery mildew[J]. Nature Biotechnology. 204, 32(9): 947-951.

283 Hongtu Zhao, Gang Sheng, Jiuyu Wang, et al. Crystal structure of the RNA-guided immune surveillance Cascade complex in Escherichia coli[J]. Nature, 2014, 515(7525): 147-150.

284 广州生物院利用 CRISPR/Cas9 技术建立基因敲除克隆猪 [EB/OL]. http://www.cas.cn/ky/kyjz/201410/t20141013_4222979.shtml，2014-10-14/2015-05-10.

域取得重要发现，连续两篇相关论文发表在 *Nucleic Acids Research* 上。该研究团队成功实现 CRISPR 系统从特定重组质粒上高效获取新 spacer，并进一步解析了从病毒或质粒上获取新 spacer 的链偏好性。该工作充分说明了"引发"机制在适应过程中具有重要的异己识别作用，并有利于其在自然环境中对病毒群的整体适应[285]。接着，研究人员又构建了 64 种重组质粒，使它们携带相同的 protospacer 序列和 64 种不同的三联核苷酸充当其 PAM（protospacer adjacent motif）。该团队进一步证明位于宿主 CRISPR 结构中 spacer 旁边保守的三联核苷酸 AGC，是帮助 spacer 同时"躲避"干扰和引发适应过程的决定性因素，表明 PAM 验证机制在适应过程和干扰过程中都发挥重要作用。该工作进一步解析了 CRISPR 适应过程中的异己区分机制，即"PAM 验证的引发机制"[286]。

（5）利用 CRISPR-Cas9 技术在生殖细胞中治愈小鼠遗传疾病

中国科学院上海生命科学研究院、华西师范大学和北京大学等机构的研究人员利用 CRISPR-Cas9 系统在包含一种遗传病致病突变的精原干细胞（spermatogonial stem cell，SSCs）中成功地进行了基因编辑[287]。研究人员利用 CRISPR-Cas9 系统有效地将遗传修饰导入到了 SSCs 中，并突变了 EGFP 转基因或内源的 *Crygc* 基因。同时，研究人员证实 CRISPR-Cas9 诱导的 NHEJ 或 HDR 可轻易修复存在于 SSCs 中的致病 *Crygc* 突变（*Crygc-/-*），生成的 SSC 细胞系携带着纠正的基因。利用由这些细胞系生成的圆形精细胞进行受精，以 100% 的效率生成了具有纠正表型的后代。这些结果证实，借助于 CRISPR-Cas9 系统可对小鼠 SSCs 进行有效的基因编辑，由此为通过对 SSCs 进行基因纠正来治疗遗传性疾病提供了可能。

（三）前景与展望

随着 CRISPR 的有效性在果蝇、斑马鱼、小鼠以及人类基因组中得到充分验证，尤其是基因靶向修饰猴的诞生，以 CRISPR-Cas 为代表的基因组编辑技术几乎被视为

285 Ming Li, Rui Wang, Dahe Zhao, et al. Adaptation of the Haloarcula hispanica CRISPR-Cas system to a purified virus strictly requires a priming process[J]. Nucleic Acids Research, 2014, 42(4): 2483-2492.

286 Ming Li, Rui Wang, Hua Xiang. Haloarcula hispanica CRISPR authenticates PAM of a target sequence to prime discriminative adaptation[J]. Nucleic Acids Research, 2014, 42(11): 7226-7235.

287 Wu Y, Zhou H, Fan X, et al. Correction of a genetic disease by CRISPR-CasCorrection of a genetic disease by CRISPR-Cas9-mediated gene editing in mouse spermatogonial stem cells9-mediated gene editing in mouse spermatogonial stem cells[J]. Cell Research, 2015, 25(1): 67-79.

神器，科学家可以用它来对目标基因进行插入、删除或重写，对物种基因进行编辑加工，由此，这不仅能改变基因的功能，甚至能创造新的生命。目前，科学家们已经开始探索了该技术在作物优化、疾病治疗等各个方面的应用。未来的 CRISPR 还有望广泛应用于合成生物学、基因网络构建、体内外靶向性基因治疗、再生医学研究等领域。同时，科学家们也在继续大力投入到分析和解决可能出现的脱靶效应、提高系统效率和特异性、扩大应用到其他生物体等研究中。对现有的基因编辑工具，包括大范围核酸酶、ZFNs 和 TALEN 以及 CRISPR-Cas 进行对比也在继续。此外，CRISPR 系统的输送问题，即如何让 CRISPR 系统进入成体动物或者用于治疗身患疾病的人类患者，还有用于人类基因组编辑时是否会引发一定的医学伦理问题及如何解决等，这还都是需要继续探索的问题。

此外，CRISPR 自亮相以来，除了受到研究人员的广泛关注，也吸引了生物医药市场和投资者的目光。2013 年 11 月 25 日，张峰团队依靠 4300 万美元的风险投资创立了爱迪塔斯医药公司（Editas Medicine）；2014 年 3 月 18 日，李嘉诚基金会向加州大学捐资 1000 万美金用以支持该校基因组学创新计划（IGI），该计划所使用的正是 CRISPR/Cas9 技术[288]；2014 年 4 月，位于瑞士巴塞尔的专注于 CRISPR-Cas9 技术的 Crispr Therapeutics 公司获得了 2500 万美元 A 轮融资。这些投资事件的一个共同目标便是将 CRISPR 技术尽快从实验室推向市场，应用于基因治疗、新药开发等领域。由此，我们相信，未来基因组编辑技术也将为生物医药产业带来前所未有的新浪潮。

 六、肿瘤免疫治疗

（一）概述

肿瘤免疫治疗是指利用患者的免疫系统或输入外源的免疫效应物质治疗肿瘤的一种方法。目前按照其治疗机理主要可分为抗体免疫治疗、细胞免疫治疗、非特异性的免疫刺激剂（immune stimulators）和肿瘤治疗性疫苗等。

---

288 NEW DNA-EDITING TECHNOLOGY SPAWNS BOLD UC INITIATIVE[EB/OL]. http://www.lksf.org/new-dna-editing-technology-spawns-bold-uc-initiative/, 2014-03-18/2015-05-10.

继 2013 年被 *Science* 杂志列为"年度突破"之首后，肿瘤免疫治疗近两年持续获得重要进展，尤其是在免疫检查点阻断剂和基因工程 T 细胞疗法开发方面获得重要的临床结果，为治愈肿瘤带来了曙光[289]。另外，肿瘤免疫治疗领域近年来的发展趋势之一是组合疗法的开发，将不同的免疫疗法相组合，或者传统疗法与免疫疗法组合。

（二）重要进展

1. 国外进展

（1）免疫检查点疗法

免疫检查点疗法（immune checkpoint therapy）靶向 T 细胞的调控通路，以提高抗肿瘤免疫应答。这类疗法已经获得了重要的临床进展，提供了抗癌新武器。目前已有 3 个新的免疫检查点制剂被批准上市，分别是 2011 年上市的抗 CTLA-4 抗体 ipilimumab，2014 年上市的 2 个抗 PD-1 抗体 pembrolizumab 和 nivolumab。未来几年内将有更多的免疫检查点制剂被批准用于治疗恶性黑色素瘤、肺癌、前列腺癌、肾癌、膀胱癌、淋巴瘤及其他肿瘤。这些药物代表肿瘤治疗的突破性进展，主要体现在两个方面：①它们不靶向肿瘤细胞，而是靶向 T 细胞——免疫系统的卫士；②这类疗法的目标不是直接激活免疫系统来攻击特定的肿瘤细胞上的靶标，而是清除那些阻碍有效抗肿瘤免疫应答的抑制通路。免疫检查点疗法能产生持续的临床应答，有些甚至可以持续十几年，但这种长期效应只在一部分患者体内产生。研究人员正在开展许多试验以寻找预测性生物标记物，用这些标记物来筛选出对特定制剂有效的患者群体，但是免疫应答的复杂性使这项工作变得艰难[290]。目前在临床中的免疫检查点疗法主要有抗 CTLA-4 疗法和抗 PD-1/PD-L1 疗法，另外，还有少量靶向其他免疫检查点的疗法。

1）抗 CTLA-4 疗法

检索 Thomson Reuters Cortellis 数据库，截止到 2015 年 5 月 27 日，全球共有 16 个上市及在研发的、适应证为各类肿瘤 / 癌症的抗 CTLA-4 疗法的新药。

289 Immunotherapy:combine and conquer. Nature Medicine, 2015, 21(5): 415.

290 Padmanee Sharma, James P. Allison. The future of immune checkpoint therapy[J]. Science, 2015, 348(6230): 56-61.

从所处的研发阶段看，已上市药物 1 个，即 ipilimumab；临床 3 期和临床 1 期各 2 个；处于临床前阶段的有 11 个。

从研发机构角度看，除 MedImmune 公司开发 3 个组合新药（MEDI-6469＋tremelimumab、tremelimumab＋gefitinib、durvalumab＋tremelimumab）外，其他机构都开发了 1 个新药。从适应证角度看，这些在研药物都可治疗多种肿瘤，包括各种血液肿瘤和实体瘤，少量还可治疗免疫性疾病，如 Pieris 制药公司开发的 PRS-300 series A。

已上市和临床阶段的抗 CTLA-4 疗法新药共有 5 个，除了已上市的 ipilimumab 外，包括 tremelimumab 和 3 个组合药（表 3-1）。Tremelimumab 是 MedImmune 公司从辉瑞通过许可获得的抗 CTLA-4 的全人单抗 IgG2 抗体，用于治疗癌症（主要是间皮瘤），该药于 2014 年第 2 季度进入临床 3 期，将于 2016 年进入美国食品药品监督管理局（FDA）和欧洲医药局（EMA）的上市审批流程中。3 个组合药分别是 tremelimumab 与抗 PD-L1 单抗 durvalumab 组合、tremelimumab 与抗 OX-40 激动剂 MEDI-6469 单抗组合、tremelimumab 与表皮生长因子拮抗剂吉非替尼（Gefitinib，商品名易瑞沙 Iressa™）组合。

表 3-1　已上市及临床研究阶段的抗 CTLA-4 疗法新药

药名	研发机构	适应证	基于靶标的作用机制	研发阶段
ipilimumab	Medarex 公司（被百时美施贵宝收购）	4 期黑素瘤；泌尿生殖道肿瘤；恶性胶质瘤；激素依赖性前列腺癌；非小细胞肺癌；卵巢肿瘤等	CTLA-4 抑制剂	上市
durvalumab＋tremelimumab	MedImmune 公司（阿斯利康子公司）	头颈癌；血液肿瘤；非小细胞肺癌；实体瘤；胃瘤	CTLA-4 抑制剂；PD-L1 抑制剂	临床 3 期
tremelimumab	辉瑞（该药已被 MedImmune 收购）	黑素瘤；间皮瘤；非小细胞肺癌；实体瘤；胃瘤	CTLA-4 抑制剂	临床 3 期
MEDI-6469＋tremelimumab	MedImmune 公司	实体瘤	CTLA-4 抑制剂；OX-40 受体激动剂	临床 1 期
tremelimumab＋gefitinib	MedImmune 公司	非小细胞肺癌	CTLA-4 抑制剂；表皮生长因子拮抗剂	临床 1 期

2）抗 PD-1/PD-L1 疗法

检索 Thomson Reuters Cortellis 数据库，截止到 2015 年 5 月 25 日，全球共有 60 个抗 PD-1/PD-L1 的肿瘤／癌症在研药物，其中已上市的 2 个，处于临床 2、3 期各 5 个，临床 1 期的 7 个；处于临床前研究的 41 个，占 PD-1/PD-L1 药物总数的

68.33%，表明大部分在研的抗 PD-1/PD-L1 疗法处于临床前研究阶段。

从研发机构角度看，研发 PD-1/PD-L1 疗法数量最多的 MedImmune 公司，共研发了 8 个；排名第二位的是 Sorrento 治疗公司，拥有在研新药数量为 4 个；排名第三的是 AnaptysBio 公司，为 3 个；其他重要机构还包括 Amplimmune 公司、Aurigene 发现技术公司、BeiGene 公司、Kadmon 集团公司、Merck 公司、Merus 公司、Novartis 公司，这些机构都各拥有在研新药 2 个。这些机构大部分是小型的、创新型治疗公司，但是大型制药公司目前也在涉及这个领域，除了 Merck 公司和 Novartis 公司外，Pfizer、GlaxoSmithKline、AstraZeneca、Genentech、Schering-Plough 等大型制药公司都在开发 1 个新药，表明该领域是中小创新型公司和大型制药公司普遍认可的极具前景的领域（图 3-1）。

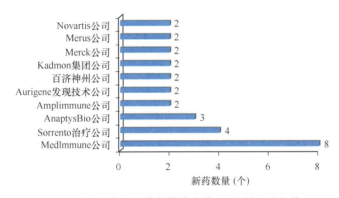

图 3-1 拥有在研新药数量排名前 10 位的研发机构

从国家分布看，在研新药数量排名前 10 位的机构中，美国企业 5 个，印度、中国、美国、德国、荷兰和瑞士企业各 1 个。进入在研新药数量排名前十位机构的中国机构是百济神州公司，开发在研新药 2 个。

从适应证角度看，尽管已上市的 2 个药物都是用于治疗黑素瘤的，但在研新药都可用于治疗多种疾病，包括各类血液肿瘤和实体瘤，如肺癌（尤其是非小细胞肺癌）、头颈癌、胶质瘤、前列腺癌、乳腺癌等。另有一些既可治疗肿瘤 / 癌症，也治疗传染性疾病（如 HCV 感染）、自体免疫性疾病。

在研的抗 PD-1/PD-L1 疗法中，处于上市及临床阶段的新药共有 19 个，除 2 个已上市外，其余 17 个处于各期临床研究中。从作用机制角度看，这些药物大部分是 PD-1/PD-L1 抑制剂，还出现少量 PD-L1 刺激剂，如 Merus 公司的 MCLA-134 等（表 3-2）。

这些在研产品中，有 8 个是组合疗法，它们的组合方式包括：①多个单抗组合，如 durvalumab＋MEDI-6469、durvalumab＋MEDI-0680、durvalumab＋tremelimumab

2015 中国生物技术与产业发展报告

等；②单抗与小分子药物组合，如多靶标受体酪氨酸激酶抑制剂 pazopanib 与 pembrolizumab 组合、durvalumab 与吉非替尼（gefitinib）组合、durvalumab 与治疗 *BRAF* 基因变异的 dabrafenib 和 MEK 抑制剂 trametinib 组合等。

表 3-2　已上市及临床研究阶段的 PD-1/PD-L1 抑制剂

药名	研发机构	适应证	基于靶标的作用机制	研发阶段
Pembrolizumab (AMP-224)	Amplimmune 公司	膀胱癌；乳腺癌等各类实体瘤和血液肿瘤	PD-1 抑制剂	上市
Nivolumab (STI-A1014)	Sorrento 治疗公司	各类实体瘤；慢性粒细胞白血病；弥漫性大 B 细胞淋巴瘤；丙肝病毒感染	PD-1 抑制剂	上市
PSI-001	PsiOxus 治疗公司	Merkel 细胞癌；非小细胞肺癌；实体瘤	PD-L1 抑制剂	临床 3 期
MCLA-145	Merus 公司	头颈肿瘤；血液肿瘤；非小细胞肺癌；实体瘤；胃瘤	CTLA-4 抑制剂；PD-L1 抑制剂	临床 3 期
MCLA-134	Merus 公司	结直肠肿瘤；输卵管癌；神经胶质瘤等	PD-L1 刺激剂；Ras GTPase 调节剂	临床 3 期
durvalumab＋MEDI-6469	MedImmune 公司	乳腺癌等实体瘤及血液肿瘤	PD-L1 抑制剂	临床 3 期
durvalumab＋MEDI-0680	MedImmune 公司	膀胱癌；乳腺癌；淋巴瘤等	PD-L1 抑制剂	临床 3 期
durvalumab＋dabrafenib＋trametinib	MedImmune 公司	实体瘤	OX-40 受体激动剂；PD-L1 抑制剂	临床 2 期
pazopanib＋pembrolizumab	葛兰素史克	非小细胞肺癌	EGFR 家族酪氨酸激酶受体抑制剂；PD-L1 抑制剂	临床 2 期
AMD-3100＋抗 PD-L1 抗体	剑桥大学	转移性癌症	PD-1 抑制剂	临床 2 期
durvalumab＋gefitinib	MedImmune 公司	B 细胞淋巴瘤	B- 淋巴细胞抗原 CD19 抑制剂；PD-L1 抑制剂	临床 2 期
MEDI-4736＋AZD-9291	MedImmune 公司	急性髓性白血病；结直肠癌；弥漫性大 B 细胞淋巴瘤；丙肝病毒感染；肝癌等	PD-1 抑制剂	临床 2 期
PDR-001	诺华制药	实体瘤	PD-L1 抑制剂；PD-1 抑制剂	临床 1 期
avelumab	默克公司	实体瘤	MEK-1/ MEK-2 蛋白激酶抑制剂；PD-L1 抑制剂；Raf B 蛋白激酶抑制剂	临床 1 期
抗 PD-L1 抗体	Dana-Farber 癌症研究所有限公司	肾细胞癌	PDGFα/β 受体拮抗剂；PD-1 抑制剂；VEGF-1/VEGF-2/VEGF-3 受体拮抗剂	临床 1 期

续表

药名	研发机构	适应证	基于靶标的作用机制	研发阶段
mAbs target-6	百济神州	非小细胞肺癌	EGFR 家族酪氨酸激酶受体抑制剂；表皮生长因子拮抗剂；PD-L1 抑制剂	临床 1 期
durvalumab＋tremelimumab	MedImmune 公司	癌症；传染病	PD-L2 调节剂；PD-1 调节剂	临床 1 期
pelareorep	Oncolytics 生物技术公司	癌症	PD-1 调节剂	临床 1 期
抗 PDL1 单抗	Sorrento 治疗公司	癌症	PD-L1 抑制剂	临床 1 期

3）其他免疫检查点疗法

另外，还有许多机构正在开发靶向其他新型免疫检查点的抑制剂，包括淋巴细胞激活基因 3 蛋白（LAG3）、杀伤细胞免疫球蛋白样受体（KIR）、吲哚胺 2,3- 加双氧酶 1（IDO1）、肿瘤坏死因子受体超家族成员 9（4-1BB）和肿瘤坏死因子超家族成员 4（OX40），见表 3-3。

表 3-3　靶向其他免疫检查点的抑制剂

药名	开发机构	靶标	主要适应证	研发阶段
Lirilumab(BMS-986015)	百时美施贵宝	KIR	血液或实体肿瘤	临床 2 期
Indoximod(NLG-9189)	NewLink 遗传学公司	IDO1	乳腺癌	临床 2 期
INCB024360	Incyte	IDO1	实体瘤	临床 2 期
PF-05082566	辉瑞	4-1BB（又称为 CD137）	血液或实体肿瘤	临床 1 期
MEDI6469	阿斯利康	OX40（又称为 CD134）	实体瘤	临床 1 期
BMS-986016	百时美施贵宝	LAG3	血液或实体肿瘤	临床 1 期
NLG-919	NewLink Genetics	IDO1	实体瘤	临床 1 期
Urelumab (BMS-663513)	百时美施贵宝	4-1BB（又称为 CD137）	血液或实体肿瘤	临床 1 期

注：4-IBB，肿瘤坏死因子受体超家族成员 9；IDO，吲哚胺 2,3- 加双氧酶 1；LAG3，淋巴细胞激活基因 3 蛋白；KIR，杀伤细胞免疫球蛋白样受体；OX40，肿瘤坏死因子受体超家族成员 4。

（2）细胞免疫疗法

2014 年主要在过继性细胞疗法（adoptive cell therapies，ACT）领域获得快速发展。ACT 是一类高度个性化的肿瘤免疫治疗，采用肿瘤患者的免疫细胞来产生直接的抗肿瘤效应，其策略是用来自患者的有抗肿瘤活性的自体 T 细胞（如肿瘤浸润淋巴细胞），或者基因工程抗肿瘤 T 细胞受体（TCR）或嵌合抗原受体（CAR）修饰的 T 细胞。由于 ACT 在肿瘤 / 癌症治疗中存在的巨大潜力，诺华等大型制药公司加强在该领域的投资与部署[291]。

与其他形式的肿瘤免疫治疗相比，过继性细胞疗法（ACT）有多种优势：采用的细胞在活体内外具有增殖活性，并保持其抗肿瘤功能；依赖于有足够数量的抗肿瘤 T 细胞在活体内生长以介导产生肿瘤消退；可以在体外大量扩增（高达 10^{11}）抗肿瘤淋巴细胞。ACT 在人体中成功应用的关键是制备识别出可以选择性地靶向癌症表达的抗原（而不靶向正常组织）的细胞。ACT 疗法已经在多种肿瘤的临床研究中产生抗肿瘤效应，包括黑素瘤、宫颈癌等[292]。2014 年开展的重要的 ACT 治疗肿瘤临床试验见表 3-4。

表 3-4　2014 年开展的 ACT 治疗癌症的重要临床试验

ACT 使用的细胞	癌症	分子靶标	患者数量	目标应答率
肿瘤浸润淋巴细胞（TIL）	宫颈癌		9	33%
	胆管瘤	变异的 ERB2	1	—
体外致敏	白血病	WT-1	11	—
基因工程 CAR	急性淋巴细胞白血病	CD19	30	90%
	淋巴瘤	CD19	15	80%
	急性淋巴细胞白血病	CD19	16	88%
	急性淋巴细胞白血病	CD19	21	67%

自体肿瘤浸润淋巴细胞（TIL）ACT 疗法治疗转移性黑素瘤的基本流程是：①从患者体内提取肿瘤组织样本，将其分成多个片断；②用 6000IU/mL 的白介素 -2（IL-2）培养；③对这些样本进行肿瘤特异性识别分析；④将那些具有抗肿瘤效应的细胞分离出来，培养扩增到 10^{10} 个细胞；⑤用全身放射治疗法清除患者体内的淋巴细胞后，再将培养出的具有抗肿瘤作用的细胞回输到患者体内，治疗肿瘤。到目前为止黑素瘤仍是 ACT 疗法最成功的肿瘤类型之一。在黑素瘤临床试验中，发现临床应答与表型标记 CD27 分子的表达有很强的相关性，而与肿瘤的转移位点没有关联，并发现黑素瘤 TILs 能识别出两个非变异的分化蛋白，即 MART-1 和 gp100。淋巴细

291 Oxford BioMedica announces new process development and manufacturing collaboration which includes LentiVector® licence agreement[EB/OL], http://www.fiercebiotech.com/press-releases/oxford-biomedica-announces-new-process-development-and-manufacturing-collab, 2014-10-10/2015-05-20.

292 Steven A. Rosenberg，Nicholas P. Restifo. Adoptive cell transfer as personalized immunotherapy for human cancer[J]. Science, 2015, 348(6230): 62-68.

胞清除后再输入 TIL，能显著提高应答率。

近年来，ACT 领域主要在靶标发现和技术改进两方面获得重要进展。

1）靶标发现

为使 ACT 扩展到其他常见癌症治疗中，研究人员开展了广泛的研究以找到 TILs 可识别的抗原作为治疗靶标。合适的抗原靶标是那些癌症组织中专有的或者即使存在于正常组织中但这些正常组织不是人类生存必需的重要组织或器官。癌症与正常器官共有的抗原靶标分子的突出代表是 CD19，该分子在 90% 的 B 细胞恶性肿瘤中表达，而且在各种分化阶段的 B 细胞中表达（除血浆细胞外）。抗 CD19 的脱靶毒性导致循环系统和骨髓中的 B 细胞损失，可以通过周期性地注入免疫球蛋白来克服。多项研究表明，靶向 CD19 的 ACT 在治疗滤泡性淋巴瘤、大细胞淋巴瘤、慢性淋巴细胞白血病、急性淋巴细胞白血病等疾病有效，目前正在开展的多项试验都是靶向 CD19（表 3-4）。

在研发的其他 B 细胞抗原还包括 CD22、CD23、ROR-1，以及有些肿瘤组织中表达的有独特轻链的免疫球蛋白。靶向 CD33 或 CD123 的 CAR 已经在急性髓细胞白血病患者中开展临床研究。

尽管 CAR 已经被成功地应用于治疗血液肿瘤，但在实体瘤中目前没有观察到显著的疗效。

癌睾丸抗原是胚胎发育期表达的胞内蛋白家族，但这类蛋白在成年正常组织中表达有限。目前已经发现 100 多种不同的这个家族的分子，很多针对癌睾丸抗原的疗法开发受阻于抗原表达的水平较低。研究发现只有约 10% 的常见肿瘤表达了足够的蛋白以适用作为抗肿瘤 T 细胞的合适靶标。NYESO-1 癌睾丸抗原特异性 *TCR* 基因修饰的 T 淋巴细胞已经有临床应用，并取得了比较满意的临床应答结果。

2）技术改进

主要表现在 T 细胞体外增殖培养技术改进和 CAR 功能优化两方面。T 细胞体外增殖培养技术方面，目前正在探索的方法之一是研发一种新的 T 细胞培养条件，既能促进 T 细胞在体外增殖同时又能限制其分化，例如使用 IL-21 或靶向 AKT 激酶的抑制剂。改进的特异性淋巴细胞制备制剂，以及更好的转导载体的设计（包括加入优化的共刺激分子），有望能提高 ACT 的临床疗效。

CAR 功能优化方面，传统 CAR 的主要结构包括抗体重链、轻链的可变区域与胞内信号传导链如 CD3-zeta 链及编码 CD28 或 CD137 的共刺激域，以完全激活 T 细胞。除了 CD 3-zeta 链，研究人员已经在逆转录结构中探索多种共刺激分子并对其共刺激结构域进行优化，如 CD27、CD28、CD134、CD137 或 ICOS，这将有效提高 CAR 的功能。许多研究旨在优化这些共刺激结构域。将 CAR 引入到淋巴细胞主要使用 γ- 逆转录病毒和慢病毒，目前研究人员还在探索使用转座子 – 转座酶系统和成簇的、CRISPR-cas 技术（CRISPR 即规律间隔的短回文重复序列）。

未来，随着更多肿瘤特异性靶标（如晚期恶性胶质瘤中的 EGFRv Ⅲ 变异）和参与肿瘤发生的细胞内蛋白共享变异（如黑素瘤中的 Braf、胰腺癌中的 Kras 等）作为靶标被进一步验证，ACT 疗法将结合患者遗传分析等先进技术，朝着更加个性化的方向发展，在更多的肿瘤类型中取得成功。

（3）组合疗法

到目前为止，只有少量肿瘤类型中的一部分患者对免疫疗法产生应答，肿瘤免疫治疗领域的主要问题之一是如何扩展和增强免疫应答，使更多样化的恶性肿瘤患者对免疫疗法产生反应。为达到这一目的，需要将多种疗法相组合。杜克大学的研究人员研究表明，利用有破伤风（Td）类毒素预处理疫苗位点，能显著提高淋巴结归巢（lymph node homing）和肿瘤抗原特异性树突细胞的有效性[293]。最近一项将抗 PD-1 和抗 CTLA-4 检查点抑制剂相结合的临床 1 期试验获得积极的结果也指明了肿瘤免疫治疗的发展方向：组合疗法。潜在的组合包括：①每类免疫疗法内部组合，如两种或多种免疫检查点疗法组合、各种治疗性疫苗组合、各种单抗组合及各种 ACT 疗法组合；②各类肿瘤免疫疗法之间组合，如将免疫检查点疗法与疫苗、单抗组合等；③各类肿瘤免疫疗法与传统的放疗、化疗、靶向癌基因或通路的小分子药物之间的组合等。组合疗法可以根据肿瘤类型的不同，组合方式、组合数量都不尽相同。

一些传统的肿瘤免疫疗法与潜在的免疫抑制性信号、免疫刺激性信号为基础的免疫疗法可相互组合，以提高抗肿瘤应答，获得更好、更持久的临床受益[294]。已有研究数据表明，一些组合疗法能克服单一的抗 CTLA-4 和抗 PD-1/PD-L1 疗法的局限性。上文免疫检查点部分的分析可以看出，处于临床阶段的抗 CTLA-4 疗法中有 3 个是组合疗法，占临床与上市产品总量的 60%；处于临床阶段的抗 PD-1/PD-L1

293 Duane A. Mitchell, Kristen A. Batich, Michael D. Gunn, et al. Tetanus toxoid and CCL3 improve dendritic cell vaccines in mice and glioblastoma patients[J]. Nature, 2015, 519(7543): 366-369.

294 Padmanee Sharma, James P. Allison. The future of immune checkpoint therapy[J]. Science, 2015, 348(6230): 56-61.

疗法，8 个是组合疗法，占临床与上市产品的 42.10%。这些在研的组合疗法包括：单抗与单抗组合、单抗与小分子抑制剂组合。另外还有疫苗 + 抗 CTLA-4 疗法（ipilimumab）正在开发中，有望在胰腺癌中获得积极结果。其他能阻断多个免疫抑制通路的组合疗法也正在开发中，如 LAG-3、TIM-3、VISTA 和 BTLA，或者将免疫抑制通路的阻断剂与免疫刺激通路制剂相结合，如 ICOS、OX40、41BB、疫苗、细胞因子和溶瘤病毒[295]。

还有一些新疗法将放疗、化疗、手术等传统的癌症疗法与免疫疗法组合，例如 ACT 中借助全身放疗清除淋巴细胞，治疗性癌症疫苗与放疗、化疗和溶瘤细胞病毒疗法结合等。潜在的组合疗法见表 3-5。这些组合疗法的开发将有效地诱导癌症患者体内的抗肿瘤免疫应答，提高治疗效果。

表 3-5　潜在的组合疗法

传统疗法	免疫抑制性信号	免疫刺激性信号
化疗	CTLA-4	ICOS
放疗	PD-1/PD-L1	OX40
手术	LAG-3	41BB
靶向基因组的疗法	TIM-3	疫苗
抗血管生成制剂	VISTA	细胞因子
激素疗法	BTLA	溶瘤病毒

2. 国内进展

（1）免疫检查点疗法

截止到 2015 年 5 月底，Cortellis 数据库中收录中国在研的抗 CTLA-4 疗法 2 个，分别是中山康方生物医药有限公司的抗 CTLA-4/ 抗 PD-1 双特异人单抗和苏州金盟生物技术有限公司开发的 GM-05，这两个新药目前都处于发现阶段，适应证为癌症或实体瘤。

Cortellis 数据库收录的截止到 2015 年 5 月底中国在研的抗 PD-1 疗法有 6 个，分别是百济神州公司 2 个，四川大学、上海君实生物医药科技有限公司、第四军医大学癌症生物学国家重点实验室和中山康方生物医药有限公司 4 个机构各开发 1 个新

295 Immunotherapy: The path to win the war on cancer?. Cell, 2015, 161(2): 185-186.

药，除百济神州公司开发的治疗非小细胞肺癌药物 mAbs target-6 处于临床 1 期外，其他药物都处于发现阶段。

（2）过继性细胞疗法

我国开展的过继免疫细胞治疗，涉及过继回输体外扩增激活的肿瘤浸润淋巴细胞 / 细胞毒杀伤细胞（TIL/CTL）、细胞因子活化的杀伤细胞（CIK）、树突状细胞（DC）、DC 刺激的 CIK（DC-CIK）等，目前正在多种实体肿瘤中开展临床试验，包括肺癌、肾癌、肝癌、乳腺癌、食管癌、胰腺癌、结直肠癌等[296]。

检索中国临床试验注册中心网站（chictr.org）获得的结果表明，截止到 2015 年 5 月底，我国目前正在开展的过继性 T 细胞疗法临床试验包括：吉化集团公司总医院开展的"T 细胞免疫治疗对晚期肺癌的研究"；北京肿瘤医院开展的"造血干细胞治疗乳腺癌联合去除调节性 T 细胞免疫重建对总生存率的随机研究"，采取的干预措施是自体造血干细胞支持下大剂量化疗联合自体树突状细胞进行免疫重建；福建省肿瘤医院开展的"CIK 细胞疗法联合 TACE（经导管动脉化学栓塞）治疗原发性肝癌"，采取的干预措施是 TACE 术后补充细胞因子诱导的 CIK 疗法。

（3）组合疗法

我国的研究人员也开展了一些组合疗法研发，尤其是将免疫疗法与化疗、放疗和小分子制剂结合，如上面提到的细胞疗法临床试验中，将 T 细胞疗法与 TACE 治疗、干细胞治疗相结合等。另外，我国也开展少量同类免疫疗法组合的研究，如将抗 CTLA-4 与抗 PD-1 抑制剂组合。

（三）前景与展望

随着免疫学与肿瘤免疫学研究的深入，肿瘤微环境和宿主微生物在肿瘤 / 癌症发展及免疫调节中的作用被进一步揭示，利用基因组、外显子组测序等新技术以发现更多新的抗原、开发新的生物标志物，以及监管与审批方面的进一步完善，将极大地推动肿瘤免疫治疗和组合疗法的研发。

基础研究方面，人类免疫系统的异质性和复杂性被进一步阐释。例如，一项含有 37 个参数的人类自然杀伤细胞的大规模分析显示，人体拥有多达 30 000 种不同

---

296 郭亚军：肿瘤免疫治疗领域急需建立国家级临床试验规范及标准 [EB/OL]. http://www.bioon.com/master/dialogue/538848.shtml, 2013-1-2/2015-05-20.

的 NK 细胞表型[297]。另一方面，肿瘤微环境中各种细胞的相互作用被进一步阐述，研究表明可以通过改变 TME 提高肿瘤内效应 T 细胞的含量，从而提高免疫疗法的效果。此外，宿主体内的微生物群能改变细胞何时死亡、何时生长的平衡，通过促炎应答和免疫抑制应答来促进癌症发生[298]，揭示癌症形成过程中宿主 – 微生物群及与环境因素的相互关系。这些相关领域的研究突破，将为高效的肿瘤免疫治疗开发提供重要的理论依据。

利用基因组与外显子组测序技术、定量蛋白组学技术、单细胞技术、计算免疫技术等新技术将发现更多的新抗原和生物标记物。目前，已经有研究人员在开展外显子组测序，发现新抗原并将其形成新抗原库，试图绘制肿瘤抗原全景图并对这些抗原进行验证，这将形成肿瘤免疫治疗的生物标记物，并为选择性地提高抗肿瘤抗原的 T 细胞活性的新疗法开发提供帮助[299]。研究人员还将质谱分析与肽 -MHC 四聚体染色技术组合用于 T 细胞特异性抗原表位图谱的绘制并鉴定出有应用前景的表位[300]。

在药品监管、审批方面，FDA、EMA 等针对重大疾病（包括癌症）的新药制定的"突破性疗法认定（breakthrough therapy designation）""加速审批"等特殊的审批通道进一步完善，将有效促进新的肿瘤免疫治疗方法加速上市。例如，美国 FDA 继优先审评、加速审批、快速通道之后，于 2012 年 7 月推出突破性疗法认定通道，该通道实施 2 年多来，已经有多个肿瘤免疫治疗产品获得突破性认定。2014 年获得突破性疗法认定的 pembrolizumab 仅仅在其进入临床三年后就已上市[301]。另外，相关学会和行业协会也在推进肿瘤免疫治疗。美国肿瘤免疫治疗学会已经一致通过用肿瘤免疫疗法治疗黑素瘤的声明，并从临床终点管理、自体免疫相关毒素性作用管理等方面提出建议[302]。

297 Horowitz A, Strauss-Albee DM, Leipold M, et al. Genetic and environmental determinants of human NK cell diversity revealed by mass cytometry. Science Translational Medicine, 2013, 5(208): 208ra145, doi: 10.1126/scitranslmed.3006702.

298 Wendy S. Garrett. Cancer and the microbiota[J]. Science, 348(6230): 80-86.

299 Ton N. Schumacher, Robert D. Schreiber. Neoantigens in cancer immunotherapy[J]. Science, 2015, 348(6230): 69-74.

300 Evan W Newell, Natalia Sigal, Nitya Nair et al. Combinatorial tetramer staining and mass cytometry analysis facilitate T-cell epitope mapping and characterization. Nature Biotechnology, 2013, 31(7): 623-629.

301 Data on Merck's Pembrolizumab from Largest Study to Date of Investigational Anti-PD-1 Antibody in Advanced Melanoma Highlighted at ASCO 2014, http://m.mercknewsroom.com/news-release/oncology-newsroom/data-mercks-pembrolizumab-largest-study-date-investigational-anti-pd-, 2014-06-02/2015-05-23.

302 Kaufman HL, Kirkwood JM, Hodi FS, et al. The society for immunotherapy of cancer consensus statement on tumour immunotherapy for the treatment of cutaneous melanoma[J]. Nature Reviews Clinical Oncology, 2013, 10(10): 588-598.

第四章 应用研究

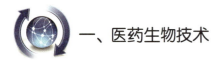 一、医药生物技术

生物技术及其在医药行业的应用以基因工程、细胞工程、酶工程、发酵工程为代表，这些现代生物技术近20年来发展迅猛，并日益影响和改变着人们的生产和生活方式。目前，人类60%以上的生物技术成果集中应用于医药工业，用以开发特色新药或对传统医药进行改良，由此引起了医药工业的重大变革，医药生物技术得以迅猛发展。

（一）新药研发

新药研究开发是一项非常复杂的系统工程。无论从科学的角度还是从商业的角度来看，其都可能是人类社会有史以来最为复杂的系统工程之一。经过多年的发展，国内新药研发的硬件、软件都得到了极大的提高，企业的创新意识有所提高，研发投入有所增加，大型制药企业都建立了具有一定实力的研究所；新药筛选、计算机辅助设计、现代生物技术等新技术不断应用于新药研发——所有这些进展都标志着我国新药研发水平有所提高。近一年来，多个重要治疗领域的新药研发均取得了可喜的成果，为患者获得最新治疗手段提供了可能性，也为患者用药可及性提供了重要保障。

随着抗肿瘤药市场规模的逐步扩大，在巨大市场的吸引下，国内众多制药企业纷纷加强抗肿瘤药物方面的产品，力求进一步缩短与国外企业的差距。2014年12月，我国自主研发的首个血管内皮细胞生长因子受体（VEGFR）抑制剂，也是全球首个批准用于治疗晚期胃癌的小分子靶向产品——甲磺酸阿帕替尼片获得国家食品药品监督管理总局批准上市，该产品的上市为胃癌患者的治疗提供了新的用药选择。同月，我国自主研发的首个组蛋白去乙酰化酶抑制剂西达本胺（爱谱沙®）获

批在中国上市，该产品上市为复发性难治性外周 T 细胞淋巴瘤的治疗提供了新的治疗机会。

疫苗是近 10 年全球快速增长的生物制品，增长率的峰值曾达到了近 50%。在全球病毒感染性疾病此起彼伏的形势下，人们把疾病的预防提升到了一个新的高度，尤其是抗病毒疫苗、抗肿瘤疫苗已成为开发的热点。2014 年 12 月，北京生物技术研究所与天津康希诺生物技术有限公司研发的埃博拉疫苗 Ad5-EBOV 在中国进入临床试验。2015 年 1 月，我国自主研发的全球首个 Sabin 株脊髓灰质炎灭活疫苗（单苗）获批上市，填补了我国在脊髓灰质炎灭活疫苗生产领域的空白。2015 年 5 月，复旦大学和墨尔本大学的研究人员在 *Nature Communications* 杂志上首次提出了一种杀死流感病毒的免疫细胞可以记住病毒株，这一发现有助于实现一次注射终身有效的流感疫苗的开发。同月，中国医学科学院医学生物学研究所的肠道病毒 EV71 型灭活疫苗（人二倍体细胞）进入药品注册生产和 GMP 现场检查，且有望于半年内获批生产，这将成为国内首个手足口病疫苗。

治疗其他疾病的药物研究开发也呈现出喜人的成果。2014 年 9 月，国家食品药品监督管理总局批准了广州医药集团有限公司旗下白云山公司的西地那非片用于治疗阴茎勃起功能障碍（ED）的上市许可，将有效提升国内 ED 患者的用药选择空间。2015 年 1 月，国产替奈普酶制剂，被国家食品药品监督管理总局批准用于急性心肌梗死症状发作 6 小时内，伴持续 ST 段抬高或新近出现左束支传导阻滞的心肌梗死患者的溶栓治疗。2015 年 2 月，由广州铭康生物公司自主研发的溶血栓生物新药"铭复乐"获准上市，可用于急性心肌梗死"一针救命"，该药物的上市标志着我国在急性心肌梗死治疗领域达到了国际先进水平。

近年来，我国新药研发能力有所提高，但与西方发达国家相比总体上还处于较低水平，全国 98% 以上的制药企业以生产仿制药为主。而外国制药企业仅凭借少数的"重磅炸弹"级药物，就占据了我国医药市场的半壁江山。如何提高我国新药的国际竞争力成为各大制药企业亟须考虑的问题。

（二）治疗方法

随着疾病病因和发生机理研究的不断深入，越来越多的药物作用靶点被发现。这在一定程度上为疾病治疗方法的研究与开发奠定了基础。

2014 年 5 月，国家纳米科学中心在肿瘤的光热刺激响应方面取得了新突破，应用纳米材料的独特性质以小鼠为模型成功试验了激光介导的肿瘤靶向治疗。2014 年 6 月，中国科学院上海药物研究所发现麻风树来源的 Curcusone D 是泛素 – 蛋白水解酶复合体通路（ubiquitin-proteasome pathway, UPP）抑制剂，为提高麻风树在抗肿瘤方面的应用，推动不同 UPP 抑制剂的联合用药策略提供了参考。2014 年 7 月，中国科学院上海巴斯德研究所在 *Journal of Virology* 杂志上揭示了重要的流感病毒致病机理，并且提示了病毒 SUMO 化修饰可作为开发广谱抗流感病毒药物的潜在靶点，为抗流感病毒药物的开发提供参考。2014 年 9 月，中国科学院上海生命科学研究院研究人员首次揭示乳腺干细胞的微环境因子 Rspo1 的表达受雌、孕激素调控，建立了乳腺干细胞体外培养和扩增的新方法，为乳腺癌的治疗提供了新思路和新策略。2015 年 1 月，澳门大学研究人员首次将人胚胎干细胞（hESC）来源的间充质干细胞（hES-MSC）用于治疗多发性硬化症，该法可望治疗多发性硬化症和其他自身免疫性疾病。2015 年 4 月，武汉大学研究团队发现了细胞内胆固醇运输新途径和过氧化物酶体新功能，揭示了胆固醇运输异常是导致过氧化物酶体紊乱疾病的病因之一，为治疗该类疾病提供了全新思路。

（三）诊断方法

随着个性化治疗的兴起和医疗模式的转变，诊断市场对分子诊断（IVD）的需求不断增加，分子诊断市场面临前所未有的发展机遇。近年来全球 IVD 领域的诊断市场发展增长速度达到 10%，而中国分子诊断市场每年增速超过 20%，是全球的 2 倍。目前，中国的 IVD 试剂行业已经具备了一定的市场规模和基础，正从产业导入期步入成长期，该市场的发展前景良好。

2014 年 8 月，上海之江生物已成功研制开发出埃博拉病毒核酸测定试剂盒，该检测试剂盒可对埃博拉病毒特异性基因片段进行荧光 PCR 检测，能够用于可疑感染患者的病原学快速鉴别诊断。目前，试剂已销往尼日利亚、几内亚、喀麦隆、肯尼亚、美国、印度等国家，取得良好效果。2015 年 2 月，博奥生物集团研制生产的 BioelectronSeq 4000 基因测序仪和胎儿染色体非整倍体（T21、T18、T13）检测试剂盒（半导体测序法）获准上市，为我国基因检测技术进入世界先进行列做出了重要贡献。2015 年 4 月，华大基因在全球发布一款强大且具高安全性的基因组数据分析云计算平台服务产品 BGI Online。BGI Online 为新一代测序项目的管理提供一站式解决方案，让用户可以轻松创建和运行复杂的数据分析流程。

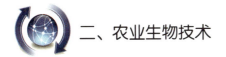

生物技术是应用自然科学及工程学的原理，依靠微生物、动物、植物体作为反应器，将物料进行加工以提供产品来为社会服务的技术。这一技术在农业领域的应用统称为农业生物技术。随着世界人口的不断增长和经济全球化发展，世界各国陆续出现人口激增、耕地锐减、环境恶化等诸多问题，农业的基础和支撑保障作用显得越为迫切，农业生物技术发挥的作用也尤为重要。

近年来，我国农业生物技术产业也得到了很好的发展，尤其是"863"计划的实施，我国农业生物技术在很多方面都领先于世界农业生物技术，农业产业化的程度也在不断提高，现阶段已经形成了比较独立的产业体系。其中，农业生物技术的重要研究领域是基因工程，而我国是全世界第二个拥有自主独立研制抗虫棉技术的国家，我国的转基因水稻技术也是世界先进的技术水平。在细胞工程方面，已经利用花药染色体工程等新型的育种技术培养出多种新农产品，将细胞工程技术和常规育种技术进行结合也产生了抗病毒强的小麦品种，我国的杂交水稻技术在国际农业生物技术中处于领先地位，为解决世界粮食问题做出了非常重要的贡献。在生物肥料方面，我国微生物肥料产业已初具规模，但相对于农业可持续发展的要求，还有待进一步加大研发与推广的力度。

（一）育种

在生物农业技术的发展与国家政策的大力推动下，近一年来，我国在水稻、小麦、玉米及大豆等育种领域取得了喜人的成就。

2015 年 3 月，国内首个籼型杂交旱直播稻在安徽合肥问世。该品种较好地协调了"优质、抗病、高产、抗旱"四者的关系，具有高产、优质、抗病、节水、省工省时、环保综合优势，是目前国内首个籼型两系绿色节水杂交旱直播稻品种。2014 年 5 月中国农业科学院作物科学研究所研究人员在 *The Plant Cell* 杂志上首次报道了小麦多倍化过程中杂种优势形成机理，为进一步克隆鉴定小麦的优异基因提供了新的策略。2014 年 6 月，上海大学和主要粮食作物生物学协调创新中心在 *The Plant Cell* 杂志上揭示了 *Proline responding1* 基因在调控玉米普通蛋白合成和细胞周期中所起的关键作用。2014 年 10 月，中国农业科学院以组学手段高通量鉴定并获得了多个新颖的玉米胚特异性启动子，为多基因转化奠定了重要的理论和双向启动子资源，为我国农业生物技术研究提供了可贵的自主知识产权的启动子资源。2014 年 7 月，来自香港中文大学、深圳华大基因研究院等单位的科研人员联合完成了野生大豆 W05 的全基因组测序工作，并通过对野生大豆重要农业性状关联基因进行研究，进而发现了新的耐盐基因——*GmCHX1*。该研究成果为揭示野生大豆的遗传信息，加速大豆种质资源改良，推动农业育种进程奠定了重要的遗传学基础。

（二）生物肥料

微生物肥是一种以微生物生命活动及其产物导致农作物得到特定肥料效应的微生物活体制品，它在培肥地力、提高化肥利用率、抑制农作物对重金属及农药等有害物质的吸收、净化和修复土壤、促进农作物秸秆和城市垃圾的腐熟利用、提高农产品品质等方面有着不可替代的作用。近年来，在我国政府倡导和扶持下，专家们将生物肥料作为促进生态农业发展的重要技术之一向全国各地推广，取得了可喜的成果。

2014 年 11 月，由威海市世代海洋生物科技有限公司与中国农业科学院土壤肥料研究中心历时 3 年科研攻关研制的"海神丰"海藻生物肥产品上市销售，目前已成功打入日本及美国市场。"海神丰"海藻生物肥以鲜海藻为原料，采用完全生物酶解技术提取营养成分，以"抑菌"法进行生物保鲜，避免了化学法生产、储存造成的活性物质损伤、二次污染等问题。2015 年 1 月，南京工业大学徐虹教授项目组"功能性高分子聚氨基酸生物制备关键技术与产业化应用"项目，赢得 2014 年度国家技术发明二等奖。该方法有效地将氮肥利用率平均提高 7%～12%，为土地资源高效利用做出了重要贡献。同月，中国科学院遗传与发育生物学研究所研究揭示了豆科植物根瘤发育及共生固氮的表观遗传学调控机制，也为解析豆科植物根系结瘤途径与根瘤自调控信号途径互作维持最适根瘤数量和固氮效率的遗传机理提供了证据。

三、生物医学工程

医疗器械产业是高新技术产业，具有高度的创新型、集成性，其发展代表着一个国家高新技术的综合实力，对多个领域的技术发展有着较强的牵引和推动作用。目前，医疗器械产业已经成为全球性的技术和经济生长点，成为一些国家和地区的支柱产业。我国的生物医学工程技术是跟踪发达国家而发展起来的，尤其是近 10 年来，中国医疗器械产业产值平均每年以 20% 以上的速度增长，市场需求不断增加，容量也快速扩大，在高端产品的关键零部件技术领域也取得了较大的突破。《中国制造 2025》将高性能医疗器械作为十大重点发展领域之一。

在医学检测领域，2014 年 6 月，国家食品药品监督管理总局批准了达安基因的第二代基因测序诊断产品上市，该批产品可通过对孕周 12 周以上的高危孕妇外周血血浆中的游离基因片段进行基因测序，对胎儿染色体非整倍体疾病 21-三体综合征、18- 三体综合征和 13- 三体综合征进行无创产前检查和辅助诊断。2015 年 4 月，国家食品药品监督管理总局批准博奥生物集团有限公司的恒温扩增微流控芯片核酸分析仪医疗器械注册。该产品在临床上仅限于与国家食品药品监督管理总局批准的体外诊断试剂配合使用，对人体生物样本中的核酸（DNA）进行检测。

在生物材料领域，2015 年 4 月，国家食品药品监督管理总局经审查，批准深圳艾尼尔角膜工程有限公司的脱细胞角膜基质医疗器械注册。该产品取材于猪眼角膜，经病毒灭活与脱细胞等工艺制备而成，在临床上适用于用药无效的尚未穿孔角膜溃疡的治疗，以及角膜穿孔的临时性覆盖。

在医学影像设备领域，2015 年 5 月，国家食品药品监督管理总局经审查，批准上海联影医疗科技有限公司 uMR 770 磁共振成像系统医疗器械注册。这是我国首次批准注册的国产 3.0T 磁共振成像系统。

在疾病治疗设备领域，2014 年 5 月，由国家级高新技术企业哈尔滨奥博医疗器械有限公司孙作东团队历时八年研制的"奥博阿尔茨海默治疗仪"，在哈尔滨通过了黑龙江省科技厅组织的专家鉴定。经查新检索，运用经颅磁电治疗阿尔茨海默病填补国内外空白。2015 年 2 月，国家心血管病中心阜外医院心律失常中心完成了国内首例无导线起搏器植入，开启了无导线起搏器治疗缓慢性心律失常的新时代。同时，也迈出了中国参与国际心律失常器械治疗上市前多中心临床研究的第一步。2015 年 3 月，国家食品药品监督管理总局经审查，批准德国西门子（Siemens AG）的粒子治疗设备上市。这是国家食品药品监督管理总局首次批准注册的质子碳离子治疗设备。该产品适用于治疗全身实体恶性肿瘤及某些良性疾病。

2015年是"十二五"收官之年，我国医疗器械企业产业将面临整体较好的发展形势：市场需求增长、医保投入增加等有利因素仍然持续；《中国制造2025》的制定出台为工业发展指明方向；医疗器械审评审批制度将实施改革，新法规继续推进，产品注册慢的问题有望缓解；各项监管加强，违法违规惩治力度加大，为行业发展营造了良好环境。健康服务业快速发展，互联网和医疗器械产品、医疗服务紧密结合，精准医疗、远程医疗等新型产品和医学技术发展迅速，也将为医疗器械市场增添活力。

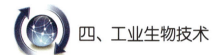

四、工业生物技术

工业生物技术是生命科学与生物技术新的发展阶段，其核心是以生物体活细胞或酶进行物质的合成生产，具有原料可再生、过程清洁等可持续发展的典型特征。生物技术介入工业领域，可把工业污染的末端治理转变为源头控制，将改变能源、化工、轻纺、医药等领域的工业格局，开创一个财富绿色增长新纪元。我国具有发展工业生物技术的迫切需求与良好的工业基础，以工业生物技术为核心的生物制造产业被列入我国优先发展的战略性新兴产业，加快转变发展方式、培育与环境协调的新经济增长点成为我国当前历史时期最重要的战略任务。

近一年来，我国在利用生物技术特别是微生物技术开发洁净新能源方面的研究上取得了一系列成果。2014年5月，中国科学院成都生物研究所研究人员发明一种浮萍发酵生产燃料乙醇的方法，通过对浮萍进行简单预处理后快速发酵生成乙醇，相对于预处理前大幅度提高了乙醇浓度和发酵效率。2014年6月，中国科学院青岛生物能源与过程研究所生物传感技术团队研究人员在基于细菌表面展示酶的生物燃料电池方面取得系列研究进展，开发出具有较高能量输出和稳定性的新型电池，有望作为植入式在体电源和便携式电源得到广泛应用。2014年12月，中国科学院广州能源研究所以秸秆等木质纤维素类生物质及木薯等非粮生物质为原料，研发出了生物质高效水热解聚－水相化学催化合成生物航空燃油新技术，并设计建成了国际上首个生物质水相催化合成生物航空燃油中试装置，生产的生物航空燃油达到了国际生物航空燃油ASTM7566标准，具备了应用于航空飞行的质量可行性，可满足我国民航业对航空燃油的需求。

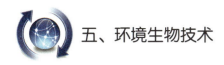 五、环境生物技术

作为一门利用微生物介质来为人类提供相关服务的技术，环境生物技术的核心是以各种微生物活动规律为依据进而寻求解决一系列环境问题的新方法。随着世界经济的不断发展，对环境污染治理的需求也不断增加，环境生物技术的成果已逐渐进入产业化与商品化。各国不断加大对生物技术在环境领域应用的研发投入，目前已成功开发了诸多环境生物技术及产品，并广泛应用于各项环境污染治理问题之中。环境生物技术具有非常广阔的市场前景，在未来的社会发展中将发挥出越来越重要的作用。

2014年9月，中国科学院宁波材料技术与工程研究所研究团队与相关单位合作，在重金属及小分子污染物的快速检测、吸附处理等方面取得了阶段性进展。该团队研究发现，通过抗刻蚀机理，利用纳米银三角片通过比色与紫外可见光谱实现了对小分子半胱氨酸的快速定性与定量检测，最低检测限可达到10nM，并实现了对实际水样的有效检测，该研究结果发表在 *Nanoscale* 杂志上。2014年12月，中国科学院成都分院公布了一项生物除臭方面的新成果，利用乳酸杆菌菌株进行生物除臭，此举将有效缓解中国目前城镇公厕与景区公厕数量不断增多所带来的环境污染问题。2014年12月，哈尔滨工业大学课题组在微生物燃料电池深度脱盐和去除重金属方面的研究取得了重要进展。该技术成果可望实现特殊环境下的海水淡化。该课题组还建立了四室微生物脱盐燃料电池，同步实现了产电、脱盐与重金属回收。这种新型四室微生物脱盐燃料电池不仅能满足传统类型的产电和脱盐效能，还能将废水中的铜离子还原为铜单质进行回收利用。

第五章　生物产业

我国生物产业经过多年快速发展，具备较好的技术积累和产业基础，拥有广阔的市场前景，是我国抢占未来竞争制高点的重要突破口。在产业需求方面，不仅要保障全球五分之一人口的粮食安全，还要为超过2亿的老年人口提供健康医疗服务，面对的无疑是全球最大的生物农业和生物医药市场。在产业环境方面，国务院先后发布实施战略性新兴产业发展规划、生物产业发展规划，各级政府陆续出台实施了一系列财税、价格、金融等优惠政策，为促进生物产业发展营造了良好环境。社会资本对生物产业投资信心持续升温，创投公司、私募基金等各类金融资本争相投向生物产业，为生物产业加速发展提供支持。

"十二五"以来，我国生物产业一直保持着年均20%左右的增速，2014年产业规模达到3.16万亿元[303]，一批行业龙头企业迅速扩大规模，开始在部分领域与国际大型跨国企业开展同台竞争。在产业技术方面，关键领域已经取得了一系列重大突破。重大疾病基因检测技术与发达国家保持同步，成为全球少数开展市场化临床基因测序服务的国家之一。我国拥有抗病虫、抗除草剂、优质抗逆等一批功能基因及核心技术的自主知识产权，抗虫水稻、玉米以及高产优质棉花、高品质奶牛等一批创新性成果达到国际领先水平。

 一、生物医药

2014年医药工业保持了较快的经济增长速度，在各工业大类中位居前列。主营业务收入、利润总额增速较上年放缓，但仍显著高于工业整体水平。随着发展环境

---

303 数据来源：新华网. 我国生物产业产值2014年达3.16万亿元. http://news.xinhuanet.com/fortune/2015-07/24/c_1116032258.htm。

变化，医药工业发展正在步入中高速增长的新常态。

（一）医药产业保持较快的增长速度，但增速放缓

1. 工业总产值持续增长

从 2013 年下半年开始，医药工业总产值的增速持续放缓，至 2014 年以后，医药工业总产值增速一直徘徊在 15%～17%。2014 年医药工业总产值达到 25 798 亿元，同比增长 15.7%（图 5-1）。

图 5-1　2007～2014 年全国医药工业总产值与增幅

数据来源：①南方医药研究所，2014，《2014 年中国医药市场发展蓝皮书》；② 2015 年中国医药产业链健康财富论坛。

2. 主营业务收入增长放缓

2014 年医药工业规模以上企业实现主营业务收入 24 553.16 亿元，同比增长 13.05%，高于全国工业整体增速 6.05 个百分点，但较上年降低 4.85 个百分点，自 2013 年增速低于 20% 后，进一步出现较大幅度下滑。各子行业中，中药饮片、卫生材料及医药用品、医疗仪器设备及器械、生物药品、中成药的增速高于行业平均水平，其他 3 个子行业的增速低于行业平均水平（表 5-1）。

表 5-1　2014 年医药工业主营业务收入完成情况

行　　业	主营业务收入（亿元）	同比（%）	比重（%）	2013 年增速（%）
化学药品原料药制造	4 240.35	11.35	17.27	13.7
化学药品制剂制造	6 303.71	12.03	25.67	15.8
中药饮片加工	1 495.63	15.72	6.09	26.9
中成药制造	5 806.46	13.14	23.65	21.1

续表

行 业	主营业务收入（亿元）	同比（%）	比重（%）	2013年增速（%）
生物药品制造	2 749.77	13.95	11.20	17.5
卫生材料及医药用品制造	1 662.32	15.48	6.77	21.8
制药机械制造	158.86	11.02	0.65	22.3
医疗仪器设备及器械制造	2 136.07	14.63	8.70	17.2
医药工业	24 553.16	13.05	100	17.9

数据来源：中华人民共和国工业和信息化部，2015，《2014年医药产业经济运行分析》。

3. 医药出口略有回升

2014年医药工业规模以上企业实现出口交货值1740.81亿元，同比增长6.63%，增速较上年提升0.83个百分点，增长速度仍然较低，但有所回升。根据海关进出口数据，2014年医药产品出口额为549.6亿美元，同比增长7.38%，增速较上年提高0.54个百分点。主要的两大类出口产品中，化学原料药出口额为258.6亿美元，同比增长9.57%，增速较上年提高6.93个百分点；医疗器械出口额为200.2亿美元，同比增长3.56%，增速较上年下降6.36个百分点。

4. 重点区域领衔发展

2014年主营业务收入居前3位的地区是山东、江苏、河南，合计占到全行业主营业务收入的36.58%，集中度略高于上年。利润总额居前3位的地区是山东、江苏、广东，合计占到全行业利润的37.64%。出口交货值居前3位的地区是江苏、浙江、山东，合计占到全行业的50.38%。按照区域划分，中西部地区的医药工业主营业务收入增速快于东部地区2.9个百分点。

（二）医药创新成果突出，多个重要治疗领域的药品上市

国家有关部门继续通过重大新药创制、战略性新兴产业专项等方式支持医药企业创新发展，企业研发投入加大，创新积极性增强。2014年国内新药申报数量较上年大幅增加，其中1.1类化药共有64个品种申报临床或生产，较上年增加11个；3.1类化药注册申请（按受理号）达到1600多个，较上年增长约60%；中药新药和生物制品申报数量略有下降。2014年CDE完成审评并建议批准临床研究的注册申请

有 880 件，完成审评并建议批准上市的注册申请有 501 件，上市品种中新药所占比重近 30%（表 5-2）。

表 5-2　2014 年完成审评建议批准上市药品

注册分类	新药	改剂型	仿制药	进口药	合计
化学药品	128	26	256	68	478
中药	11	0	0	0	11
生物制品			10	2	12
合计		501			

数据来源：中华人民共和国工业和信息化部，2015，《2014 年医药产业经济运行分析》。

一批创新性强的新药获批临床或上市。有 29 个 1.1 类化药获批临床，3 个 1.1 类化药获批上市，其中获批上市的抗肿瘤新药阿帕替尼和西达本胺具有很强的创新性和较高的临床价值。在生物制品方面，2014 年完成审评生物制品 "Sabin 株脊髓灰质炎灭活疫苗" 是我国自主研发品种，较现有的减毒活疫苗有更高的安全性。

（三）我国生物类似单抗药物进入井喷前夜，成本优势渐成核心

随着美国等国家单抗技术日趋成熟，单抗的生产开发工艺已商业化和标准化，陆续涌现出专业生物药开发技术公司，包括 CRO、CMO 和设备提供商等，可提供生物药从上游细胞培养到下游蛋白纯化的完整解决方案。在我国，随着海外留学人员的先后归国，这一趋势从 2012 年开始变得格外明显。自 2012 年以来，我国企业申报单抗药物临床项目数快速上升，由不足 10 个上升到今年的上百个；申报企业数由不足 10 家上升到目前的 60 余家；标志抗体研发水平的抗体表达量由不到 10mg/L 上升到如今的 1g/L。技术进步使得单抗药物供给量有望大幅上升，同时成本可明显下降。此前我国单抗市场发展 10 余年，但规模并未明显增长，主要原因就是好产品的价格过高。随着国内企业的进入和成本的降低，我国单抗药将迎井喷式发展。预计到 2018 年左右，第一梯队国产单抗药将陆续上市，单抗药物售价有望出现不同程度下降，部分品种有望获得更高的医保支付比，共同推动单抗普惠大众。预计到 2020 年，我国单抗市场规模将达 300 亿元左右，内资企业复合增速将达 58%（图 5-2）。

国内单抗申报以生物类似单抗药物为主，集中于重磅品种。由于单抗药物的研发和临床费用较高，创新药成药难度较大，因而目前我国内资药企主要采取仿制的开发策略，针对靶点明确、成功率较高的产品进行等效药开发。以目前申报临床的

图 5-2　我国生物类似单抗药进入井喷前夜

数据来源：银河证券. 沃森生物 – 深度研究：最强生物药平台，期待价值重估. 20150612。

数据来看，重磅品种有集中申报的情况，前八大品种占整体申报量的 65%，阿达木、曲妥珠、贝伐珠、利妥昔的申报项目数达 10 个以上（表 5-3）。

表 5-3　国内重磅单抗申报情况

单抗类型	阿达木	英夫利昔	依那西普	利妥昔	贝伐珠	曲妥珠	西妥昔
2014 年销售额（亿美元）	125	92	85	71	67	65	
靶点	TNF	TNF	TNF	CD20	VEGF	HER2	EGFR
类型	全人源	嵌合	抗体融合蛋白	嵌合	人源	人源	嵌合
已上市	—	—	中信国健 赛金生物 浙江海正	—	—	—	—
申生产	—	百迈博	山东新时代	中信国健	—	中信国健	
临床有批件	丽珠集团 沈阳三生	嘉和生物	齐鲁制药 双鹭药业 苏州金盟 复旦张江	神州细胞 浙江海正 复宏汉霖 苏州信达	成都康弘 江苏先声 江苏泰康	齐鲁制药 嘉和生物 神州细胞 哈药集团	张江生物
临床申报审评	广州百奥泰 嘉和生物 江苏合众 齐鲁制药 复宏汉霖 苏州信达 华兰生物 武汉生物所	浙江海正 江苏先声	—	山东新时代 丽珠集团 万乐药业 成都金凯 华兰生物 上海医药	齐鲁制药 复宏汉霖 苏州信达 华兰生物 恒瑞医药 北京天广实 正大天晴 苏州思坦维 广州百奥泰 博安生物	复宏汉霖 万乐药业 浙江海正 北京天广实 华兰生物 安徽安科 正大天晴	齐鲁制药 复宏汉霖 哈药集团 深圳龙瑞 安普泽

资料来源：药品审评中心（数据截至 2015 年 5 月 11 日）。

 二、生物医学工程

（一）医疗器械产业稳定持续增长

1. 医疗器械市场销售规模持续增长

过去 13 年来，中国医疗器械市场销售规模由 2001 年的 179 亿元增长到 2013 年的 2120 亿元，剔除物价因素影响，13 年间增长了 11.84 倍。据中国医药物资协会医疗器械分会抽样调查统计，2014 全年全国医疗器械销售规模约 2556 亿元，比上年度的 2120 亿元增长了 436 亿元，增长率为 20.06%。根据统计局的数据：2014 年我国医疗器械行业出口总额为 549 亿元，占整个国内器械企业销售的比例为 26%，然而我国医疗器械行业仍以内销为主（图 5-3、图 5-4）。

图 5-3　2007～2014 年全国医疗器械市场销售规模与增幅

数据来源：中国医药物资协会，2015，《2014 中国医疗器械行业发展蓝皮书》。

2. 电商成为医疗器械销售的新渠道

在 2014 年我国医疗器械约为 2556 亿元的销售规模中，医院市场约为 1944 亿元，占 76.09%；零售市场约为 612 亿元，占 23.91%。在零售市场中，零售销售渠道分散的情况出现了很大的转变。传统零售业销售额约为 454 亿元，占 74.18%；电商渠道销售约为 158 亿元，占 25.82%，成为医疗器械销售的新渠道。2014 年医疗器械电子商务快速发展，互联网药品经营牌照的数量翻了一番。就血糖监测市场来看，

图 5-4　1999～2014 年我国医疗器械国内销售及出口占比分析

数据来源：兴业证券. 医疗器械篇：新三板投资手册. 20150217。

2014 年出现了首个血糖监测产品单品类销售额过亿的企业"康复之家"。打破了医疗器械零售终端区域性强、销售过于分散的特点，实现国内首家医疗器械零售商全国性的渠道布局（图 5-5）。

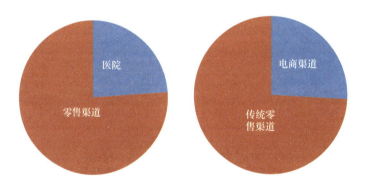

图 5-5　2014 年中国医疗器械销售渠道统计（左）和零售渠道统计（右）

数据来源：中国医药物资协会，2015，《2014 中国医疗器械行业发展蓝皮书》。

（二）体外诊断市场发展空间巨大

1. 我国体外诊断市场发展空间巨大

体外诊断（IVD）产品是指在人体之外，通过对人体的样品（血液、体液、组织等）进行检测而获取临床诊断信息的各类试剂、材料、工具、装置、设备或系统。目前临床诊断信息的 80% 左右来自体外诊断，但其费用占总体医疗费用的比例不到 20%。体外诊断已经成为人类预防、诊断、治疗疾病日益重要的组成部分。

2013 年全球体外诊断市场规模达 474 亿美元[304]，占全球医疗器械行业 13% 的市场份额。预计到 2020 年，全球 IVD 市场将达 716 亿美元，年复合增长率为 6.1%。我国已成为全球最大的体外诊断新兴市场，2013 年市场规模约 200 亿人民币[305]，预计到 2018 年我国体外诊断行业规模将在 384 亿元左右，年复合增长率为 17%。我国体外诊断产品的人均年使用量仅为 1.5 美元[306]，而发达国家人均年使用量为 25～30 美元，我国体外诊断产业具有巨大发展潜力。

随着临床对体外诊断的应用从简单的疾病诊断、健康评估不断拓展到早期诊断、个体化治疗、健康检测等方面，体外诊断产品逐渐向系统化、自动化、整体化、智能化、微量化发展。超高灵敏度检测方法、无创检测技术等前沿技术的快速发展，推动该领域产品总体呈现两个主要发展趋势。一是高效率、高度集成的自动化、一体化诊断系统。体外诊断正在从单种检测方法、单机检测自动化逐步过渡到多种检测设备的自动化组合，以及能进行自动样本前处理的自动检测流水线，从而能够兼顾急诊和批量检测的需求且能够实现一个标本的多项检测任务。二是简单、快速的床边检测、家庭检测和即时检测。快速检测（point-of-care testing，POCT）的应用正在从医院急诊、疫情防控、口岸检疫等专业技术人员应用领域过渡到家用领域，包括家用诊断产品、移动智能监控检测产品等，随着互联网的发展以及苹果、谷歌等 IT 巨头的进入，POCT 领域将成为体外诊断市场的主要增长点。

2. POCT 是体外诊断未来发展趋势

POCT 属于体外诊断的子行业，应用极为广泛。从检测项目来分，主要集中在血糖检测、血气和电解质分析、快速血凝检测、心脏标志物快速诊断和药物滥用筛检等 13 大项目；从应用领域分，主要集中在医院检验科、非检验科、基层医疗机构、个人家庭自检与健康管理、疫情控制、食品安全监督、军事医学与灾难救援等 8 大领域（表 5-4）。

304 数据来源：EvaluateMedTech 报告。

305 数据来源：前瞻产业研究院发布《2014—2018 年中国体外诊断行业市场前瞻与投资战略规划分析报告》。

306 数据来源：McEvoy&Farmer 市场报告。

表 5-4　POCT 主要应用的 8 大领域

序号	应用领域	应用举例
1	医院检验科	肝炎（甲、乙、戊）检测、流感检测、反应蛋白（CRP）检测等
2	医院非检验科	CRP 检测、心梗心衰检测、血糖检测等
3	基层医疗（乡镇卫生院和社区门诊）	尿液分析、干式生化检测、肝炎检测等
4	个人家庭自检与健康管理	排卵、妊娠、血压、血糖的检测等；甘油三酯和胆固醇等血脂项目的检测
5	疫情控制	非典型肺炎、甲型 H1N1 流感等重大疫情的检测与控制等
6	军事医学与灾难救援	CRP 检测、血气和电解质分析、快速凝血检测、疟疾检测等
7	现场监督执法	公安禁毒检测、交警饮酒驾驶检测等
8	食品安全监管	瘦肉精、三聚氰胺等的检测

与在临床实验室进行的体外诊断相比，POCT 具有三大特色：一是检测时间短；二是检测空间不受限制；三是检测的操作简单。一方面，POCT 的简便性和快速性很好地满足了"在最短的时间内得到准确检验结果"的临床要求；另一方面，由于传统检验手段往往导致医疗费用较高，检验医学和卫生经济学的发展催生了对快速、准确的新型检测手段的内在需求。内外因素共同驱动了 POCT 的快速发展。未来，POCT 产品将会像手机、电脑等数码产品一样悄然渗透到人们生活的每一个角落，小型化、傻瓜式的自动检测系统将随处可见、随时可用，有望成为第一现场检测、第一时间检测、家庭健康管理的必需品（表 5-5）。

表 5-5　POCT 与临床实验室的对比

项目	临床实验室	POCT
周转时间	慢	快
标本处理	通常需要	不需要
血标本	血清、血浆	全血
校正	频繁而且烦琐	不频繁并且简单
试剂	需要配制	随时可用
消耗品	相对少	相对多
检测仪	复杂	简单
对操作者的要求	专业人员	非专业人员亦可
实验结果质量	高	接近实验室结果

3. POCT 行业发展迅猛、中国市场潜力巨大

POCT 因其检测时间短、校正不频繁且简单、非专业人员可操作及实验结果质量高等特性，被广泛应用在医院 ICU、手术、急诊、诊所以及患者家中，是近年来 IVD 行业发展最快的细分领域之一。从全球的数据来看，2014 年 POCT 增速 7.5%，高于 IVD 行业 6.5% 的增速，并将保持 8% 的复合增长率，到 2018 年预计市场规模将达到 250 亿美元。

POCT 的消费依赖于地区发达程度、人口基数、年龄结构以及医疗卫生条件等，在不同国家地区间呈现出较大的差异。从全球 POCT 市场的地域分布就可以看出，美国、欧盟 2013 年的市场规模分别为 75 亿美元和 48.7 亿美元，分别占比 47% 和 30%，为全球第一和第二大 POCT 消费区域。而以中国、印度、巴西为代表的发展中国家目前占全球市场的比例仍然较小，但是增速高于发达地区，市场潜力大，中国 2014 年的增长率达 22.92%。随着医改的推进和在基层卫生建设中政府对 POCT 产品技术的投入，预计 POCT 行业未来 3 年也将保持大于 20% 的年增长率，2018 年有望达到约 100 亿人民币的市场规模（图 5-6）。

图 5-6 2013～2018 年中国 POCT 市场规模

数据来源：万孚生物公司招股说明书，*Global Point-of-Care Diagnostic Market Outlook 2018*。

（三）生物医用材料产业市场前景广阔

1. 全球生物医用材料市场快速发展，我国市场潜力巨大

生物医用材料（biomedical materials）是指以医疗为目的，用于诊断、治疗、修

复或替换人体病损组织器官或增进其功能的材料。

生物医用材料涉及材料科学、生物学和医学等多学科交叉领域，随着各学科的突破进展，以及临床需求的增加，全球生物医用材料市场发展迅速。随着我国人口老龄化程度加剧，身体创伤日益增加，人们对医疗需求快速增长，这极大推动了中国生物医用材料产业的高速发展。据赛迪顾问数据，2013 年中国生物医用材料市场已近 200 亿美元，保守估计到 2020 年市场销售额将达到 1200 亿美元，将成为全球第二大生物医用材料市场，占全球 22% 市场份额（图 5-7）。

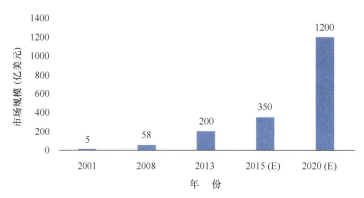

图 5-7　中国生物医用材料市场规模

数据来源：缪卫东，朱明，王兴权．我国生物医用材料产业资本市场分析．新材料产业．2015,（3）: 1-5。

2. 我国生物医用材料研发取得重要进展

近年来，全球的研究与应用热点主要集中于提高组织相容性、可降解化、生物功能化和智能化、纳米控释技术、治疗特性等研究。2014 年，我国在新型血管支架、骨修复材料研制等方面取得了可喜的进展。

新型血管支架产品方面，深圳北科航飞公司开发的聚乳酸基血管支架临床试验数据优于美国雅培公司已经获得 CE 认证的 ABSORB 支架；北京美中双和公司研发的三氧化二砷缓释冠脉支架获得 CE 认证受理，目前已在全国 30 余家临床医院开展使用，价格优势明显，市场占有率增长快，打破了进口支架产品长期占据国内市场的局面。

骨修复材料方面，福建博特公司已制定出"医用胶原 – 羟基磷灰石人工骨"产品标准，进入临床试用阶段，研发的多孔钽棒正在 3 家医院进行临床试验，并且完成了生物陶瓷类新型骨修复材料 GMP 生产线的建设；四川大学研发的磷酸钙陶瓷骨诱导人工骨具有优良的生物相容性和骨诱导性，抗压强度和弹性模量等力学性能得到大幅提高。

 三、生物农业

（一）生物育种

1. 我国种业市场规模全球第二

市场化改革以来我国种业市场迅速扩大，已成为全球第二大种业市场。我国是世界最大的农业生产国，也是最大的种子需求国之一，每年种子总用量在125亿公斤左右，其中商品化种子约50亿公斤。截止到2013年，我国种子市场销售额约580亿元，约占世界种子市场总规模的20%，是世界第二大种子市场（图5-8）。

图5-8 中国是世界第二大种子市场

数据来源：华泰证券. 农业未来技术研究之一，转基因育种：转基因，大未来. 20150324。

（1）国内良种的商品化率仍然偏低

我国种子市场主要由玉米、水稻、蔬菜种子市场组成。我国市场玉米种子、水稻种子商品化程度高，商品化率分别为98.3%、64.3%。两类种子播种面积大、产销量大，吸引了众多种子企业参与，合计市场占比达62%；小麦种子，由于农民仍有自留种的习惯，目前商品化率只有24.6%，整体市场规模较小；棉花、蔬菜、油菜种子虽然商品率高，但是因为国内播种面积小、产销量少，难以形成有效规模；瓜果、花卉种子等，因为品种差异大，每个品种又有大量细分，难以形成规模化的生产，因此商品化程度低，市场参与主体少（图5-9、图5-10）。

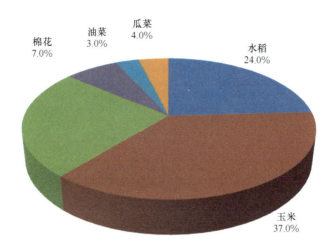

图 5-9　我国种子市场构成

数据来源：华泰证券. 农业未来技术研究之一，转基因育种：转基因，大未来. 20150324。

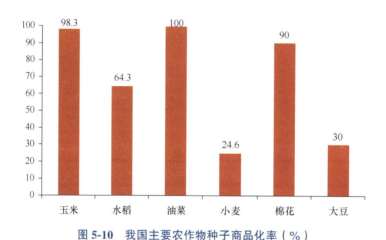

图 5-10　我国主要农作物种子商品化率（%）

数据来源：华泰证券. 农业未来技术研究之一，转基因育种：转基因，大未来. 20150324。

（2）种子企业"多、小、散"

从中国种业 50 强企业的经营额来看呈现递增趋势，其从 2000 年的 30 亿元左右，增长到 2013 年接近 200 亿元。我国种业 CR10 也呈现稳定的上扬趋势，目前已突破 20%。但这些与美国同期比较依然相差甚远。《中华人民共和国种子法》颁布以来，我国种子企业数量呈现爆炸式增长，目前有 6000 多家，且大多数是资本不足500 万的加工型企业，它们没有品种权，只是"代繁"或者"经销"公司，不具备市场竞争力（图 5-11、图 5-12）。

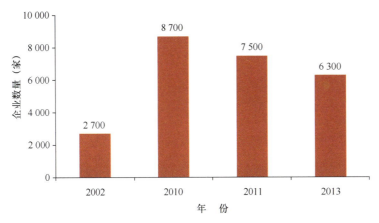

图 5-11　我国种子企业数量巨大

数据来源：华泰证券. 农业未来技术研究之一，转基因育种：转基因，大未来. 20150324。

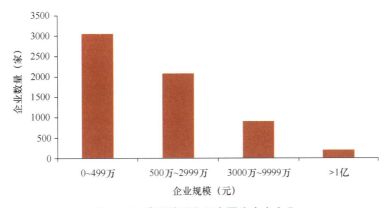

图 5-12　我国种子公司主要为中小企业

数据来源：华泰证券. 农业未来技术研究之一，转基因育种：转基因，大未来. 20150324。

（3）企业研发投入力度不够

我国的育种研发主要由国家出资、科研单位育种，种子公司只负责销售。目前我国大部分种子公司都是购买"品种经营权"的经营模式，不具备自主研发的能力；少数龙头公司虽开展自主研发，但研发投入销售占比都在5%以下，远低于10%国际先进水平。而且具有研发能力的公司，也由于种质资源、育种方法、育种人才等各方面的限制，育种水平不高、周期长、效率低（图5-13、图5-14）。

2. 转基因育种商业化缓慢推进

转基因技术的兴起和发展是在1972年，1996年转基因作物开始商业化种植，当年的种植面积是6个国家170万公顷。虽然一直存在着收益和潜在风险的疑问，但

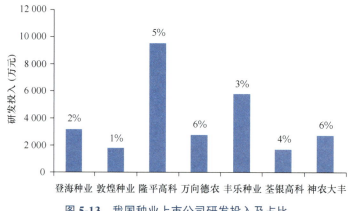

图 5-13　我国种业上市公司研发投入及占比

数据来源：华泰证券. 农业未来技术研究之一，转基因育种：转基因，大未来. 20150324。

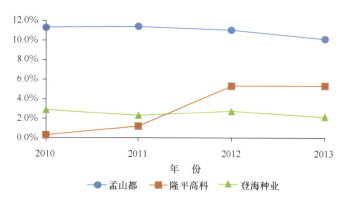

图 5-14　我国种子企业研发投入远低于世界顶尖水平

数据来源：华泰证券. 农业未来技术研究之一，转基因育种：转基因，大未来. 20150324。

其已经被世界各国的玉米、大豆、棉花农户所广泛接受，转基因作物的种植面积也实现了连续的快速增长。2014 年全球转基因作物种植面积创新纪录，达 1.815 亿公顷，比 2013 年增加 600 万公顷。其中，美国继续以 7310 万公顷种植面积领先全球；中国种植转基因作物 390 万公顷，位列全球第六。

（1）政府态度明确，政策上大力支持转基因研究

从政策上看，政府始终大力支持转基因研究（表 5-6）。

表 5-6　近年来转基因研究相关政策

时间	政策内容
2008 年	我国启动实施了投资规模 250 亿元的"转基因生物新品种培育重大专项"，是农业领域唯一的重大专项
2010 年	国务院又将生物育种产业确定为战略性新兴产业，予以重点支持

时间	政策内容
2010 年	中央一号文件针对转基因技术提出，应在科学评估、依法管理基础上，推进转基因新品种产业化
2011 年	在农业科技发展"十二五"规划中，继续实施转基因生物新品种培育重大专项被列为重点任务
2013 年	在中央农村工作会议上，习近平主席认为我国应要大胆研究创新，占领转基因技术制高点，不能把转基因农产品市场都让外国大公司占领了
2014 年	中央一号文件提出："加强以分子育种为重点的基础研究和生物技术开发"
2015 年	中央一号文件提出："加强农业转基因生物技术研究、安全管理、科学普及"

（2）研发如火如荼，商业化推广小心翼翼

获得田间测试的转基因作物连年增多，但实现商业化推广的数量不足 2%。2002～2012 年农业部共批准 3183 项转基因生物技术试验，除棉花 1953 项外，水稻、玉米、大豆、油菜和小麦各有 524、186、82、41 和 125 项，此外还有马铃薯及花卉、果树等经济作物 272 项。目前国内商业化种植的转基因作物主要是 BT 抗虫棉，粮食方面进展缓慢。尽管如此，2014 年我国种植转基因棉花约 400 万公顷，转基因棉花种植面积比例从 1998 年的 5% 增长到目前的 80% 左右。可以说转基因棉花产业化有效促进了我国生物育种技术研发整体水平（图 5-15）。

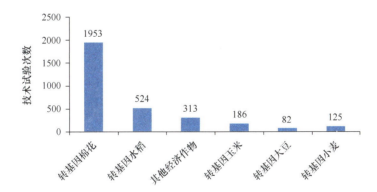

图 5-15　2002～2012 年农业部所批准转基因生物技术试验

数据来源：华泰证券. 农业未来技术研究之一，转基因育种：转基因，大未来. 20150324。

（3）转基因商业化推广进展缓慢，主粮未实现转基因商业化

政府在转基因商业化推广上持慎重态度。迄今为止，我国批准商业化种植的转基因作物仅有棉花和番木瓜，批准进口用作加工原料的也只有大豆、玉米、棉花、油菜和甜菜 5 种作物。我国法律还规定，进口用作加工原料的农业转基因作物，不

得改变用途，不得在国内种植。

我国至今没有批准任何一种转基因粮食作物种子进口到境内种植。从 1994 年起至今，我国仅有 55 个转基因作物获得生产应用安全证书，涉及大米、玉米、大豆、棉花、油菜籽、西红柿、木瓜等多个品种。2009 年华中农大张启发院士团队研发的转基因抗虫水稻——转 *cry1Ab/cry1Ac* 基因抗虫水稻"华恢 1 号"及杂交种"Bt汕优 63"获得农业部颁发的安全证书，但由于舆论压力，至今没有进行商业生产（表 5-7、表 5-8 ）。

表 5-7　我国转基因作物的批准用途

转基因作物种类	批准用途
棉花、番木瓜	批准商业化种植
大豆、玉米、棉花、油菜和甜菜	批准进口用作加工原料

表 5-8　我国已获得生产应用安全证书的转基因作物分类

种类	数量	研发主体
玉米	16	孟山都、先正达、陶氏、拜耳、中国奥瑞金、巴斯夫
油菜籽	12	拜耳、孟山都
棉花	8	拜耳、孟山都、中国农业科学院
大豆	8	孟山都、拜耳、杜邦、巴斯夫
西红柿	3	中国科学院微生物研究所、华中农业大学、北京大学
杨树	2	中国林业研究所
大米	2	华中农业大学
木瓜	1	华南农业大学
矮牵牛花	1	北京大学
甜菜	1	孟山都
甜辣椒	1	北京大学
总计	55	

资料来源：GM Approval Database of ISAAA。

（4）我国转基因作物的研发主动权被跨国种业集团主导

获得我国生产应用安全证书的研发主体中，78% 为跨国种业集团，中国的种业公司寥寥无几。研发主体除以孟山都、拜耳为首的跨国种业公司之外，大多为我国的高校与科研院所（图 5-16）。

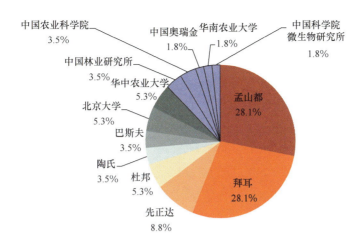

图 5-16　获得我国生产应用安全证书的研发主体分布

资料来源：GM Approval Database of ISAAA。

（二）微生物肥料

土壤问题是当前中国农业最大问题和最大危机，严酷的现实把生物菌肥产业推到了风口浪尖上。有关机构预计，土壤污染修复潜在市场规模达万亿级别。面对如此巨大的市场需求，生物菌肥产业迅速作出了应对，提出要走向规范化、规模化，勇担解决中国农业问题的重担。2000 年以来，以水溶性肥料、微生物肥料等为代表的新型肥料产业蓬勃发展。截至目前，全国各种类型的新型肥料的年产量已经达到3500 万吨，每年推广应用面积近 9 亿亩，促进粮食增产 200 亿公斤，为全国粮食增产做出了巨大贡献。新型肥料对于节约资源、环境保护及现代化集约农业的发展，具有重要意义。

近年来，微生物肥料因其绿色环保、改善土壤养分环境、提高化肥利用率等众多功能受到广泛关注。当前，我国已形成微生物肥料登记企业 1000 余家、产能1000 万吨、产值近 200 亿元的产业规模。近几年，我国微生物肥料产能以年增长10% 以上的速度快速稳定发展。

我国从 20 世纪 90 年代就开始进行微生物肥料登记，随着微生物肥料的质量标准和安全标准的制定和完善，促进了微生物肥料产业的发展。截至 2014 年 12月底，农业部微生物肥料和食用菌菌种质量监督检验测试中心正式登记微生物肥料产品 1216 个（图 5-17）。2000～2014 年期间，中国正式登记的产品数量呈现总体快速上升趋势（尤其是 2013 年的登记数量激增），这与我国近年来加大对环

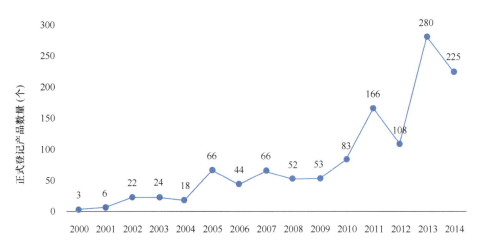

图 5-17　2000～2014 年中国正式登记的微生物肥料产品数量年度分布

数据来源：农业部微生物肥料和食用菌菌种质量监督检验测试中心，2015.6.24。

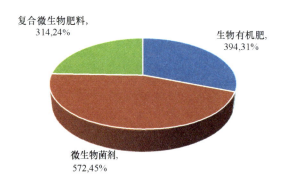

复合微生物肥料，314,24%

生物有机肥，394,31%

微生物菌剂，572,45%

图 5-18　2000～2014 年中国正式登记微生物肥料产品类型

数据来源：农业部微生物肥料和食用菌菌种质量监督检验测试中心，2015.6.24。

境污染的重视，逐步提高微生物肥料研发与应用密切相关。目前，生物肥料已在经济作物上广泛使用，并得到了逐渐认同与欢迎。

微生物肥料包括微生物菌剂、复合微生物肥料、生物有机肥三类。2000～2014 年期间中国正式登记生物肥料产品中，微生物菌剂占比最高，为45%，第二是生物有机肥，第三是复合微生物肥料（图 5-18）。

（三）生物饲料

生物饲料是指以饲料和饲料添加剂为对象，以基因工程、蛋白质工程、发酵工程等高新技术为手段，利用微生物发酵工程开发的新型饲料资源和饲料添加剂，主要包括饲料酶制剂、抗菌蛋白、天然植物提取物等。使用生物饲料有利于节约粮食，减缓人畜争粮的问题，为饲料的开源节流提供一种新的有效途径。另外，应用生物饲料产品可降低畜禽粪氮、粪磷的排放量，从而大幅度减轻养殖业造成的环境污染。通过在饲料中应用生物技术产品可减少抗生素等饲料添加剂的使用，对获得优质、安全的动物产品具有重要意义。

第五章 生 物 产 业

目前，全球生物饲料的市场值达到每年 30 亿美元，并在以年均 20% 的速度递增，国内有 1000 余家企业专门从事生物酶制剂、益生素、植物提取物类饲料添加剂的生产。世界范围内开发的生物饲料产品已达数十个品种，已成为一个较大的产业，主要包括饲料酶制剂、饲用氨基酸和维生素、益生素（直接饲喂微生物）、饲料用寡聚糖、植物天然提取物、生物活性寡肽、饲料用生物色素、新型饲料蛋白、生物药物饲料添加剂等。而我国研究和生产过程中更加关注的则主要包括饲用酶制剂、益生菌、生物活性寡肽和寡糖等。

我国在生物饲料领域虽然取得了一些成绩，但与国外相比，我国生物饲料的研究与产业化起步较晚，整体研发与产业化水平落后于发达国家，且发展很不平衡。许多关键生物饲料的生产还处于仿制水平或严重依赖国外技术，缺乏自主知识产权。某些领域与国外先进水平还存在一定的差距。目前生物饲料产业在国内外都还是一个新兴领域，从 2014 年 2 月起，农业部发布的《饲料添加剂品种目录 2013》（以下简称《目录》）已正式施行。但目前我国生物饲料产业规模仍然较小，除规范饲料添加剂品种之外，加快实现生物饲料工业化生产更是当务之急。目前，我国微生物饲料添加剂开发企业约 400 家，国内年销售额约 20 亿元，但销售额在 1 亿元以上的企业却不足 5 家，产品的市场普及率也仅有 10% 左右。发酵饲料的市场普及率则更低，还不到饲料总量的 3%。

随着健康养殖需求的与日俱增，生物饲料产业发展也将进入快车道。预计到 2025 年，生物饲料产品市场额将达到 200 亿美元 / 年，并且生产技术和应用技术水平将大幅度提高并标准化。生物饲料产品的大量应用，将终结养殖业的抗生素、化学添加剂时代。

（四）生物农药

随着我国生物农药产业品种结构调整、组织方式创新、防治技术进步等方面的不断改进，生物农药发展将迎来难得的发展空间。我国生物农药有效成分约 100 个，占整个农药有效成分数量 15%。2014 年共登记 3374 个农药，其中含 436 个生物农药，生物农药产品数量占登记农药产品数量比例为 12.9%。

生物农药基本包括了组成整个生物界的生物，即植物（植物及藻类）、微生物（病毒、细菌、真菌等及微生物的代谢产物）和动物（动物毒素、昆虫信息素）三大类。2014 年我国登记的生物农药中，农用抗生素数量最多，占比达 76.38%，而微生物农药、植物源农药、生物化学农药和天敌生物四种数量占所有登记生物农药的数量比例不足 30%（图 5-19）。

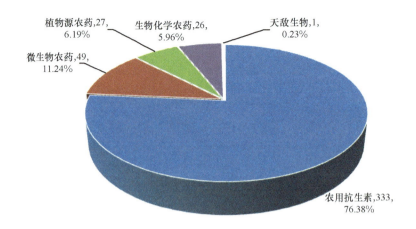

图 5-19　2014 年我国登记的生物农药类别数量及其占比

数据来源：2014 年农药登记情况分析，2015.http://www.cirs-group.com/pesticide/news/pesticide_analysis.html。

此外，2014 年新增生物农药有效成分 3 个，即海洋芽孢杆菌、坚强芽孢杆菌和蝗虫微孢子虫。其中，蝗虫微孢子虫属于原生动物，它为我国微生物农药登记管理增添了一个新类别，在防治蝗虫用农药手册上又增加一个生物农药品种；同时，枯草芽孢杆菌增加了 4 个母药登记，球孢白僵菌增加了 2 个母药登记，多粘类芽孢杆菌和香芹酚增加了 1 个母药登记。

我国生物农药研究尽管取得一定成绩，但仍存在着品种总体偏低不适宜生产、使用技术要求高而防治体系较落后、生产区域规模小、利润空间不高导致生产与经营企业积极性不高等一系列问题。我国生物农药发展任重道远，同时需注重生物农药与生物防治同步发展。针对农业部提出的到 2020 年实现农药使用"零增长"行动的总体要求，将初步建立资源节约型、环境友好型、病虫害可持续治理的技术体系，让科学用药水平明显提升，单位防治面积农药使用量控制在平均水平之下，真正实现农药使用用量的"零增长"。

 **四、生物制造**

（一）生物发酵产业

我国在发酵行业经过了几十年的发展历程，已经积累了相当丰富的经验，特别是在进入 21 世纪后，生物发酵逐渐渗透到医药、保健、农业、食品、能源、环保等各个领域。随着我国发酵工业的迅猛发展，年产值也逐年攀升。

"十二五"期间，中国生物发酵产业通过增强自主创新能力，加快产业结构优化升级、提高国际竞争力，使得产业规模持续扩大，总体保持平稳发展态势，并形成了一些优势产品，主要生物发酵产品产量从 2011 年的 2230 万吨增长到 2014 年的 2420 万吨，年总产值接近 3000 亿元。目前我国生物发酵产品产量总量居于世界第一位，成为名副其实的发酵大国。

然而由于长期的高速发展，在发酵领域也出现了一些问题。作为化工行业的一种，生物发酵行业是能源和资源消耗的主要行业之一。在不断的发展中，一些高能耗、高污染产品的产能扩张十分迅速。因此，国内生物发酵行业需要不断地进行技术创新和产业结构调整，努力降低单位工业增加值的能源消耗量，做到物尽其用，在提高附加值的同时，减轻和消除对环境的污染。

（二）生物基化学品

生物基有机化学品的优势是原料比石油价廉，不必依赖进口石油，而且其加工技术多为绿色低碳，加工流程短、投资少、成本低，不污染环境。

目前最成功的生物基化学品包括 1，3- 丙二醇和乳酸，已基本上实现全部采用生物基原料。另外目前全球约 12% 的环氧氯丙烷和约 8% 的丙二醇为生物工艺生产，这两种产品主要以生物柴油生产的一种副产物——甘油为原料制得。目前生物基化学品最受市场关注的是生物基琥珀酸。随着全球生物基琥珀酸项目的大规模建设与陆续投产，以及生物基聚合物新领域的开拓，其成本过高和市场小的障碍将逐渐被清除，未来几年也许会成为全球生物基琥珀酸市场具有里程碑意义的几年。目前全球琥珀酸需求量在 3 万～3.5 万吨 / 年，由于可生物降解聚酯等新的下游应用领域的拓展，需求量在未来 5 年中将快速增长。

产业情报机构 LuxResearch 于 2015 年 1 月 21 日发布报告称，受美国和巴西市场增长带动，2018 年全球生物基材料和化学品（BBMC）产能将跃升至 740 万吨以上。原料方面，糖和淀粉仍将占据主导地位（占总产能的 58%），但由木质纤维素（如稻壳和玉米秸秆）生产的生物基化学品的产能增长最为迅猛，复合年增长率将高达 85%。产品方面，中间体、聚合物将占据主导地位。乳酸和乙二醇等中间化学品产能达 294 万吨，将占总产能近 40% 的份额。聚合物如聚乳酸和聚乙烯的产能达

239 万吨，将占总产能的 32%。生物质油及衍生物的增长最快，其增幅将高达 38%，2018 年产能有望超过 100 万吨。以乙酸乙酯、乙酸丁酯、增塑剂、金合欢烯为首的专用化学品，2010 年产能还几乎为零，而 2014 年产能已迅速扩增至 58.2 万吨；不过，由于计划扩产的厂商数量有限，该领域 2018 年前的增长相对较为缓慢，复合年增长率预计 4% 左右。

（三）生物基材料

以生物质为原料生产的生物基产品已广泛应用于有机化工、造纸、纺织、能源、中草药加工等多个行业。目前常见的生物基材料包括生物质功能高分子材料、油脂基功能材料、蛋白质材料等。生物基材料具有的价廉、低毒、可生物降解、对环境友好等特点，使其在绿色化学和有机合成中受到越来越多的关注。生物基材料是我国战略性新兴材料产业和生物质产业发展的重要领域之一，利用丰富的生物质资源开发环境友好和可循环利用的生物基材料，最大限度地替代塑料、钢材和水泥材料，对于替代化石资源、发展循环经济、建设资源节约型和环境友好型社会具有重要意义。

近年来，生物基聚合物尤其是可完全生物降解且健康安全的聚乳酸材料备受关注。据咨询公司 Markets and Markets 最新发布的研究报告显示，全球乳酸及聚乳酸市场以年均 18% 的复合增长率增长，预计 2020 年将达到百万吨以上。2014 年中国聚乳酸市场为 1 万～2 万吨，主要为加工出口，全球聚乳酸市场为 11 万～12 万吨，每年以 20%～30% 的速率增长，预计 2～3 年内国内外现有的聚乳酸产能均将开满。中粮、海正、科碧恩 – 普拉克及 Nature Works 等公司，均计划新增聚乳酸产能，以满足市场需求。过去聚乳酸的工业应用大多限于一些低端市场，近年来随着聚乳酸材料技术的创新突破以及高光纯 L 型聚乳酸及 D 型聚乳酸的工业化等，提高了聚乳酸的力学、耐热及耐久性能，促进了其在高性能、高附加值材料等领域的应用拓展。目前聚乳酸价格仍比许多传统石油基聚合物价格高，国内市场开发短期内仍有赖于政府法规保护、鼓励和扶持，但全球市场长期看好，约每 3～4 年增长一倍，2020 年聚乳酸全球市场预计可超过 30 万～50 万吨。如果中国能逐步限制污染性的一次性传统塑料产品，并鼓励环保健康的生物基可降解塑料如聚乳酸的使用，只要能取代中国 5000 万～6000 万吨塑料市场的一小部分，国内的乳酸及聚乳酸市场就能轻易超过百万吨，带动环保发酵及塑料产业的发展（表 5-9）。

表 5-9　全球聚乳酸工厂及其项目

聚乳酸企业	应用项目	工厂地点	2014 年估计产能（吨／年）	2018 年预计产能（吨／年）	备注
NatureWorks	注塑、包装、纤维、发泡等	美国 + 东南亚	150 000	150 000+75 000	和泰国 PTT 合作，计划于东南亚建厂
Synbra	发泡	荷兰	5 000	5 000	使用 Sulzer 设备
Sulzer	—	瑞士	300+1 000	300+1 000	聚合物合成设备演示工厂
Futerro	包装及纤维	德国	300	300	格拉特与 Total 合作
Pyramid & German Bioplastics	包装及纤维	德国	300	300	与伍德合作，现已停产
Teijin	汽车内饰	日本	1 000	1 000	由丰田转移
海正	注塑、包装等	浙江台州	5 000	15 000+50 000*	计划扩容至 50 000 吨
长江化纤	纤维	江苏常熟	4 000	4 000+20 000*	可能被央企收购后扩产
允友成	注塑等	江苏宿迁	—	10 000	使用 Sulzer 设备
光华伟业	3D 打印等	湖北孝感	10 000	10 000	试车中
九鼎	包装及纤维等	江苏南通	5 000	5 000	试车中
同杰良	包装及纤维	上海 + 安徽马鞍山	5 000	5 000	试车中
富集	包装及纤维	云南昆明	1 000	—	已停工
富士康	—	—	—	10 000	已宣布计划
中粮	—	—	—	10 000	已宣布计划
Corbion Purac	—	泰国		75 000*	2014 年 10 月宣布建厂意向

＊代表相关聚乳酸项目中产能规划，目前均为意向性远景计划，均未确定实施。
数据来源：甄光明. 乳酸及聚乳酸的工业发展及市场前景. 生物产业技术，2015，（1）:42-52。

 五、生物能源

资源短缺、能源危机和环境污染已成为全球关注的严重问题。开发利用可再生的生物质资源对于解决人类发展面临的资源与环境危机具有重要意义。目前，以生物质能源为主的生物质开发利用备受世界各国政府和科学家的关注。生物质能源开发与利用是把能源植物和农业废弃物等生物质原料利用化学或生物技术转化为高附加值的生物质能源、生物材料、石油产品替代物及副产物等环境友好产品的全过程。

地球上的石油资源日益枯竭，为了保持可持续发展势头，寻求可部分替代化石能源且污染较少的生物质能源正成为许多国家未来经济发展的主要动力之一。因此，近年来，许多国家已将其作为发展新型能源的重要选择，并且制定了相应的发展战略和规划。我国是仅次于美国的第二大能源消耗国，但能源资源总量仅为世界 10%，人均资源占有量约为世界平均值的 40%。随着我国经济的持续快速发展，能源供需矛盾和环境问题将会日益严重。因此充分、有效和科学地开发利用生物质能源是我国经济长远持续发展的重要战略目标之一。

（一）生物质发电

国外在生物质直燃发电产业化方面成果显著。目前，丹麦已建成 130 多家秸秆直燃发电厂，并将秸秆发电技术成功推广到瑞典、芬兰和西班牙等国家。丹麦科学家研究数据表明，热电联产可以节约 28% 的燃料，减少 47% 的 CO_2 排放，热效率可以达到 80%～90%，因此欧美一些国家通常使用热电联产技术来解决生物质发电或供热不经济的问题。

我国自 20 世纪 90 年代末从丹麦引进生物质直燃发电技术，经过十几年的消化吸收，关键设备基本实现国产化。为兼顾生物秸秆的运输收集半径并实现盈利，机组合理的单机容量为 25～30MW。2004 年以来，我国先后核准批复了 200 多个秸秆直燃发电示范项目。2010 年 7 月，国家发展和改革委员会统一执行了 0.75 元／（千瓦·时）（含税）的标杆上网电价，增加了该产业的盈利空间。截至 2012 年底，我国生物质发电累计并网容量为 5819MW，其中，直燃发电技术类型项目累计并网容量为 3264MW，占全国累计并网容量的 55%；垃圾焚烧发电技术类型项目累计并网容量为 2427MW，占全国累计并网容量的 41.71%；沼气发电技术类型项目并网容量为 206MW，占全国累计并网容量的 3.54%[307]。2013 年 1 月颁布的《可再生能源"十二五"规划》中明确表示，2015 年我国生物质发电装机将达到 13 000MW，其中农林生物质发电 8000MW、沼气发电 2000MW、垃圾焚烧发电 3000MW，分别为 2010 年装机量的 4.0、2.5 和 6.0 倍。政策的支持与补贴的提高，刺激了行业的发展。国家电网公司、中国节能投资公司、五大发电集团、江苏国信、粤电、皖能电力以及凯迪电力等企业纷纷投资参与建设运营。

---

307 蒋大华，孙康泰，亓伟，等. 我国生物质发电产业现状及建议. 可再生能源，2014, 32(4): 542-546.

（二）纤维素乙醇

生物乙醇主要作为汽油含氧添加剂及辛烷值改进剂在全球广泛使用，通常添加量为 10%（体积分数）形成 E10 乙醇汽油，目前生物乙醇的主要原料仍然是玉米、甘蔗及木薯等。据 F. O. Licht 统计，2014 年世界燃料乙醇产量达到创纪录的 7227 万吨[308]，纤维素乙醇产量超过 107 万吨。美国政府宣布 2022 年纤维素乙醇产量将超过玉米乙醇产量达到 4800 万吨，农业废弃物秸秆将被作为未来主要的乙醇生产原料。

纤维素乙醇也称第二代生物液体燃料，利用先进技术从玉米秸秆、麦秆、干草、木材等农林业废弃物中获取燃料乙醇。其原料丰富，但技术难度大，国际上已研究几十年，现已完成中试，进入商业化示范阶段。目前纤维素乙醇研究主要集中在生物酶解发酵路线，截至 2012 年年底，世界已建成上百套纤维素乙醇中试装置。2013～2014 年，国内外先后有 7 套 3 万～7.5 万吨 / 年规模的纤维素乙醇示范装置投入试运行，累计产能超过 40 万吨 / 年，成本可控制在 2.15～3.0 美元 / 加仑（1 加仑≈3.785 升，下同），以上装置将在 2015～2016 年完成产品的技术经济性评价，进入商业化推广阶段。预计到 2017 年，全球至少有 25 个项目投产，纤维素乙醇年生产能力将超过 100 万吨。

2014 年，我国燃料乙醇产量达到 233.2 万吨，混配 E10 乙醇汽油约 2140 万吨，占当年汽油总消费量的近 1/4，目前已在黑龙江、吉林、辽宁、河南、安徽、广西 6 省区及湖北、山东、河北、江苏、内蒙古 5 省区的 30 个市试点车用乙醇汽油，实现了乙醇汽油的封闭运行。纤维素非粮乙醇产量仅 3.2 万吨。国内已建成山东龙力 5.15 万吨 / 年装置（以玉米芯废渣为原料）与河南天冠 3 万吨 / 年的乙醇 – 沼气联产示范装置，以上两套装置均未采用戊糖 / 己糖共发酵生产乙醇技术。在建及规划的项目包括中粮集团采用自主知识产权预处理工艺及戊糖 / 己糖共发酵技术的 5 万吨 / 年醇电联产项目、安徽国祯和意大利 M&G 公司的合资项目以及河南天冠的 3 万吨 / 年纤维素乙醇规划项目。

（三）沼气

沼气是微生物群体在厌氧条件下协同发酵可降解有机物的产物，主要由甲烷

308 2014 年全球燃料乙醇产量有望增长 5%. 世界农业，2014, 418(2): 174.

（50%～60%）、二氧化碳（35%～45%）和少量的硫化氢、水蒸气等组成，净化提纯后可用来发电、输入天然气管网或者作为车用燃料。欧洲的沼气技术处于世界领先水平，德国、丹麦、奥地利等国的沼气工程技术及装备已经达到了标准化、系列化、工业化水平。德国是世界上农业沼气工程做得最好的一个国家，以其先进的机械工业为技术支撑，把机械设备与装备技术应用到沼气工程领域，沼气工程基本实现了热电联产（CHP），普遍采用"沼气发电、余热升温、中高温发酵、气囊储气、自动控制、沼渣沼液施肥"的模式，即使在冬季环境气温低至-20℃，沼气工程仍然良好运行。

从原料来看，德国农业沼气工程发酵原料主要有47%能源植物、41%畜禽粪便、10%有机废弃物、2%工农业生产加工废弃物。大约有95%的农业废弃物沼气工程采用混合原料发酵。中国农业沼气工程的发酵原料主要是畜禽粪便，猪粪最多，牛粪次之，鸡粪最少。目前还没有能源植物及能源植物与其他有机物混合发酵的农场沼气工程。

从技术来看，沼气用于热电联产可提高沼气工程的综合效益，生产的电能提高了能源品味和能源转换率，并且便于输送；热能可有效解决沼气发生器的增温、保温及系统其他热能耗，提高沼气工程产能和运行稳定性。德国是沼气CHP应用发展领先的国家，截至2013年，德国沼气发电量20.5亿kWh，相当于总发电量的3.4%。目前我国大中型沼气工程多采用热电联产技术，已建成多座规模超过1MW的沼气发电厂，并研制出不同型号的沼气发动机，但工作过程方面的基础研究相对滞后。

六、生物服务产业

（一）合同研发外包

从全球范围来看，新药的平均研发成本不断上涨，平均成本从1975年的约1.4亿美元，上涨到2014年的约26亿美元。统计数据显示，一种药物进入 I 期临床通常需要经过10年以上的筛选和评估，尽管花费巨大，但仍只有约8%的新药能最后进入药品市场。同时，监管的日益严格和疾病复杂度越来越高使得新药研发成功率降低。

新药研发所面临的巨大投入和研发风险，促使医药企业选择专业的合同研究组织来完成新药研发流程中的部分环节，从而使新药研发的资金投入和潜在风险在 CRO 行业的整条产业链上得到分散。数据显示，CRO 可为药企缩短 30% 左右的申报时间，并且将药企研发的成本结构从固定成本转为变动成本，为药企节约 30%～70% 的研发投入。CRO 行业在不到 40 年的时间内快速成长为医药研发产业链上不可或缺的一环。根据前瞻产业研究院 2014 年发布的数据，2006 年全球 CRO 市场规模为 196 亿美元，2013 年达到 552 亿美元，年均复合增长率达 16.42%。以 15% 的增长率估计，2015 年全球 CRO 市场规模将达到 700 亿美元，其中临床前研究约占 59%，临床前试验约占 41%。

正是由于我国发展医药研发外包服务业的独特优势，CRO 行业在我国得到了长足的发展，我国 CRO 行业的市场规模逐年扩大。2006～2013 年，我国 CRO 行业市场规模从 30 亿元增长到 220 亿元，年复合增长率超过 30%（图 5-20）。

图 5-20　中国 CRO 市场规模实现 8 年 8 倍增长

得益于中国巨大的药品市场，以及显著的成本优势，跨国药企及 CRO 企业纷纷在中国设立研发机构，加大在中国进行临床试验的规模，从而加快在中国上市新药的推进速度。目前全球前十大 CRO 公司均已在中国开设分支机构、并购国内 CRO 公司或成立合资公司。

目前，我国 CRO 行业可以分为三个层次机构。

第一级：昆泰（Quintiles Transnational）、科文斯（Covance）、PPD 等大型跨国 CRO 公司以及药明康德、尚华医药等大型 CRO 公司得益于强大的资金实力、庞大的业务规模、丰富的项目经验，占据着我国 CRO 行业的顶尖位置。这些 CRO 公司承担了大量的跨国药企在我国的新药研发工作，但其占国内医药企业的外包服务市场份额较低。

第二级：以泰格医药、博济医药为代表的本土中大型 CRO 公司，已逐渐从行业竞争中脱颖而出。在技术实力和服务质量等方面，也已逐步向昆泰与 PPD 等大型跨国 CRO 公司靠拢。

第三级：行业内还存在着大量的小型 CRO 公司，这些小型 CRO 公司以提供技术难度较低的注册申报为主，未建立起充足的技术人员团队，无法提供系统的临床前研究和临床研究服务。

总之，CRO 行业在我国发展的历史较短，与欧美发达国家相比，我国的 CRO 行业在市场规模、业务范围、行业认知度等方面均存在一定的差距。行业内虽然已经涌现出以药明康德、尚华医药、泰格医药和博济医药等为代表的大型 CRO 公司，但大多数的 CRO 公司服务内容单一，未能形成规模和核心竞争力。

（二）合同生产外包

医药定制研发生产（CMO）特指化学制药中的中间体、原料药或者制剂的合同委托生产，是伴随跨国制药公司由“内部协作的垂直一体化”业务模式向“专业外包的开放合作”业务模式不断转变的过程中发展起来的，其与 CRO（医药合同研究企业）和 CSO（医药合同销售企业）共同构成跨国制药公司“开放合作”业务模式下的专业外包业务模式。

医药定制研发生产企业主要服务于跨国制药公司和生物技术公司的创新药，并为客户提供从药品定制研发到定制生产的综合服务。根据服务的技术水平不同，医药定制研发生产服务可以细分为“定制研发 + 定制生产”和“技术转移 + 定制生产”，其中前者根据跨国制药公司和生物技术公司提供的化学结构，进行生产工艺研究开发、质量研究、安全性研究等定制研发工作，并在定制研发的基础之上进行定制生产。而后者则仅需根据跨国制药公司和生物技术公司提供的生产工艺等技术方案直接进行定制生产，从而无需进行实质性的研发工作。两种模式核心差异是技术含量的不同，并将最终导致客户资源稳定性、盈利能力出现差异（表 5-10）。

表 5-10　两类 CMO 模式的比较

序号	区别指标	详细内容
1	服务内容	“定制研发 + 定制生产”的客户通常只提供创新药医药中间体的化学结构，要求企业完成创新药医药中间体的工艺开发、质量研究及各种规模的生产；“技术转移 + 定制生产”的客户则提供相关技术方案，只要求企业按照方案生产出中间体即可
2	对技术依赖程度	“定制研发 + 定制生产”对产业化能力要求较高（即从实验室到商业化的过程），所以对技术要求较高；“技术转移 + 定制生产”是客户转移技术，企业不需要较高技术

序号	区别指标	详细内容
3	客户资源的稳定性	"定制研发+定制生产"是从临床前就参与新药的开发,为客户提供一体化的医药定制研发生产服务,从而有利于客户结成长期战略合作伙伴关系;"技术转移+定制生产"参与的药品生命周期较晚,与客户的稳定性不及前者,从而可能面临激烈竞争
4	盈利能力	"定制研发+定制生产"更早、更全面地掌握技术诀窍,从而有利于成为客户的主要供应商(客户一般有1个主要供应商),盈利能力较优;"技术转移+定制生产"由于需要较少的研发技术参与,所以一般情况下盈利能力要弱于前者

近年来,全球新药研发呈现研发难度升高、研发效率降低的趋势。跨国制药企业一方面为降低成本、缩短新药上市周期,另一方面为满足研发、生产等复杂化程度、专业化程度升高的需求,越来越多地将药品研发、生产等环节分别外包给医药合同研发企业(CRO)、医药合同定制生产企业(CMO)等专业机构。根据BCC Research的预测,2015～2018年全球医药定制研发生产行业将会继续保持约7%的年均复合增长率,到2018年全球创新药和仿制药的医药定制研发生产业务(含原料药和中间体)规模将超过400亿美元。发展中国家由于在人才、专利保护、基础设施和成本结构等各方面具有明显的竞争优势,全球创新药定制研发生产业务日益向中国及印度等发展中国家转移。GBI Research相关报告也指出由于巨大的成本优势,中国的医药定制研发生产行业未来几年年均复合增长率可达17%。

此前,全球CMO市场主要集中在欧美及日本市场。然而,伴随着发达国家劳动力成本日趋昂贵,同时亚洲等新兴市场经济高速增长、药品需求加大、专利保护日益改善,全球CMO市场呈现从发达国家向亚洲等新兴市场转移的趋势。尤其是印度和中国依托相对低廉的劳动力成本优势,成为了承接CMO市场转移的主要目的地。根据Pharma IQ对国际制药企业展开的问卷调查结果,现阶段有18%的被调查企业在中国完成外包生产,而高达43%的企业表达了希望选择中国完成生产的意愿,仅次于印度(59%)(图5-21)。

医药定制研发生产行业的门槛较高,我国进入该行业的时间较晚,因此,目前我国医药定制研发生产行业的规模还较小。但是,在发展中国家中,我国在人才、专利保护、基础设施和成本结构等各方面具有明显的竞争优势,从而日益成为跨国制药公司和生物制药公司优先选择的战略外包目的地。2010年,我国医药定制研发生产市场规模为17亿美元,到2015年预计将增长到31亿美元,年均复合增长率为12.77%。而GBI Research相关报告也指出由于巨大的成本优势,中国的医药定制研

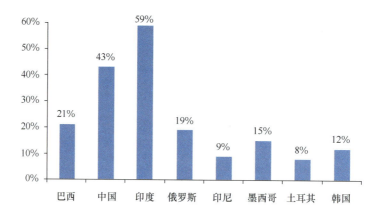

图 5-21 中国成 CMO 全球市场转移主要目的地

数据来源：Pharma IQ，国泰君安证券研究。

发生产行业未来几年年均复合增长率可达 17%（图 5-22）。

由此可见，全球医药定制研发生产行业的发展速度高于全球医药行业，而中国的医药定制研发生产行业的发展速度又高于全球的医药定制研发生产行业，中国在医药定制研发生产行业面临巨大的发展机会和广阔的发展空间。

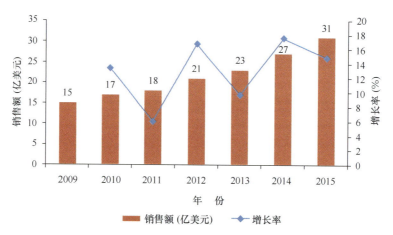

图 5-22 我国医药定制研发生产行业市场规模

数据来源：Business Insights，信达证券研发中心。

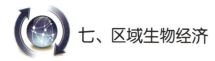 七、区域生物经济

（一）江苏省

江苏省高度重视发展生物产业，依据国家的发展规划，以及江苏省的资源禀赋、产业基础和人才优势，把生物技术和新医药产业作为全省十大战略性新兴产业之一，

进行重点培育。近年来江苏生物技术和新医药产业快速发展，集群发展态势初显，技术创新水平全国领先，企业创新能力稳步提升，创新平台建设日趋完善。

1. 产业规模保持快速增长

2013 年江苏生物技术及新医药产业实现产值 6046 亿元，同比增长 19.7%，比全省高新技术产业及规模以上工业增幅分别高出 4.5、8.9 个百分点，保持强劲增长势头；近三年来生物技术及新医药产业年均增幅高达 23.4%，居全省工业行业前列，占全省工业的份额由 2010 年的 3.5% 提高到 2013 年的 4.5%，成为支撑和引领江苏经济增长和转型升级的重要力量。

2008～2013 年江苏省医药产业销售额产值总体呈上升趋势，而企业数量自 2010 年开始呈下降趋势。在产业构成中，化学药品制剂一直占据最大比例。

2013 年江苏新医药产业实现产值 3089 亿元，同比增长 20.1%，产值规模居全国第二，其中化学药品原药及制剂、中药饮片及中成药、生物药品、医疗器械分别实现产值 1834 亿元、281 亿元、340 亿元、447 亿元（表 5-11）。

表 5-11　2008～2013 年江苏省医药产业销售额产值　　　（单位：万元）

年份	企业数（个）	销售额产值合计	化学药品原料药	化学药品制剂	生物药品	医疗仪器设备及器械	卫生材料及医药用品	制药专用设备	中成药	中药饮片
2008	895	9 671 092	1 896 301	4 090 947	809 503	1 459 884	547 441	78 896	689 428	98 692
2009	918	12 418 480	2 401 084	5 181 270	1 145 119	1 884 603	763 627	79 124	802 031	161 622
2010	971	16 041 497	2 788 822	6 749 759	1 645 707	2 617 995	994 178	117 137	913 012	214 887
2011	783	20 470 877	3 659 850	8 313 211	2 379 201	3 218 427	1 300 454	37 733	1 223 141	338 860
2012	868	25 512 222	4 915 345	10 418 678	2 684 296	3 745 109	1 690 280	116 827	1 531 591	410 096
2013	—	30 294 122	5 530 845	12 104 672	3 272 750	4 344 149	2 003 016	167 810	2 096 638	774 242

数据来源：中国医药统计年报。

2. 产业集群发展态势初显

目前江苏已基本形成以泰州中国医药城为中心，连云港、苏州、南京、徐州、南通等地各具特色、差异化发展的生物医药产业发展格局，六市汇集了全省生物技术和新医药产业 70% 的产值，是江苏医药产业主要创新区、示范区和集聚区。其中：泰州生物技术及新医药产业规模居江苏第一，化学药品试剂制造产值达 478 亿元，约占全省的四成；连云港以发展具有自主知识产权的抗肿瘤、抗肝病等创新药物为重点，技术优势和产业优势全国领先；苏州、无锡依托优越的地理位置积极承接国际生物医药产业转移，在生物医学工程、医药研发服务外包等方面发展态势良好；宜兴的生物环保产业，苏州的医疗器械产业，盐城、扬州、常州的生物农药产业具有显著的品牌效应。

3. 技术创新水平全国领先

近年来，江苏生物技术和新医药产业创新能力走在全国前列，新药申请数、临床试验获批件数、获批上市新药数全国领先，截至 2014 年 10 月，江苏一类新药 41 个，约占全国 30%，居全国第一。近年来，若干产品和技术全国领先，化学药品制剂竞争力居全国首位，重组胰岛素、血管内抑素等基因工程药物率先上市，肿瘤化疗一线药物销售占全国的 20%，抗生素类药物、抗肿瘤类药物、抗肝炎类药物、心血管类药物等在全国具有较强竞争力。生物医药大品种竞争力及市场份额不断提升，拥有地佐辛注射液、蓝芩口服液、胃苏颗粒、苏黄止咳胶囊等多个独家品种药物。

4. 企业创新能力稳步提升

2013 年江苏规模以上新医药企业研发经费支出占主营业务收入比重达 1.89%，研发人员占从业人员比重达 9.46%，居工业各行业前列。恒瑞医药、康缘药业等 13 家企业在国内外证券市场上市，是创新氛围最浓、创新活力最强、创新水平最高的生物医药企业群体，成为引领江苏生物医药各领域创新发展的主导力量。骨干企业实力较强，扬子江、正大天晴、恒瑞、阿斯利康、先声、康缘、豪森等 12 家企业进入 2013 年全国制药工业百强行列，总数继续居全国第一，扬子江药业位居全国第三。

5. 支撑服务体系不断完善

江苏省围绕生物技术及新医药产业重点发展方向和产业集聚区，高起点部署建设了一批生物医药产业科技创新平台。以企业为主体积极搭建产学研用联合交流创新平台，建设了干细胞、医疗器械、小核酸等 3 家产业技术创新战略联盟，对促进全省生物医药行业规范发展及产业共性技术研发起到了重要支撑服务作用。

（二）浙江省

浙江省生物资源丰富，生物产业发展起步较早，浙江省自"六五"以来就开始投入生物技术研究，是我国最早发展现代生物产业的省份之一，并于 1994 年率先获得批准生产我国第一个基因药物。但近年来，浙江省生物产业发展速度相对趋缓，低于全国平均水平，并与先进省市的差距有拉大的趋势。

1. 生物产业发展势头良好

作为一个新的经济增长点，浙江省政府决定加快培育生物产业，制定了《浙江省生物产业发展规划（2010—2015 年）》。确定了 12 个重点发展领域，力争在"十二五"期间新增产值 2000 亿元，实现生物产业跨越式发展。初步形成以生物医药、生物农业、生物制造为主体，生物环保、生物能源等领域推进发展的产业格局。在基因工程药物、疫苗、诊断试剂、现代中药等领域，涌现出一批如华东医药、海正、华海、浙江医药等骨干企业。预计到 2015 年，浙江省生物产业销售产值将超过 3000 亿元，占全省高技术产业的比重达 30% 以上。

2. 形成各具特色的生物产业集聚区

浙江省的生物医药产业发展起步较早，规模位居全国第 3 位。初步形成了以杭州国家生物产业基地、台州国家化学原料药基地为主，湖州生物制药、金华天然药物等一批各具特色的生物产业集聚区块。

3. 生物基材料产业形成较好基础

近年来，浙江省在发展聚乳酸、聚羟基烷酸酯等可生物降解的塑料和功能高分子材料，推进 L- 乳酸、糠醛、生物基乙烯、1,3- 丙二醇等生物基平台化合物的产业化应用等方面形成较好基础。其中，浙江海正生物材料公司的聚乳酸生产规模居全国第一、全球第二，联合长春应用化学所于 2006 年在浙江台州建立 5000 吨二步法中试生产线生产聚乳酸树脂，大盘含税出厂价为 1.8 万～2 万元 / 吨。海正于 2010 年后采用科碧恩·普拉克供应的非转基因高光纯丙交酯生产聚乳酸，光纯品质及稳定性都大幅提升，且能控制成本并维持稳定的量产和售价，得到国内外用户肯定，海正已于 2014 年底加建一条 1 万吨生产线，并规划于 2015 年开始建造 5 万吨厂，如果顺利进行将在 2017 年完成。

4. 生物医药产业持续增长

浙江省医药制造产业产出在中国国内各省份中名列前茅，产业发展基础较好，规模较大，具有较强的比较优势。2008~2013 年浙江省医药产业销售额产值总体呈上升趋势，而企业数量自 2010 年开始呈下降趋势。在产业构成中，化学药品原料药一直占据最大比例（表 5-12）。

表 5-12　2008~2013 年浙江省医药产业销售额产值　　　　（单位：万元）

年份	企业数（个）	销售额产值合计	化学药品原料药	化学药品制剂	生物药品	医疗仪器设备及器械	卫生材料及医药用品	制药专用设备	中成药	中药饮片
2008	640	6 121 047	2 935 217	1 305 061	587 199	434 938	242 216	100 954	440 805	74 657
2009	683	6 720 563	3 184 319	1 463 207	555 259	504 450	275 613	112 905	528 205	96 605
2010	714	7 843 718	3 615 179	1 697 268	656 326	634 804	332 094	152 509	612 471	143 067
2011	474	8 568 010	4 099 929	1 834 042	625 430	676 835	361 256	127 074	682 223	161 221
2012	502	9 718 821	4 431 784	2 129 867	787 624	728 184	440 572	135 687	865 573	199 530
2013	—	10 918 139	4 621 027	2 468 165	866 803	814 249	548 821	219 787	1 115 671	263 616

数据来源：中国医药统计年报。

海洋生物医药产业作为一项新兴医药产业，发展势头良好，但受限于落后的技术条件，行业产值一直不高，其产值变化情况如表 5-13 所示。

表 5-13　2008~2012 年浙江海洋生物医药产业产值变化情况　　（单位：亿元）

年份	浙江海洋生物医药产业产值	年份	浙江海洋生物医药产业产值
2008	61.4	2011	129.27
2009	87.85	2012	206.15
2010	108.12		

数据来源：浙江省统计局。

（三）山东省

"十一五"以来，山东省加快生物产业发展，初步形成了生物医药、生物育种、微生物制造、生物能源等门类较为齐全的生物技术研究、开发和产业化生产体系，具备了加快发展的良好基础。山东省生物经济产业化程度较高，在纳入统计范围的全国 200 家行业骨干企业中，山东省超过 40 家，总量位居全国第一。目前，依托西王、诸城兴贸、谷神、鲁洲、金锣等一大批行业龙头企业，山东省已形成全国最大的功能糖、氨基酸、透明质酸、复合酶制剂生产基地。

其中，山东省转基因抗虫棉的产业化开发居国内领先地位，脱毒甘薯、马铃薯等的产业化开发已产生巨大经济效益；利用生物技术选育的小麦、玉米等作物新品种已大面积推广；利用胚胎移植技术进行优质肉牛、波尔山羊等的良种繁育，形成了国内最大的牛胚胎移植群体。

另外，以海带、对虾、贝类、海参、名优鱼类养殖和海洋药物为特色的我国历次海洋蓝色浪潮均发端于山东省，其在水产良种引进、海水生态养殖、海洋生态修复、海洋精细化工生产、海洋生物资源养护及加工利用和深水网箱设计制造等领域的产业化一直走在全国前列。轻工食品生物技术和产业化已达到或接近国际先进水平，以玉米芯为原料制备功能糖已实现产业化，产量占全国一半以上。

1. 医药产业位列全国前列

山东是经济大省，也是医药大省，医药产业的销售收入一直位居全国前列，对全省经济增长的贡献度稳步提升。近几年来，山东以原料药、化学创新药、生物技术药、疫苗与诊断试剂、现代中药、海洋药物和新型医疗器械等为重点领域，开发了一批技术含量高、市场急需的重点项目，建设了山东国家创新药物孵化基地和综合性新药开发技术大平台，初步形成了鲁中（济南、淄博、潍坊）、鲁南（济宁、枣庄、临沂、菏泽）、半岛（青岛、烟台、威海）三个新医药产业密集区，有力地推动了医药产业上规模、上水平。

从医药产业销售产值来看，2008～2013 年山东省医药产业销售额产值总体呈上升趋势，在产业构成中，化学药品原料药一直占据最大比例，2013 年生物药品增长较快，占比仅次于化学药品原料药。2013 年山东省医药产业销售收入达 3353 亿元，位列全国第一。山东还是全国为数不多的医药门类最齐全的省份之一，规模以上医药工业企业 703 家（表 5-14）。

表 5-14　2008～2013 年山东省医药产业销售额产值　　　　（单位：万元）

年份	企业数（个）	销售额产值合计	化学药品原料药	化学药品制剂	生物药品	医疗仪器设备及器械	卫生材料及医药用品	制药专用设备	中成药	中药饮片
2008	658	10 955 102	3 061 989	1 990 755	1 732 821	824 843	1 347 386	23 265	1 414 850	559 193
2009	712	13 546 744	3 211 653	3 250 662	1 981 856	999 362	1 908 247	34 869	1 402 835	757 260
2010	708	16 132 247	3 807 930	4 144 496	2 241 458	1 163 816	2 174 693	43 104	1 653 540	903 210
2011	612	20 061 541	5 331 955	4 387 779	2 784 165	1 265 330	3 070 700	47 404	2 464 053	710 155
2012	697	27 190 726	6 112 225	5 270 850	6 088 213	1 842 217	3 932 369	66 569	2 965 831	912 452
2013	—	32 312 117	7 279 306	6 032 158	7 366 121	2 244 789	5 012 073	91 315	3 246 637	1 039 718

数据来源：中国医药统计年报。

2. 山东省海洋生物产业异军突起

山东海洋生物医药产业初期以水产品精深加工和海洋功能食品生产为主，后期向海洋新材料、海洋医药生产过渡，目前已形成以海洋药物与功能食品和海水种苗繁育为主体，以海洋新材料与活性物质提取为辅的特色鲜明的海洋生物产业体系。山东省积极推进海洋生物产业发展，目前已建设海洋生物产业基地 8 个，培育了青岛明月海藻、烟台东方海洋、正大海尔制药、贝尔特海洋生物等 224 家海洋生物骨干企业。

（四）广东省

广东作为我国改革开放的前沿地区，经济发展快、实力强，生产总值占全国近九分之一。经过十几年的发展，广东已成为我国主要的生物产业基地之一，生物技术已广泛地向农业、食品、环保、轻工业等领域渗透，有力地推动广东省传统产业的升级，产生显著的经济和社会效益。

1. 生物产业工业产值增幅较大

从规模看，2013 年，全省战略性新兴产业实现工业增加值总量较大的产业有高端新型电子信息产业、生物产业、节能环保产业、新材料产业、半导体照明产业，其中，生物产业实现工业增加值为 888.40 亿元，占全省战略性新兴产业的比重为 28.0%，占全省规模以上工业增加值比重为 3.5%。从增速看，2013 年，全省战略性新兴产业增加值增长速度较快的产业有生物产业和高端新型电子信息产业，分别增长 9.9% 和 9.0%（表 5-15）。

表 5-15　2013 年全省八大战略性新兴产业增长情况

产　业	工业总产值		工业增加值	
	绝对值（亿元）	增长（%）	绝对值（亿元）	增长（%）
八大产业合计	13 125.03	10.9	3 177.71	8.1
1. 高端新型电子信息产业	5 446.39	10.1	1 196.38	9.0
2. 新能源汽车产业	61.79	4	16.27	6.7
3. 半导体照明产业	1 300.04	7.4	257.68	5.6
4. 生物产业	2 613.98	16.5	888.40	9.9
5. 高端装备制造产业	918.5	9.3	211.56	6.2
6. 节能环保产业	1 466.01	6.3	322.68	3.7
7. 新能源产业	470.67	7.7	112.24	4.1
8. 新材料产业	1 351.54	10.9	276.33	7.2

数据来源：广东统计信息网. 2013 年广东省战略性新兴产业发展情况分析。

2. 医疗器械产业位居全国前列

广东省是我国医疗器械产业三大聚集区之一，与环渤海湾地区、长三角洲地区共同构成中国医疗器械产业三足鼎立的格局。相对于环渤海湾地区的科技优势、长三角地区的工业基础优势而言，广东省的医疗器械产业具有产业化配套和创新活力优势。

多年来，广东省医疗器械产业的产值、利润等一直位居全国前列，其龙头企业在国内医疗器械产业中处于举足轻重的地位。2013 年，医疗器械产业产值达到 720 亿元；多年来年均增长率在 25% 以上。广东省现有医疗器械生产企业 2000 多家，截至 2013 年年底，共有 15 家医疗器械企业在海内外上市（同期全国共 33 家）；拥有有效医疗器械产品注册证 6500 多张。企业主要分布在经济基础较好、制造业较发达的深圳、广州、珠海、佛山等城市。以深圳为中心的珠江三角洲地区以研发生产综合性高科技医疗器械产品为优势，主要产品有监护设备、超声诊断、MRI 等医学影像设备和伽玛刀、X 刀等大型立体定向放疗设备、肿瘤热疗设备等，代表着现代医疗器械的新技术。

从医药产业销售产值来看，2008～2013 年广东省医药产业销售额产值总体呈上升趋势，2013 年达到 1365.7 亿元左右。在产业构成中，化学药品原料药一直占据最大比例（表 5-16）。

表 5-16　2008～2013 年广东省医药产业销售额产值　　　　（单位：万元）

年份	企业数（个）	销售额产值合计	化学药品原料药	化学药品制剂	生物药品	医疗仪器设备及器械	卫生材料及医药用品	制药专用设备	中成药	中药饮片
2008	508	5 738 057	404 101	1 838 421	439 334	1 385 102	359 791	9 696	1 021 058	280 554
2009	532	7 002 143	530 902	2 229 830	714 309	1 549 776	417 073	15 208	1 237 714	307 331
2010	545	8 731 867	613 041	3 152 704	735 719	1 804 308	387 938	14 434	1 586 102	437 621
2011	427	10 119 184	604 654	3 414 819	1 081 300	2 119 835	530 333	13 598	1 853 737	500 908
2012	454	11 530 369	645 785	4 218 551	1 115 166	2 171 426	525 414	11 954	2 188 680	653 393
2013	—	13 657 127	772 640	4 812 488	1 411 222	2 582 497	520 247	12 038	2 650 698	895 297

数据来源：中国医药统计年报。

第六章 产业前瞻

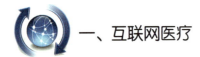 一、互联网医疗

在国际上把移动医疗和互联网医疗统称为移动互联网医疗（简称互联网医疗），这是将互联网的创新成果与医疗领域深度融合，推动技术进步、效率提升和组织变革，提升医疗创新力，形成更广泛的以互联网为基础设施和创新要素的医疗发展新形态。其主要模式可以分为两种：一种是面向医院医生的，可以称之为"B2B 模式"，这种模式主要用于医生之间的交流、医学知识库的应用和常用医学工具等；另一种是直接面向用户或患者的，可以称之为"B2C 模式"，主要用于寻医问药、远程医疗、预约挂号、信息查询和随访服务等。据不完全统计，目前关于移动医疗的 App 数量已达到数千个。

根据全球知名通信咨询公司 Mercom Capital Group 报告，2014 年全球医疗健康信息技术风投再破纪录，达 47 亿美元，比 2013 年增长超过一倍，其中互联网医疗是最大的投资对象，达 12 亿美元，且大部分资金投至可穿戴和移动医疗应用程序，分别为 5.26 亿、5.07 亿美元。

（一）互联网与医疗服务相结合是大势所趋

在互联网技术发展及人民健康需求的共同推动下，互联网与医疗服务融合，互联网医疗渗透就医各环节，通过改变健康管理方式、优化就医方式、改善就医体验、重构购药方式，为解决"看病难、看病贵"等问题提供了科技支撑，其市场规模也日益增长。2014 年全球移动医疗市场规模约为 70 亿美金，其中，我国为 30 亿人民币，并将保持高速发展态势，未来三年年复合增长率超过 80%，至 2017 年市场规模将达 200 亿元（图 6-1）。

图 6-1　国内外移动医疗市场规模预测：全球（左），中国（右）[309]

（二）互联网医疗重构医疗生态环境

1. 改变健康管理方式

互联网医疗产业经过了 1.0 时代（患者在互联网上寻找医疗资源寻医问药）、2.0 时代（医疗机构建立网络平台在线接访答疑），进入了互联网健康管理的 3.0 时代，即运用先进的互联网（含移动互联网应用）技术与健康移动终端监测产品进行联网对接，对客户身体健康指标进行实时跟踪、数据分析，发现健康指标发生异常变化时，及时、主动去联系、提醒和督促客户注意身体的健康状况，由被动咨询转为主动服务，互联网医疗改变了健康管理方式。

2. 优化就医方式

互联网医疗通过"虚拟化"的医疗系统方便就医，将医疗服务惠及更多国民。例如，在线问诊和远程医疗借助互联网实现有限医疗资源的跨时空配置，提高患者、医疗服务机构和医生彼此之间的沟通能力，突破传统的现场服务模式，缓解医疗资源匮乏的现状。从患者角度，通过互联网，突破了地理位置的局限，打破时间的限制，获得更便捷的医疗服务。从医生角度，通过持续地实施医疗监控，实时传输有关数据，加快医疗干预患者治疗的速度，节约了时间；按照相关规定，医生通过互联网合理利用其碎片化时间，为患者提供健康咨询服务，增加了合法收入。

---

309 数据来源：方正证券研究。

3. 改善就医体验

在挂号环节，患者通过互联网进行挂号，预估时间前往医院，大大节约患者时间；同时，医院根据不同科室的预约情况，提前调配医生，减少患者候诊时间，改善医疗秩序，缓解医院的拥挤；在候诊环节，科室导航服务方便患者快速找到相应的科室；在缴费环节，网络支付免去回到窗口排队缴费的麻烦；在查取检验报告环节，患者可直接在手机上查看报告，不需要再到医院打印提取；在院外康复环节，患者通过在线问诊或者远程医疗，与医生及时沟通病情，针对异常情况，及时采取应对措施。

4. 重构购药方式

互联网医疗通过去流通化的方式节省时间成本，让用户更加方便、快捷、便宜地购买并获取药品。互联网医疗购药方式主要为医药电商，运营方式以 B2C 和 O2O 两种方式为主。B2C 模式使用户获得更加方便的购药体验，通过互联网药店或者第三方医药平台，可快速查询药品信息、进行比价、咨询药物信息、查看是否支持医保报销。目前 O2O 模式也正快速发展，通过实体零售药店的快速物流配送，为用户带来更加快捷的购药体验。随着网售处方药政策的放开，医药分离的状况越加明晰，互联网医疗销售的药品种类将迎来大幅增长，医药电商的购药方式也将加速重构传统的购药方式，并更加深刻地影响着用户的购药习惯，给用户带去更加舒适的体验。

（三）全球互联网巨头纷纷涉足互联网医疗

2014 年 10 月底，Google 发布 Google Fit，其与移动设备兼容，追踪用户的运动活动，包括走路、跑步和骑车等数据，同时，Google 风投 35% 的资金支持生命科学和公共卫生事业，而两年前仅为 10%；苹果在全球开发大会上，正式推出移动健康应用平台 Health Kit，用户可在该平台同步行走步数、体重、睡眠时间、血压、血糖等数据，并得到有关自身健康和运动状况的反馈指导信息；Facebook 也紧跟步伐进入医疗领域，通过分析患者社交信息，打造医患互动平台；英特尔通过可穿戴设备，收集、处理、分析大脑与帕金森患者的相关数据。

（四）中国互联网医疗全面布局

我国 BAT（百度、阿里巴巴、腾讯）凭借技术及资金优势，也纷纷抢先布局互联网医疗（表 6-1）。

表 6-1　BAT 的互联网医疗布局

公司	布局重点
百度	采用"平台大数据"策略，凭借自身大数据优势，深入数据挖掘及人工智能领域，包括减肥瘦身指导、健康管理咨询、远程心电监测等
阿里巴巴	以并购实现在医疗领域的大跃进，涉足医药电商、挂号平台且支付宝将对医疗机构开放
腾讯	微信"全流程就诊平台"实现预约、挂号、缴费等就诊环节，投资丁香园和挂号网，增强移动医疗领域的布局，打造医患互动平台

除了 BAT，京东着重云端布局，推出"京东云助手"，通过与智能硬件相连，随时随地收集监测数据，并与腾讯一起投资缤刻普锐；360 利用其搜索优势，为用户提供药物数据查询；小米沿着智能硬件布局，投资以小米手环为主的华米科技及 ihealth 等。

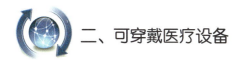 二、可穿戴医疗设备

可穿戴医疗设备是指可戴在手腕上、挂于腰间或者穿在身上的生命体征监测仪器。可穿戴设备随处可见，计步器是一种最初的可穿戴监测产品，后来，研发人员在计步器的基础上开发出能自动测量血压、心率、血糖等指标的腕表型可穿戴医疗设备。这些带有生物传感功能的监测设备逐渐得到推广，用于搜集、跟踪并管理消费者的健康情况，消费者和医疗机构之间可通过各种终端实现健康数据的无缝连接。

可穿戴智能医疗设备能够协助患者科学设计个性化的健康管理，通过检查指标来纠正功能性病理状态，中断病理改变过程。科学合理的慢性疾病管理，能够减少急诊及住院治疗次数，节约费用和人力成本。在全球范围内针对移动医疗服务效果的临床研究显示，出院后的远程监护可将病人的全部医疗费用降低 42%，就诊时间间隔延长 71%，住院时间降低 35% 等（表 6-2）。

表 6-2　发达国家在可穿戴医疗设备研究中的结论

研究疾病	研究地区	研究主题	研究结果：成本降低
糖尿病	美国	出院后的远程监护	每个病人全部医疗费用可能降低 42%
高血压	美国	通过无线远程设备将主要生命体征信息传送到电子病历中	把两次发病就诊的间隔时间延长了 71%
心力衰竭	欧盟	远程监护受心脏起搏器注入手术的病人	住院时间降低 35%，出院后就诊次数降低 10%
慢性阻塞性肺病	加拿大	远程监护有严重呼吸疾病的病人	就诊次数降低 50%

（一）可穿戴医疗设备大量涌入市场

可穿戴设备最大的市场是在医疗健康领域（比例超过 50%）。可穿戴设备是医疗机构、保险公司、医学研究机构采集和搜集患者数据的必要设备，它帮助医生获得以前想获得却很难获得的患者跟踪数据，以进一步提高诊断准确性；它能评估药物治疗效果，监测治疗过程，提高治疗效率；它也能为患者的居家康复和慢性病管理提供远程监控，降低患者治疗成本；此外，它还能满足医疗机构和保险公司的研究和评估需求。详细的疾病监测将使医生能够更好地了解和治疗患者的疾病。在英国、西欧和美国的一些医院已经进入早期的试验阶段，而其他国家也紧随其后，智慧医疗时代即将到来。根据 Transparency Market Research 研究报告，全球可穿戴移动健康设备在 2012 年的市场规模为 20 亿美元，2013 年达到 36.776 亿美元，而到 2019 年，将可以达到 58 亿美元，从 2013 年到 2019 年的复合年增长率达到了 16.4%（图 6-2）。

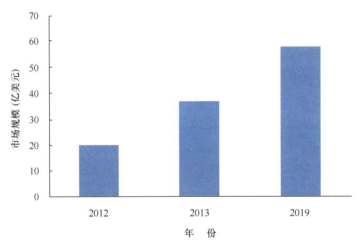

图 6-2 全球可穿戴医疗设备市场规模

数据来源：Transparency Market Research，兴业证券研究所。

智能手表引领着科技潮流，因为它们可追踪运动轨迹和计步等，被广泛应用在疾病管理中。迈克尔·克尔福克斯帕金森病研究基金会的首席执行官陶德·谢勒（Todd Sherer）博士将帕金森病描述为"24×7 疾病"，他们联手 Intel，借助 Pebble 智能手表等设备添加了一个可穿戴系统，在后台通过传感器及其他设备全天候实时监测数据异常现象及变化，为研究人员提供一种客观监测疾病发展的方式，从而提高疾病治疗效果和研究效率。

IDC Health Insights 研究经理 Silvia Piai 指出，定制的智能手表和其他可穿戴设备还有一个巨大的潜力，能追踪心理活动和环境交互影响从而改善心理健康。老年人也同样可以受益，尤其是可测量心率、温度、运动和其他生理特征的智能手表和智能服装。英国华威大学 James Amor 博士认为，活动监测可以让家属和护工了解老年人的健康状态和日常行为，并带给用户更大的信心。传统产品通常针对的是健身，比如 Fitbit 腕带、Polar 和三星手表，而 Apple Watch 的出现，打破了传统格局，允许更多的医疗保健和疾病管理技术进行对接。

Proteus 公司推出了一种利用胃酸供电的智能药片。该药片内置微型无线信号发射器和传感器，口服进入人体之后，能够追踪人体生理反应情况，并将数据传输到智能手机或平板电脑上。该公司一位发言人表示，该药片能帮助医生对病情发展作出正确判断。能监测生命体征甚至释放药物的智能皮肤贴片也正在被开发。

谷歌公司于 2014 年与瑞士诺华集团达成协议，联手研发智能隐形眼镜。该眼镜不仅能恢复眼睛聚焦功能，还可直接监测糖尿病患者的血糖水平，使其免于抽血化验的痛苦，或将成为糖尿病患者的福音。诺华首席执行官乔·希门尼斯（Joe Jimenez）表示，可穿戴技术将越来越多地"管理人类疾病"，制药公司缺乏有代表性的药品，而管理疾病的技术正在成为行业的焦点。

（二）国外成功的可穿戴医疗设备盈利模式

对于可穿戴／移动医疗厂商而言，仅仅向患者销售设备是不够的，更重要的是通过医疗监测的大数据探索新的商业模式。目前，可穿戴医疗设备在美国已经发展了多种商业模式，通过向保险公司、科研机构等收费实现盈利（表6-3）。例如，WellDoc 作为专注于糖尿病管理的移动医疗公司，通过向保险公司收费盈利；CardioNet 作为远程心脏监测服务提供商，通过向保险公司和科研机构收费盈利，除服务患者外，监测数据还可以提供给科研机构用于研发。

表 6-3　美国可穿戴医疗设备的典型企业及其盈利模式

公司名称	主要服务内容	盈利模式
WellDoc	患者可以通过手机应用方便地存储饮食、血糖水平信息；患者通过云端获得个性化的反馈和警示；WellDoc 将诊断建议发送给医护人员	通过向保险公司收费盈利
CardioNet	为患者提供长期远程心脏监测；监测到心律异常时，自动将心电图发送至 Cardionet 监测中心，以及时诊治	监测数据可提供给科研机构用于研发，通过向保险公司和科研机构收费盈利

数据来源：国泰君安证券研究。

相比较而言，目前国内大多数的可穿戴医疗设备企业仍然处于用户积累的初级阶段，比如现在市场上比较热的消费型医疗概念设备，其大多集中于某些简单数据的监测与记录上，如血压与血糖监测、女性生理周期监测以及育龄妇女与儿童的体温检测等，对于数据缺乏深度挖掘，客户之间的互动性相对较差，很多移动医疗企业至今尚未形成较为成熟的盈利模式。更为重要的是，目前市面上的多数移动医疗企业均未解决一个最为核心的问题：不论是慢性病的管理还是为客户提供远程医疗，所有数据的最终接收端应为医生，但目前由于我国公立医院医生尚未得到根本性的解放，医生（特别是三甲医院的医生）很难通过这些移动医疗设备及 App 为客户提供详细充足的专业建议。

（三）中国可穿戴医疗设备发展机遇与挑战并存

随着人们对于自身的健康监测的重视程度近一步提高，可穿戴移动医疗设备的市场规模将不断扩大。iiMedia Research 数据显示，2012 年中国可穿戴移动健康设备出货量已经达到 230 万台，其市场规模已经达到了 4.2 亿左右。预计至 2015 年底，出货量将达到 4000 万台，市场规模将达到 11.9 亿；而到了 2016 年，中国可穿戴移动健康设备的出货量预计可达 7530 万台，而市场规模将达到 23.7 亿左右（图 6-3）。

图 6-3　中国可穿戴医疗设备市场规模[310]

对于我国可穿戴医疗设备产业而言，2007～2015 年属于探索阶段，软件平台、

---

310 数据来源：iiMedia Research。

数据库等还不够成熟；2016～2018 年将是市场启动期，随着大数据和生态圈的逐渐成长，智能可穿戴产品使用起来将更方便；而 2019～2021 年预计会成为高速发展期，此后市场可能趋于稳定。从具体的可穿戴智能设备市场细分来看，目前国内可穿戴医疗设备厂商仍以移动硬件制造为主，且慢性病管理占据了 65% 的市场份额[311]（图 6-4）。

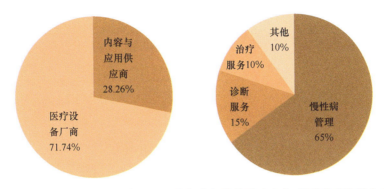

图 6-4 中国可穿戴智能设备比重：市场分行业比重（左），细分行业比重（右）

1. 三大推动力促进中国可穿戴设备发展

过去两年智能健康终端实现爆发式增长，现在面向个人和家庭的健康智能终端种类繁多，智能手环、智能运动鞋、智能体重计、智能血压计等设备已经在消费和技术的双重驱动下迅速普及。老龄化的加剧、移动互联网技术的发展及中国政府的鼓励成为促进中国可穿戴设备发展的三大主要推动力量。

养老需求：我国正迈入老龄化社会，20 世纪 90 年代以来，我国的老龄化进程加快。65 岁及以上老年人口从 1990 年的 6299 万增加到 2014 年的 1.38 亿，占总人口的比例由 5.57% 上升为 10.1%。BCG 和 Swiss Re 联合发布的报告预测，到 2050 年，中国 60 岁及以上人口将增至近 4.4 亿人，占人口总数的 34%，进入深度老龄化阶段。而 65 岁以上老龄人口的冠心病、高血压、糖尿病、哮喘、关节炎等慢性疾病的患病率是 15～45 岁人口的 3～7 倍，这造成了医疗资源的严重短缺。对老龄人口进行慢性病监测、降低长期医疗费用尤为重要。

移动互联网的爆发：移动互联网的高速发展为医疗行业带来了巨大的发展空间，据 IDC 发布的中国医疗卫生十大 IT 趋势，移动医疗将成为重点建设的 IT 系统之一。远程预约、远程医疗、慢病监控、大数据综合解决方案等将改变现有的医疗健康服

---

311 数据来源：GSM 报道，广发证券发展研究中心。

务模式。此外，随着物联网技术的发展，采用多种传感器的融合、创新的可穿戴设备，为管理自身健康做好了准备。

政府支持：由于慢性病远程监护可降低总体医疗费用，最大化利用现有医疗资源，解决偏远地区医疗资源严重不足的问题，我国政府对于移动医疗持明确的支持态度。相关部门出台了系列文件和政策来鼓励、支持移动医疗的发展。工业和信息化部、科技部等部门分别将个人医疗监护、远程诊断等列入了"十二五"规划的发展重点，并且提供相应的资金资助。国家卫生和计划生育委员会也发起和支持了一些移动医疗示范项目，包括病例记录、疾病数据和健康质量监控等移动医疗解决方案。

2. 中国可穿戴医疗设备发展面临的挑战

当智能眼镜、头罩、手表、手环、脚环、睡衣、鞋子、袜子渐渐"攻占"人体的各个部分，形成人体信号的体域网时，其真正起到的医疗效果却值得思考。[312]

（1）可穿戴医疗设备应回归用户需求和价值定位

大数据、粉丝经济等新概念层出不穷。可穿戴设备外观炫酷，的确能够在短时间吸引一部分消费者购买。但是冲动引导的购买行为，无法产生持续的购买力；已经购买的用户，也不会持续、长期地佩戴。如何鼓励用户长期佩戴，培养用户黏性，为他们带来实实在在的价值，值得深思。

（2）需要提升监测数据的可靠性

在美国，可穿戴医疗设备上市必须经过 FDA 认证，而我国尚未出台相关的监管法律或法规。可穿戴医疗设备的检测结果能否被医院认可，对可能发生的医疗事故如何处理，尚无定论。另外，即使可穿戴医疗设备准确捕捉了使用者的各种体征，它是否能妥善分析这些医疗"大数据"，得出靠谱的结果，对人们的睡眠、饮食、工作、运动进行指导，仍然需要临床测试来验证和比对。

（3）将远程医疗与实地医疗相结合

很多公司提供了病人与医生沟通视频，也会将可穿戴医疗设备采集到的一些健康数据发给医生。但是，这里最关键的是公司能够提供远程诊断与治疗服务。即使有了与医生视频交流的机会，病人真正需要的还是接受治疗。

---

312 数据来源：德勤 2020 健康与生命科学趋势报告。

（4）提供预后服务

围绕可穿戴医疗设备的话题大多都集中于预防，而忽略了追踪病人的反馈，也未及时跟踪病人的治疗效果。跟踪病患的反馈、确保治疗效果是很有必要的。比如针对人们的日常医疗咨询开发的 iOS 应用 FirstOpinion，就能及时让医生回应病人的问题，并在与病人初次会面后，仍旧保持密切联系，直到病人完全康复。

预防和遵医行为应该是远程医疗的终极目标，也是减低医疗费用的一种途径。为了达到这样的目的，供应商需要了解病人的用药和病史，同时，能够在远程医疗中获取相应的数据并得出准确的医疗诊断。最后，联合所有掌握病人现有医疗数据的群体是十分有必要的，比如专家医生、药店甚至家庭看护等。只有数据共享、资源整合，可穿戴设备价值才能得到真正的体现。

三、多肽药物

多肽药物主要来源于内源性多肽或其他天然多肽，其结构清楚、作用机制明确，质量控制水平接近于传统的小分子化学药物，而活性上接近于蛋白质药物，集合了传统化学药物和蛋白质药物的优点（图 6-5），适用于治疗传统化学药物治疗的某些复杂疾病，包括代谢性疾病、肿瘤、感染等。多肽药物分子结构小、易改造、易合成，其生产无需大流程装置，普通大型实验室即可达到生产条件，且生产过程中排放的废物少，属于绿色制药，因此多肽药物是 21 世纪最有发展前途的药物之一。

① 药效高：日用量微克到毫克不等。 ② 安全性好：易代谢，蓄积毒性小。 ③ 特异性好：脱靶副作用少。	① 免疫原性低。 ② 方便保存。 ③ 专利保护容易。 ④ 工艺成熟，质量可控，纯度高。
多肽同小分子化学药物相比	多肽同重组蛋白、单抗相比
① 生产成本高：大品种原料药国际市场 25 万～50 万美元 /kg，小品种生产的原料药成本每克上千美元。 ② 给药方式问题：自身注射不方便 + 长期频繁注射痛苦；半衰期短，容易被体内酶分解，排泄速度快；穿越生理屏障能力差。 主要限制因素	① 血浆中稳定性低，对酶敏感。 ② 生物利用低。

图 6-5　多肽药物与小分子药物、生物技术药物对比

数据来源：华融证券。

（一）多肽药物开发呈现多样性

20 世纪以来，由于小分子药物的顺利发展和多肽自身的缺陷，多肽药物的发展在很长一段时间内一直未受到重视。然而，随着小分子药物开发成本和风险提高，开发难度越来越大，开发成功率也越来越低；与此同时，随着生物技术与多肽合成技术的日臻成熟，越来越多的多肽药物被开发并应用于临床。过去几十年来，每年进入临床试验的多肽候选药物一直稳步增长。20 世纪 70 年代以前，每年平均不到 1 个多肽药物进入临床试验；20 世纪 70 年代，每年平均大约只有 1 个进入临床试验；而在 20 世纪 80 年代和 90 年代，每年平均进入临床试验的分别大约为 5 个和 10 个；21 世纪前 10 年，进入临床试验的多肽药物数量攀升，每年平均大约有 17 个。尤其是近一二十年来，与多肽合成相关的技术、设备和工艺等方面得以迅速发展，直接导致了多肽药物研发成本和生产成本的大幅度下降，多肽药物的开发也因此进入黄金时期，主要可分为多肽疫苗、抗肿瘤多肽、抗病毒多肽、多肽导向药物、细胞因子模拟肽、抗菌性活性肽、用于心血管疾病的多肽、诊断用多肽等几大类（表 6-4）。

表 6-4　多肽药物分类及其特点

多肽药物	药物特点
多肽疫苗	免疫应答能力、安全、反应原性低
抗肿瘤多肽	特异性小肽作用于肿瘤发生时所需的调控因子，封闭其活性位点，可防止肿瘤发生
抗病毒多肽	从肽库内筛选与宿主细胞受体结合的多肽或能与病毒蛋白酶等活性位点结合的多肽，用于抗病毒的治疗
多肽导向药物	将能和肿瘤细胞特异结合的多肽与活性因子进行融合，则可将这些活性因子特异性地集中在肿瘤部位，可大大降低毒素、细胞因子的使用浓度，降低其副作用
细胞因子模拟肽	利用已知细胞因子的受体从肽库内筛选细胞因子模拟肽，这些模拟肽的氨基酸序列与其相应的细胞因子的氨基酸序列不同，但具有细胞因子的活性
抗菌性活性肽	当昆虫受到外界环境刺激时产生大量的具有抗菌活性的阳离子多肽，体内外实验证实，多个抗菌肽不仅有很强的杀菌能力还能杀死肿瘤细胞
用于心血管疾病的多肽	从人参、茶叶、银杏叶等植物内也分离出很多可用于心血管疾病的小肽
诊断用多肽	作为抗原用于检测病毒、细胞、支原体、螺旋体等微生物和囊虫、锥虫等寄生虫的抗体

（二）全球多肽药物发展概况

在全球多肽药物市场中，美国是最主要的市场，拥有超过 60% 的市场份额；而欧洲拥有大约 30% 的市场份额；亚洲和其他各地共享剩余的大约 10% 的市场份额。

其中，亚洲多肽药物市场又以日本为主。2014 年全球多肽药物市场规模约为 200 亿美元，占全球医药市场的 2% 左右，规模较小。据华融证券预计，多肽药物未来会保持 8% 左右的增速，约为全球整体增速的 2 倍，在 2018 年达到 288 亿美元，增长潜力巨大。截至 2015 年 6 月，全球已有 171 个多肽药物上市[313]（图 6-6）。

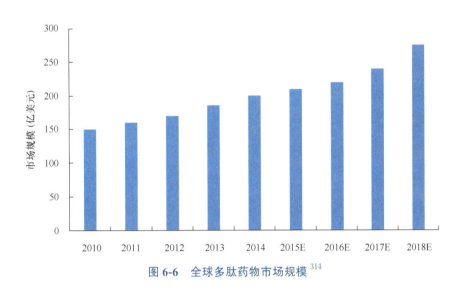

图 6-6　全球多肽药物市场规模[314]

其中孤儿病与罕见病、肿瘤、糖尿病领域规模都在 30 亿美元以上，是当今多肽药物发展的三驾马车。而其余四个领域，胃肠道、骨科、免疫、心血管领域相对较小，但也有个别重磅品种。未来五年，全球多肽药物市场将主要集中在罕见病和糖尿病两大领域。受克帕松 2015 年专利到期的影响，孤儿病领域后备品种很多，多具有成为重磅炸弹的实力；糖

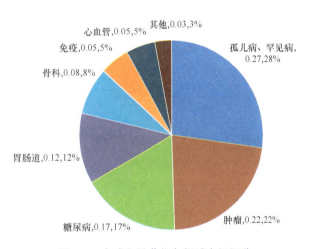

图 6-7　全球多肽药物各领域市场细分

尿病领域在诺和诺德的利拉鲁肽成功之后，胰岛素三巨头中的赛诺菲和礼来的 GLP-1 药物也即将推出，长效、口服的 GLP-1 药物也有望成为可能（图 6-7）。

---

313 数据来源：Thomson Reuters Coretellis。
314 数据来源：华融证券。

1. 三大主要领域的多肽药物发展各具特色

在罕见病领域，由于病患数目有限，孤儿药的开发一直未能成为主流制药公司的研发重点，因此其价格与普通疾病治疗药物相比更为高昂。多肽药物由于"金贵"、给药不便，所以在缺乏治疗手段和化学药的罕见病领域，比较有竞争力。同时 FDA 在政策上的支持和市场高昂定价也是该类药物的有利生存环境。

在肿瘤领域，肿瘤细胞有其特殊的生长模式，包括可以无限复制、自我调节生长信号、对外界生长抑制信号不反应、抗细胞凋亡、自我调控血管生成、免疫逃逸等。人们需要根据肿瘤的不同特点寻找可行的治疗措施。近年来抗肿瘤治疗转向了新型抗癌方法的研究，例如，以肽为基础的治疗，其与小分子化学药物相比，肽类对目标肿瘤具有更高的亲和力和更强的特异性，并且具有低毒性，还可以增加肿瘤对其他治疗方法的敏感度；与抗体相比，由于肽类体积微小，因此它们更容易渗透到组织中。目前上市的多肽药物主要集中在妇科肿瘤和前列腺癌，目前Ⅲ期临床多肽药物有 6 个，适应证范围有很大的突破，包括间皮瘤、肠癌、肝癌等。

在糖尿病领域，人工胰岛素虽然曾挽救了无数糖尿病人的生命，但是由于是外源性的胰岛素补充，并不能诱发胰岛的自身分泌功能，所以治疗结果往往是造成胰岛的最终衰竭。目前，治疗糖尿病的多肽药物主要是 GLP-1 激动剂，这类药物的特点是适合肥胖的 2 型糖尿病患者，可以降体重；其次是保护胰岛 β 细胞功能和智能降血糖。其缺点是昂贵和恶心呕吐等不良反应（表 6-5）。

表 6-5 罕见病、肿瘤和糖尿病三大领域主要的已上市多肽药物[315]

疾病	药品名称	公司	适应证	上市时间
孤儿病与罕见病	格拉替雷（Glatiramer）	Teva	复发性多发性硬化症	1996
	恩夫韦肽（Enfuvirtide）	Roche	成人及 6 岁以上儿童的抗艾滋病治疗	2003
	兰瑞肽（lanreotide）	Ipsen Pharma	肢端肥大症以及神经内分泌肿瘤引发的综合征	2007
	艾替班特（icatibant）	Jerini	遗传性血管水肿（HAE），一种罕见病，急性发作，18 岁以上成人患者	2010
	替度鲁肽（Teduglutide）	NPSPharms, Nycomed	短肠综合征	2012

315 数据来源：EvaluatePharma，PDB，FDA，EMA，华融证券。

疾病	药品名称	公 司	适应证	上市时间
肿瘤	加尼瑞克（ganirelix）	Organon	不孕不育	1999
	戈舍瑞林（goserelin）	AstraZeneca	前列腺癌及子宫内膜异位症，乳腺癌，子宫肌瘤	1987
	地加瑞克（degarelix）	Ferring Astellas Pharma	晚期前列腺癌	2008
糖尿病	普兰林肽（pramlintide）	Amylin Pharms	1 型和 2 型糖尿病	2005
	艾塞那肽（exenatide）	Amylin Pharms，Eli Lilly	2 型糖尿病	2005
	利拉鲁肽（liraglutide）	Novo Nordisk	2 型糖尿病	2010
	利西拉肽（Lixisenatide）	Sanofi	2 型糖尿病	2013
	阿必鲁肽（Dulaglutide）	GSK	2 型糖尿病	2014
	度拉糖肽（Albiglutide）	Eli Lilly	2 型糖尿病	2014

2. 多肽药物开发企业以欧美中小企业为主

多肽药物行业比较新兴，在药品领域市场集中度很低。欧美的中小公司是行业的主流，其中，辉凌制药（Ferring）、益普生（Ispen）、默克雪兰诺（MerckSerono）表现比较突出；跨国巨头中，礼来和诺华在多肽领域也有一定的实力。目前这些公司都进入了中国市场。其中，辉凌制药是瑞典的一家专业从事多肽药物开发的中小企业，旨在发展及研究肽类激素产品。至今，辉凌制药已从肽类激素及其类似物的研究，拓展至其他领域，主要包括内分泌科、肠胃科、妇产科及泌尿科等药品。公司在生殖健康领域和胃肠道领域实力较强，有较强的产品线和后续研发梯队（表6-6）。

表 6-6 主要的多肽药物开发公司

公 司	产品数量	产 品
辉凌制药	10	可的瑞林（早期使用）、促甲状腺素释放激素（早期使用）、生长瑞林（早期使用）阿托西班、卡贝缩宫素、戈那瑞林、曲普瑞林（仿制）、地加瑞克、去氧加压素、特利加压素
益普生	2	兰瑞肽、曲普瑞林
默克雪兰诺	3	生长抑素、舍莫瑞林、西曲瑞克
礼来	3	杜拉糖肽、艾赛那肽、特立帕肽
诺华	4	鲑鱼降钙素、人降钙素、缩宫素、赖氨加压素（早期使用）

（三）中国多肽药物开发步伐加快

20 世纪 90 年代开始，跨国企业如瑞士诺华制药有限公司、德国默克雪兰诺有限公司、瑞士辉凌控股有限公司、美国赛生药业有限公司等向中国申报注册多个化学合成多肽药物，善宁（注射用奥曲肽）、思他宁（注射用生长抑素）、依保（注射用醋酸阿托西班）、日达仙（注射用胸腺法新）等一批国外品牌多肽药物开始进入中国，并获得了市场成功。20 世纪 90 年代末，国内企业逐渐开始关注化学合成多肽药物，然而由于受技术条件及硬件设备的限制，诸如多肽合成仪、制备级色谱、保护氨基酸、树脂等设备及原辅材料的供应相对不足等原因，中国企业难以大规模生产化学合成多肽药物。直到 21 世纪初，随着中国各项技术配套逐渐成熟，多肽药物的研发已由跟踪研究与创仿相结合的开发阶段，开始步入自主创新时期。

目前在国内上市的化学合成多肽药物共有 47 个，其中 17 种已实现国产化（表 6-7）。与国际市场相比，国内多肽药物行业尚处于起步阶段，但在国家"863"计划和"重大新药创制"科技重大专项的扶持下，国内很多企业和科研机构加大了对多肽药物的研究与开发力度。尽管中国在创新多肽药物研发方面基础薄弱，然而至少拥有数百家公司从事多肽原料和原料药方面的生产销售，占据着世界主要的原料市场。中国已经拥有良好的多肽药物开发基础和创新环境，也拥有巨大的人才优势，将这些优势转化为多肽药物的创新，是一个可探讨的、有吸引力的方向。

表 6-7 已上市的国产化多肽药物 [316]

药物名称	公司	适应证
人凝血酶原复合物	山东泰邦生物制品有限公司 华兰生物工程公司	凝血因子缺乏，凝血障碍
凝血酶	浙江海正药业股份有限公司 华兰生物工程公司	出血
人胰岛素	通化东宝制药有限公司	1 型糖尿病，2 型糖尿病
寡肽	武汉海特生物制药股份有限公司	乙肝病毒感染
醋酸阿拉瑞林	安徽丰原药业股份有限公司	子宫内膜异位症
生长激素抑制素	鲁南制药集团股份有限公司	糖尿病；功能性肠道障碍

---

316 数据来源：Thomson Reuters Coretellis，2015 年 6 月。

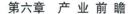

续表

药物名称	公司	适应证
胸腺肽	中国生物制品公司	免疫缺陷
	哈尔滨太平洋生物制药有限公司	
	兰州生物制品研究所	
	长春生物制品研究所	
脑蛋白水解物	四环医药控股集团有限公司	老年痴呆；外伤性脑损伤
人纤维蛋白原	上海生物制品研究所有限公司	I 因子缺陷
	华兰生物工程公司	
	成都蓉生药业有限责任公司	

四、生物识别

生物识别技术是利用人体手形、指纹、脸型、虹膜、脉搏、耳郭等固有的生理特性，和笔迹、声音、步态、按键力度等行为特征来进行个人身份鉴定的技术，具体识别流程如图 6-8 所示。根据生物识别技术利用的特征，生物识别技术大体上可以分为两类：其一，生理特征，其与生俱来，多为先天性的，包括指纹、掌纹、虹膜、人像以及 DNA 等；其二，行为特征，后天形成的，包括步态、笔迹等。智能化时代应以人为中心，崇尚"便捷、高效、安全、私密"，对生物识别技术的易用性、精确性、安全性等提出了更具挑战性的需求。

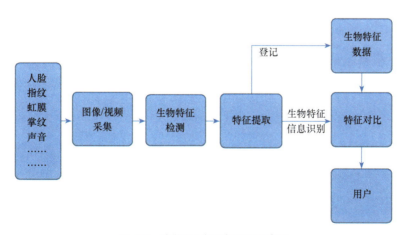

图 6-8　生物识别系统流程示意图

数据来源：国泰君安证券研究。

（一）两大驱动力推动生物识别技术发展

安全需求是生物识别技术市场发展的核心驱动力。随着现代人类对安全性和便捷性追求加剧，密码等传统安全认证手段已显得越发局限。因此，基于人类自身生物特征的安全识别技术是未来重要发展方向。安全需求是生物识别技术市场发展的核心驱动力，包括两方面：第一，个人安全需求层次，生物识别技术在智能终端市场应用的爆发；第二，公共安全需要层次，政府主导下大中型应用系统将加速推进（表 6-8）。

表 6-8　生物识别技术细分为个人安全和公共安全两大方面

类别	需求层次	重点细分市场	主要应用
个人安全	人身安全、财产安全、个人信息安全等	大众消费类应用	指纹 / 人脸识别门锁、箱柜锁、电脑、手机开机认证、网络认证等
公共安全	国家安全、公共群体生命安全、公共财产安全、卫生安全、食品安全、法制安全、信息安全等	司法应用	自动指纹识别系统（AFIS）及自动人脸识别系统（刑侦用途）等
		公众项目应用	社保、医疗、教育卫生应用等
		公共与国家安全应用	出入境管理和证照系统、视频监控、治安管理等
		商业应用	门禁、考勤、身份认证等

1. 互联网 + 发展带动生物识别爆发

近年来，随着移动互联网的爆发，以 iPhone 为代表的智能手机将指纹识别功能作为"标配"，生物识别技术被越来越多的人所接受并使用，生物识别行业正式进入爆发期。根据国泰君安研究报告数据显示，2013 年全球生物识别市场规模达到 73.39 亿美元，其中指纹识别技术使用范围最广，产品市场份额约占 58%；其次是人脸识别产品，约占 18%。预计至 2018 年生物识别市场规模将达到 370.2 亿美元，2013～2018 年年复合增长率为 35.2%（图 6-9）。

随着生物识别技术逐步向民用市场扩张，越来越多的人开始关注生物识别技术；另外，随着生物识别技术进步和成本下降，生物识别模块在智能手机和平板电脑中的渗透率提升。以指纹传感器为例，之前价格高、品种少，主要以光学的形式采集，现在则大多是电子采集；DNA 识别会涉及价格成本问题等。设备价格的下降、手机和电脑的普及等都影响着生物识别的市场。

图 6-9 全球生物识别技术市场规模（亿美元）

2012 年以来，苹果、谷歌等科技巨头频频收购网络安全技术公司。2012 年，苹果收购全球第一大指纹传感器供应商 AuthenTec 公司，随即在 2013 年就推出了搭载指纹传感器的 iphone5S，实现指纹识别在智能终端上的应用。2013 年，Google 相继收购美国手势识别技术公司 Flutter 及以色列声波识别技术公司 Slicklogin，加速其在生物识别领域布局。2014 年 7 月，FiDELYS 公司发布了全球首款搭载虹膜识别技术的智能手表，可通过虹膜识别技术快速而准确地采集和识别用户虹膜信息，解决密码输入、个人隐私保护以及身份认证等关键问题，实现密码输入、门禁、汽车锁、移动支付认证以及云应用等功能。科技巨头对生物识别领域的布局表明，包括指纹识别在内的各种生物识别技术将迎来更广阔的市场。

2. 公共安全需求的提升驱动生物识别技术发展

随着全球经济发展和城市化进程的推进，各国均在加大对暴恐等公共安全监管的投入力度，以美国、欧盟、印度等为代表的国家或地区相继实施生物识别技术相关大型系统工程，推动生物识别技术在公共安全领域的加速普及。目前，发达国家生物识别技术市场中的大中型项目占比已达 80% 以上[317]（表 6-9）。

---

317 数据来源：中国安防。

2015 中国生物技术与产业发展报告

表 6-9　全球主要地区推进生物识别项目[318]

国家或地区	地区人口总数（亿人）	项目简介
美国	3.2	美国国土安全部启动 US-VISIT 工程，即美国旅客暨移民身份显示技术，此项工程的主要目的为追踪恐怖分子
欧盟	5.1	欧洲各国在普及生物识别护照、国民身份证计划和第二代申根信息系统（SIS）的同时，积极推动生物识别技术产业的发展。欧盟成员国同意使用电子肖像和指纹识别的护照储存技术，包括英国、乌克兰等国家已经陆续推出生物识别护照
印度	12.1	印度唯一身份识别项目计划，即 Aadhar 计划，主要采用指纹识别技术和虹膜识别技术

（1）美国

美国是全球最主要的生物识别市场，除了商业用途比较普及之外，政府也是生物识别技术最大的用户。"9·11"事件后，全美 115 座机场和 14 个主要港口设立了"美国访客和移民身份显示技术"系统，可以进行指纹识别、虹膜识别、面部图像扫描及掌纹识别等。而 27 个免签证国公民前往美国，必须持生物识别护照。

（2）欧洲

欧洲各国政府通过严格的安全标准和特殊规范，使得欧洲地区的生物识别技术市场在近年内取得了快速成长。除了推行国际民航组织（ICAO）和生物识别应用程序接口联盟（BioAPI）等行业组织制定的一系列标准外，欧洲各国在普及生物识别护照、国民身份证计划和第二代申根信息系统的同时，积极推动生物识别技术产业的发展。Frost&Sullivan 公司的研究显示，目前欧洲市场关键的增长领域包括非指纹自动识别系统（Non-AFIS）、指纹自动识别系统（AFIS）、面部识别、扫描眼（虹膜和视网膜）、掌形、声音验证和签名验证等。

（3）印度

目前，印度生物识别技术市场仍处于萌芽期。国内主要的生物识别解决方案提供商有 Bartronics、Bioenable Tech、Jaypeetex 和融合（Fusion）生物识别公司等，主要生物识别技术系统集成商有 Zicom、Datamatics、Johnson 等公司。印度政府和私营企业对生物识别技术的高度认可，推动了市场的快速发展。印度生物识别市场现在仍集中在指纹技术，未来有望在虹膜识别技术上有所突破。此外，为解决身份被冒

---

318 数据来源：虎嗅网、国泰君安证券研究。

用而阻碍国家发展的问题，印度政府从 2010 年 9 月起为全国 12 亿人口建立国民身份数据库，在全球首开用生物识别系统的先例。

（4）中国

随着我国经济发展和城市化进程推进，各类违法犯罪活动的流动性、突发性以及职业化日益显现，社会治安管理面临巨大压力。而新疆等地出现的暴恐事件，对公安部门预防犯罪、遏制各类违法犯罪提出巨大挑战。2008 年，由中国科学院自动化所生物识别与安全技术研究中心研制的具有完全自主知识产权的人脸识别系统，已经成功应用在北京奥运会开闭幕式上。

但是与美国等发达国家高度发达的生物识别技术相比，我国生物识别市场严重落后，目前我国生物识别产品主要为小型商业应用和消费类生物识别应用低端产品（占比 75% 以上），包括指纹、人脸、虹膜的门禁／考勤和指纹、人脸识别门锁等。随着我国二代身份证指纹采集标准确立、生物识别产业联盟建立以及国家主导的电子护照和身份证指纹采集大型项目相继启动，我国生物识别技术应用逐渐普及，带动我国生物识别市场正从较简单的商业应用和消费类产品逐渐扩展到涉及公共安全、国家安全及公共利益等中大型系统。

（二）生物识别产业未来发展趋势

随着各种生物特征识别技术的不断发展和提高，在全球信息化、网络化的大背景下，生物特征识别技术的应用面将会越来越广，深度也会不断深入，并将呈现出以下三个发展趋势。

1. 网络化趋势

生物识别技术解决了人类社会日常生活中一个基本的身份识别问题，今后，这种身份认证的结果会越来越多地和各种行业应用结合起来，并通过网络得以信息共享，即"身份识别＋物联网"的发展趋势。

2. 融合趋势

随着生物识别技术应用的逐渐普及，应用系统已经从较简单的商业应用级产品（如门禁、考勤等）和消费类产品（如指纹门锁、指纹验证等）逐渐深化，扩展到涉及公共安全、国家安全及公共利益等中大型系统，如警用指纹与人脸自动比对系统、生物特征护照系统、社会保险系统、出入境管理系统、智能监控、黑名单追逃系统等。各种生物特征识别技术有各自的优点，也有各自的短处，对于一些安全性要求较高的特殊行业，就需要几种生物特征识别技术的融合应用，以进一步提高身份识别的整体安全性。目前欧美等发达国家的厂商都把注意力投向了复杂大系统、多重生物识别技术（multi-biometrics）融合的中高端产品及应用。

3. 行业内并购重组频繁，寡头化发展趋势明显

目前，全球规模以上的生物识别技术企业仅有 20 家左右，主要为技术先进的国际性大公司。其中，指纹识别行业优势公司主要包括 AuthenTec 公司、Fingerprint cards 公司、Synaptics 公司等；虹膜识别优势研究机构和公司主要包括美国 Iridian 公司、IriTech 公司、Sarnoff 公司，韩国 LG 公司，日本 OKI 公司等。全球的生物识别技术主要企业通过有计划、频繁地进行同行并购、重组，目的在于获得多种技术，用以开发多重生物识别融合产品，并且减少竞争对手，获得更大的市场份额。未来行业内并购重组仍将继续，寡头化发展趋势明显。

第七章 投融资

一、全球投融资发展态势

（一）投资前景看好，生命领域 IPO 势头不减

基于股价的持续攀升与生命技术的不断发展，2012 年与 2013 年生命科学领域投资的强劲势头延续至 2014 年。2014 年，生命科学行业在全球共募集资金 1042 亿美元，相比 2013 年增长了 113 亿美元。这是生命科学行业继 2009 年之后达到投融资总额的第二大高峰。

在 IPO 方面，2014 年生命科学领域公司的 IPO 数量比 2013 年有了较大提升，与其他领域相比，展现出极大的活力。以美国硅谷 2014 年的投融资情况为例，2014年生物科技公司连续第二年占据 IPO 交易的半数以上，共有 59 笔交易，是该领域自1994 年以来 IPO 数量最多的一年。总体而言，生命科学公司的 IPO 数量在 2014 年风投公司的 IPO 中占到 70%。从全美的 IPO 情况来看，2014 年生命科学的 IPO 数量比 2013 年上升 36%。可见该领域 IPO 市场仍然是投资的热点（图 7-1）。

（二）资本市场扭转颓势，生命科学公司估值激增

生命科学领域的投资者在 2014 年收获颇丰。相比 2013 年，2014 年全球生命科学领域有 4 家公司市值在一年内翻了 5 倍，呈现迅猛的发展势头。美国证交所生物技术指数（the amex biotechnology index）显示，2014 年该指数增长超过 48%，而 2013 年则下降了约 4%。其中，最大的投资回报来源于大冢制药以 35 亿美元对 Avanir Pharmaceuticals 的收购案，致使该股的投资者回报总计达到 404.5%。

生命科学领域资本市场的活跃也来源于生物医药领域新技术的突破。如 Agios Pharmaceuticals 于 2014 年首次推出两种通过干扰肿瘤细胞代谢的抗肿瘤药物，并获

图 7-1　1995～2014 年硅谷公司 IPO 总数及生命科学类公司 IPO 情况

数据来源：泛伟律师事务所，2015，《硅谷风险投资调查 2014 年第 4 季度》。

得巨大的成果，达到良好的临床疗效，致使该公司受到广泛的关注。其次，基因治疗也是该领域的重要增长点，该技术通过将外源正常基因导入靶细胞，以纠正或补偿因基因缺陷和异常引起的疾病。Bluebird Bio 通过其基因治疗使两位病人有效缓解了 β 地中海贫血，致使其股价上升 367%，这项技术可能影响全球范围内 15 000 名类似的罕见血液病患者。总之，生命科学行业的整合、新药研发及治疗方法的推广，是生命科学资本市场不断增长的动力来源（表 7-1）。

表 7-1　福布斯 2014 生命科学风险领域表现最好的前 10 家上市公司

公司名称	2014 回报率（%）	市值（百万美元）
Avanir Pharmaceuticals，Inc.	404.5	3284.50
OvaScience，Inc.	383.8	1075.30
Agios Pharmaceuticals，Inc.	367.8	4103.90
Bluebird Bio，Inc.	337.2	2875.60
Receptos，Inc.	322.6	3792.80
TG Therapeutics，Inc.	306.2	696.4
Prosensa Holding NV	301.5	677
Pernix Therapeutics Holdings	272.6	359.6
Achillion Pharmaceuticals	269.1	1228.00
Amicus Therapeutics，Inc.	254	774.7

数据来源：Forbes，2015，The Best-Performing Biotechnology Stocks of 2014。

（三）初创企业受风投热捧，医疗设备成投资热点

随着全球人口老龄化加剧与健康产业巨大的市场潜力，生命科技仍然是 2014 年风险投资的热点领域。2014 年，生命科技领域初创企业（包括医疗设备、医药、生物科技等）在全球共获得风险投资 82 亿美金，比 2013 年增加 28%，其中第二季度走势最为强劲（图 7-2）。

图 7-2　2013～2014 年各季度生命科学领域的 VC 投资额及交易量

数据来源：BC Insight，2015，Life Science Startups Raise $8.2 Billion from VCs in 2014。

2014 年，有多家生命科技公司通过风投融资超过 1 亿美金，其中 RNA 治疗公司 Moderna 从 E 轮投资中得到的 4.5 亿美金是生物科技领域 2014 年最大的一笔风投投资，其投资者包括维京全球投资（Viking Global Investors LP）、Invus、RA 资本管理（RA Capital Management）、威灵顿管理公司（Wellington Management Company，LLP）、阿斯利康制药有限公司（AstraZeneca）以及亚力兄制药公司（Alexion Pharmaceuticals），该项投资也是生物科技领域史上最大规模的私募股权融资活动（表 7-2）。

表 7-2　2014 年生命科学风险投资领域 TOP10 交易情况

公司名称	次数	投资金额（亿美元）	季度
Moderna	E 轮	4.5	Q4′2014
Intarcia Therapeutics	成长股权	2	Q2′2014
Juno Therapeutics	B 轮	1.34	Q3′2014
Alignment Healthcare	成长股权	1.25	Q2′2014

续表

公司名称	次数	投资金额（亿美元）	季度
InVitae	F 轮	1.2	Q4'2014
Naurex	C 轮	0.8	Q4'2014
Spark Therapeutics	B 轮	0.73	Q2'2014
Melinta Therapeutics	成长股权	0.7	Q1'2014
Data Driven Delivery Systems	B 轮	0.61	Q3'2014
Kolltan Pharmaceuticals	D 轮	0.6	Q1'2014

数据来源：BC Insight，2015，Life Science Startups Raise $8.2 Billion from VCs in 2014。

从垂直细分领域来看，生命科学投资领域的市场份额主要由医疗设备和生物技术占领。其中医疗设备是风险投资的热点，从交易数量来说，医疗设备领域交易比生物技术领域多 51 宗，但没有多于 5100 万美金的交易。而从交易额来说，生物技术领域多于 5100 万美金的交易有 5 宗，在金额上有一定优势。药品开发是第三大投资领域，也是剩余领域中唯一市场份额超过 10% 的领域（图 7-3）。

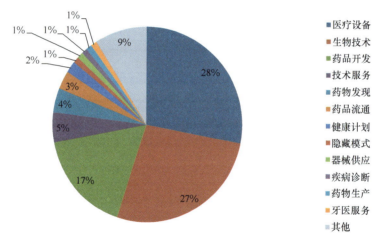

图 7-3　2014 年生命科学领域的 VC 投资市场分布情况

数据来源：BC Insight，2015，Life Science Startups Raise $8.2 Billion from VCs in 2014。

（四）生物制药并购数量略有下降，交易金额显著增长

随着研发成本不断攀升与市场竞争日益激烈，专注所长成为了必然趋势，并购交易是提升产业集中度，加强企业在特定领域优势的有效手段。从生命科学领域的并购情况来看，2014 年生命科学领域内生物制药公司的并购数量虽略有下降，但是交易总额显著增长，达到 2120 亿美元，是 2013 年的近 3 倍（表 7-3）。

表 7-3 2005～2014 年 10 年生物制药领域交易一览

时间	交易总值（亿美元）	交易数量	时间	交易总值（亿美元）	交易数量
2005	620	143	2010	1090	194
2006	1010	154	2011	560	197
2007	700	170	2012	430	192
2008	1090	188	2013	790	193
2009	1520	171	2014	2120	182

数据来源：Evaluate Pharma，2015，Analysis excludes mega-merger takeover of Genentech。

分析 2014 年并购交易额的上升原因，除了健康产业的持续升温与公司战略外，生物制药公司的估值飙升也发挥了重要的作用。例如纳斯达克生物技术指数 2014 年全年上涨了 34%，与此形成对比的是，标准普尔 500 指数仅上涨了 11%。这一趋势促使并购金额的上升，尤其对于具有竞争优势的专科制药公司。从季度分析来看，2014 年前三季度生命科学的并购交易比较平稳，略高于前几年同期交易额，而最后 3 个月，艾尔健 660 亿美元巨额并购的出现促使生命科学交易额达到巅峰（图 7-4）。

图 7-4 2007～2014 年各季度生命科学领域的并购交易总值与交易数量

数据来源：Evaluate Pharma，2015，Analysis excludes mega-merger takeover of Genentech

对 2014 年的并购案进行分析，排在榜首的并购案来自于阿特维斯（Actavis）和艾尔健（Allergan）660 亿美元的并购案，这笔交易也使得合并后的企业跻身全球十

大药企。此外，其他生命领域巨头也正通过业务整合独霸其优势领域，比如收购了诺华疫苗业务的 GSK，收购了默沙东保健业务的拜耳等。其次，从并购的企业类型也可以预测其未来发展方向，比如罗氏先后收购了 InterMune 和 Ariosa，加强罗氏在医疗诊断领域的地位。毕马威会计师事务所（KPMG）在调研了美国 387 位公司的财务主管以及金融业专家后预计，2015 年生命科学仍将是并购与收购领域最活跃的产业，这也极有可能成为未来几年的主流之势（表 7-4）。

表 7-4　2014 年生物制药 TOP10 并购交易

排名	收购方	被收购方	交易额（亿美元）
1	阿特维斯	艾尔健	660
2	Actavis	森林实验室	250
3	诺华	葛兰素史克的肿瘤业务	160
4	默克	Cubist 制药	95
5	罗氏	InterMune	83
6	葛兰素史克	诺华除流感疫苗外的疫苗业务	71
7	Mallinckrodt	Questcor 制药	56
8	迈兰	雅培旗下仿制药业务	53
9	百利高	欧米茄制药	45
10	默克	Indenix	39

数据来源：Evaluate Pharma，2015，Analysis excludes mega-merger takeover of Genentech。

（五）即将上市的生命科技公司是非风险投资的主要流向

针对初创企业的投资往往需承担较大的风险压力，在 2013 年与 2014 年，生命科学的投资领域出现了许多非风险投资，特别是对冲基金，主要针对准备上市的公司提供融资服务。这些投资机构或投资者的战略在于通过提供后期融资，在公司上市之前占有一席之地。对于接受投资的公司来说这些机构的投资非常重要，这些投资机构与传统风险投资机构相比对较高的公司估值并不敏感，并对公司上市后的市场表现充满信心。

以美国在该领域投资情况为例，2013～2014 年，美国前 15 位的非风投机构投资了 57 个类似项目，截至 2015 年 2 月已有 25 个项目实现收益，包括 21 个 IPO 项目和 4 个企业并购交易。其中，投资 IPO 项目的投资机构获利最大，平均获得了超过 52% 的投资收益。非风险投资目前的主要投资对象是医药企业，预计 2015 年这一趋势也将延伸至医疗器械和诊断设备领域（图 7-5）。

164

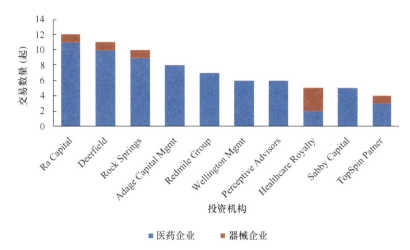

图 7-5　2013～2014 年美国 TOP10 非风险投资机构投资情况

数据来源：Silicon Valley Bank，2015，Trends in Healthcare Investment and Exits 2015。

 二、中国投融资发展态势

（一）总体趋势稳步上升，服务业发展迅速

1. 风险投资交易额与交易量实现突破

2008～2013 年，中国生命科学领域的风险投资虽然相对活跃，但年投资总额基本在 10 亿美元左右。2014 年生命科学领域的风险投资额出现激增，投资总额达到 17 亿美元，相比 2013 年上升了 70%；交易数量达到 69 项，相比 2013 年上升了 57%；平均交易额达到 3100 万美元，相比 2013 年上升了 29%。从季度来看，第四季度风险投资的表现最佳，共达成 20 起交易，总额超过 7 亿美元。从交易额来看，2014 年最大的一笔风投交易来自多家中国投资机构对深圳华大基因的风险投资，投资总额达到 3.2 亿美元，购买了华大基因新生儿检测 20% 的份额（图 7-6）。

2. 药物研发退居二线，服务业成主要投资领域

2009～2013 年，药物研发领域是生命科学领域投资的主要对象，一般占生命科学风险投资交易额的 60%；而在 2014 年，药物研发领域的投资总额共 4.39 亿美元，仅占投资总额的 26%，排在第二位。2014 年生命科学风投领域排名第一位是服务业，

图 7-6　2009～2014 年中国生命科学领域风投情况

数据来源：CHINABIO 网站，2015，《China Investment 2015:Raising the Bar》。

共募集到风险投资 5.67 亿美元，占投资总额的 34%。自 2012 年起，这样的趋势一直存在于中国的生命科学投资市场，药物开发与生物技术的比重不断减小，服务业与医疗器械的比重不断增加（图 7-7）。

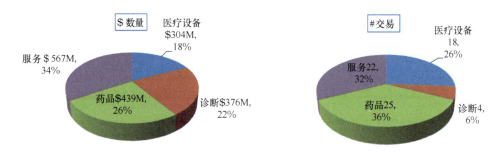

图 7-7　2014 年中国生命科学领域风投细分领域分布

数据来源：CHINABIO 网站，2015，《China Investment 2015: Raising the Bar》。

从 2009～2014 年生命科学风投细分领域的年度分布来看，生命领域的服务业成长最快，特别是 2014 年该领域的投资交易量激增。服务业是随着生物产业发展而出现的，包括临床外包、基因测序等研发服务，也包括健康服务等。服务业的快速发展主要取决于对该领域需求的不断增加与国家政策的大力支持。随着生物技术的不断发展，该产业也将对生物医药、生物农业产业给予有力的支撑，该行业的发展前景可期（图 7-8）。

3. IPO 数量略有上升，但未彻底回暖

2014 年中国生命科学领域首次公开募股（IPO）市场表现平平，虽然相对过去

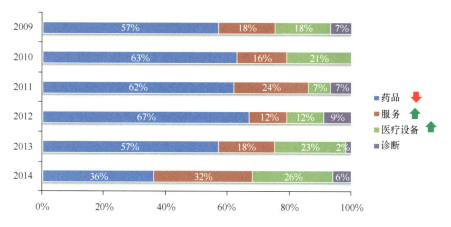

图 7-8　2009～2014 年中国生命科学领域风投细分领域交易量分布

数据来源：CHINABIO 网站，2015，《China Investment 2015:Raising the Bar》。

的 2012 与 2013 年有了显著提升。2014 年，16 家生命科学领域的企业通过 IPO 募集了 20 亿美元，相比 2013 年增长了 146%。然而由于 2013 年中国 IPO 市场出现停滞，仅完成了 8.2 亿美元的交易，这样的成功很容易达到。从另一角度来说，中国生命科学领域 IPO 的黄金时期在 2009～2011 年，年 IPO 募集资金额约为 60 亿美元，与这个标准相比，2014 年的 IPO 规模仅达到其 1/3（图 7-9）。

图 7-9　2009～2014 年中国生命科学领域 IPO 情况

数据来源：CHINABIO 网站，2015，《China Investment 2015:Raising the Bar》。

　　分析其原因，中国生命科学 IPO 的表现不佳主要取决于中国严格的 IPO 监管制度。出于保护投资者利益并维护市场秩序的目的，中国证券监督管理委员会将 2014 年中国 IPO 的数量控制在 100 家，而分析报告指出，在未受限制的情况下，2014 年中国的 IPO 数量将达到 600 家。随着中国逐步放开 IPO 的限制力度，预计 2015 年中国生命科学 IPO 市场将获得进一步的提升。

4. 并购市场连续 5 年创历史新高

2014 年，中国生命科学产业的并购交易再创新高，交易额达到 86 亿美元，与 2013 年相比增长 66%；交易量达到 106 次，与 2013 年相比增长 36%；平均交易额达到 9900 万美元，与 2013 年相比增长 16%。从 2009 年起，中国生命科学产业的并购市场已连续 5 年实现增长。

从细分产业看，生命科学领域的龙头产业医药行业与去年相比略有下降，所占比重从 2013 年的 62% 降至 57%；而服务业在并购市场中的比重则从 2013 年的 18% 上升至 25%，2014 年服务业最主要的并购事件包括复星医药投入 3.69 亿元购买了美中互利医疗有限公司，并投资 1 亿元进入医疗服务市场。同时，复星医药投资 6.09 亿元购买了葡萄牙医疗服务商 Espirito Santo Saude，为进入欧洲医疗服务市场打下基础（图 7-10）。

图 7-10　2009～2014 年中国生命科学领域并购情况

数据来源：CHINABIO 网站，2015，《China Investment 2015:Raising the Bar》。

5. 合伙投资交易激增，产业合作呈现良好势头

合伙投资有助于分散投资风险，减轻资金压力。对于前期投入较大的生命科学项目，这是主要的投资模式之一。2014 年，中国生命科学领域合伙投资交易额达到 18 亿美元，比 2013 年上升 55%，经过 3 年的连续上扬，交易额达到了 2011 年的 9 倍。相比之下，交易量增长较缓慢，从 2011 年的 84 起上升至 2014 年的 142 起，体现出该领域的合伙投资相比数量更注重交易的品质与价值（图 7-11）。

图 7-11　2009～2014 年中国生命科学领域合伙投资情况

数据来源：CHINABIO 网站，2015，《China Investment 2015:Raising the Bar》。

从投资的领域来看，药物研发与服务领域的投资交易量与交易额有明显的差异。服务领域实现合资交易 11 亿美元，占生命科学产业交易总额的 62%，交易量为 13 项，占交易量的 16%。从另一方面来说，药物研发领域实现合资交易 6.6 亿美元，占交易额的 36%，但交易量为 88 项，占总交易量的 66%。其中，最大的 3 项交易包括国药集团与复星医药共同投资 5 亿美元建立全国药品物流网络；法国居里研究所与中天克成投资公司共同投资 4.86 亿美元在深圳建立肿瘤医院；复星医药与台州市立投资有限公司共同投资 1.1 亿美元建立医疗康复中心。这些投资对于服务产业的发展起到了强大的推动作用。

（二）并购助推实业，产业整合进一步升级

1．产业并购迎来黄金时代

并购已成为中国生命科学行业提升企业竞争力，促进产业整合的重要手段。生命科学行业并购交易的不断涌现源自自身及大环境发展阶段的客观需求。虽然中国生命科学行业整体的平均增速仍然较快，但由于持续高压的政策环境和日趋激烈的竞争环境，企业正在承受越来越大的增长压力。在这样的背景下，寻找优质资源开展并购，是企业必然的战略抉择。2014 年中国生命科学领域发生并购交易 106 件。从发生并购的领域来看，医疗器械、生物技术投资相对稳定，互联网医疗投资占比逐年提升，其

中有 19 家医疗相关的企业在境内外上市，较往年有较大幅度提升（表 7-5）。

表 7-5   2014 年中国生命科学领域主要并购案例

时间	并购企业	标的企业	收购金额（亿元）	核心资源
2014 年 1 月	康美药业	通化县人民医院	5	医疗机构资源
2014 年 2 月	拜耳	滇虹药业	36	开展中国市场新战略
2014 年 2 月	复星医药	美中互利	3.69	外资医疗机构资源
2014 年 4 月	新华医疗	成都英德	3.7	收获生物制药装备技术
2014 年 4 月	康恩贝	贵州拜特	10	丹参川芎嗪注射液和全国销售通道
2014 年 4 月	信邦制药	中肽生化	20	填补生物制药空白
2014 年 6 月	北大医药	深圳一体医疗	14	肿瘤治疗服务
2014 年 10 月	三诺生物	北京健恒糖尿病医院	0.29	糖尿病研究所
2014 年 10 月	信邦制药	道真县中医院	1.28	医疗机构资源

2. 药企巨资抢滩中药饮片市场

随着国家扶持政策不断出台，行业整合渐成大势，国内多家上市药企纷纷通过并购、扩产等方式抢占中药饮片市场，提前布局，欲在行业整合升级之后占据更好的高地。中药饮片行业并购扩张频繁，一方面是中药饮片处于中药产业链的中间环节，入局中药饮片可以保障药企产品安全。另一方面，由于行业发展时间尚短，目前尚未形成一家独大或者几家独大的局面。

2014 年上市公司中涉及并购的中药公司有康恩贝、信邦制药、佐力药业、香雪制药等涉及金额较大的公司，其已经完成并购；而天士力、益佰制药、益盛药业、太安堂、精华制药、众生药业等上市公司则处于并购中，属于未完成状态。如 2014 年康恩贝斥资 9.945 亿元收购贵州拜特制药，收获丹参川芎嗪注射液及相关的销售网络。2015 年国药集团宣布以 83.46 亿元收购中药配方颗粒龙头企业江阴天江药业有限公司，以填补国药集团在中药饮片领域的空白，完善产业链。

3. 医疗器械开始走向外延式发展战略

作为健康服务业的基础支撑行业，医疗器械行业未来成长空间值得期待。2011 年以来我国医疗器械类上市公司大幅增加，由于目前国内企业规模小，市场分散，部分医疗器械上市公司开始走外延式发展战略，如新华医疗、凯利泰、三诺生物、乐普医疗、阳普医疗、蒙发利等。以新华医疗为例，在国企改革和医疗器械国产化背景下，自 2011 年以来，新华医疗先后收购长春博讯生物（血液检测试剂）和威士达（高端诊断试剂和仪器），加上子公司北京威泰科，公司已完成从产品生产到销售渠道的诊断试剂产业链布局。2014 年 4 月，新华医疗收购英德公司，进军血液制品领域。目前该公司已收购 4 家医院，未来在医疗服务方向将继续外延扩张，形成了医疗器械及装备、制药装备和医疗服务三大业务板块（表 7-6）。

表 7-6　医疗器械领域重大并购案例例举

上市公司	时间	收购标的	投资额（万元）	涉足领域
新华医疗	2011	上海天清生物材料有限公司	2 040	医用高分子材料
		山东中德牙科技术有限公司	328	义齿加工
		长春博讯生物技术有限公司	31 350	血液检测试剂
	2012	济南新华医院投资管理有限公司	2 843	医疗机构
		上海聚力通医疗供应链有限公司	5 000	医疗供应链管理
		山东神思医疗设备有限公司	1 833	白癜风治疗仪等理疗仪
		北京华科创智健康科技股份公司	500	Ⅱ、Ⅲ类医疗器械销售
	2013	北京众为海秦医疗科技有限公司	530	高端精确放疗系统研发
		河北新华口腔科技有限公司	254	人工牙科植体等植入材料
		上海盛本包装材料有限公司	1 560	医用输液膜
		上海远跃制药机械有限公司	35 280	制药及化工工艺
		威士达医疗有限公司	38 430	高端诊断试剂和仪器
	2014	成都英德生物医药装备技术公司	36 875	医药装备
凯利泰	2013	易生科技有限公司	13 973	微创介入医疗器械
		江苏艾迪尔医疗科技有限公司	52 800	Ⅲ类植入材料及人工器官
鱼跃医疗	2012	镇江康利医疗器械有限公司	200	注射器、注射针等耗材
	2014	上海优阅光学有限公司	510	成品眼镜
	2014	上海医疗器械集团	69 149	手术器械和设备等

4. "民资入医"将掀医院并购潮

随着县级公立医院改革深入推进，鼓励社会资本办医的详细政策陆续出台，东中西部地区各方资本争相布局投资医院，"抢滩"医疗市场产业链最高点成为当前社会资本兴办医疗机构的主要特点。2013 年以来，药品企业、医疗器械、金融基金等多领域资本，纷纷加快新建、收购、托管医院步伐。2014 年发生医院并购案例 25个，主要集中于民营医院以及以职工、矿区医院为代表的附属医院，各领域对于医

院的投资进入白热化。如恒康医疗以 1.28 亿受让辽渔医院，模塑科技募集 6.2 亿元
投资明慈医院，华夏医疗以 3794 万元收购久龙医院。依据医改目标，到 2015 年，
扶持民营医院的服务量达到 20%，目前不到 10% 左右，因此随着服务需求的上升，
2015 年医疗机构投资还有较大的上升空间（表 7-7）。

表 7-7　2014 中国医疗机构投资案例概览

时间	并购企业	并购事件
2014 年 4 月	恒康医疗	1.28 亿元受让辽渔医院 100% 产权
2014 年 5 月	安可生物	宣布收购北京惠民中医儿童医院 55% 股份，成为医院股东
2014 年 5 月	模塑科技	募集 6.2 亿资金收购无锡明慈心血管病医院建设项目
2014 年 9 月	华夏医疗	以 3794 万元收购珠海九龙医院 100% 股权
2014 年 10 月	弘毅投资	通过弘和医疗服务集团并购杨思医院，其是上海最大的民营综合性医院
2014 年 11 月	金陵药业	以 1.37 亿元拿下安庆市石化医院 88% 的股权
2014 年 12 月	北大医疗	出资 4123 万美元获得新里程医院集团 65% 股权
2014 年 12 月	华润医疗	出资收购淮北矿工总医院的全部股权

（三）互联网医疗催生产业投资新热点

1. 互联网医疗领域投资呈现爆发性增长

互联网医疗是 2014 年生命科学领域的投资新热点。2015 年国务院办公厅关于
印发全国医疗卫生服务体系规划纲要（2015—2020 年），提出积极应用移动互联网、
物联网等新技术，推动惠及全民的健康信息服务和智慧医疗服务，反映了国家对互
联网医疗的持续关注与支持。近五年国内互联网医疗创业投资事件 140 起，其中，
2014 年我国互联网医疗领域投资实现爆发性增长，融资交易数 103 起，公开披露融
资额 14 亿美元，是 2013 年融资量与融资额的三倍（图 7-12）。

2. 大部分融资处于 A 轮融资阶段

2014 年国内互联网医疗行业融资事件 103 起，主要集中在 A 轮融资。其中，天
使轮融资 30 起，披露融资额 969.91 万美元；A 轮融资 48 起，披露融资额 20 997.38
万美元；B 轮融资 10 起，披露融资额 14 027.5 万美元；C 轮融资 10 起，披露融资
额 68 732.3 万美元。总体来说，B、C 轮及以上轮次投资虽然数量较大，但投融资事
件较少，大部分融资仍处于早期阶段，这与互联网医疗的发展阶段相符合（图 7-13）。

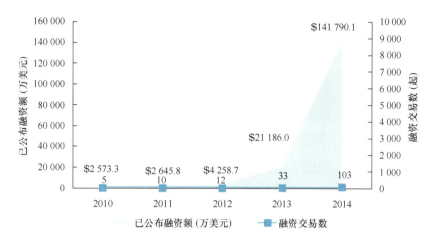

图 7-12 2010～2014 年中国互联网医疗领域投融资情况

数据来源：动脉网互联网医疗研究院，2015，《2014 年中国互联网医疗投融资报告》。

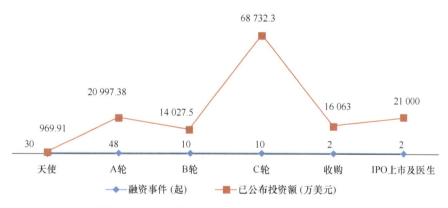

图 7-13 2014 年中国互联网医疗各轮次融资情况

数据来源：动脉网互联网医疗研究院，2015，《2014 年中国互联网医疗投融资报告》。

3. 穿戴式设备引领互联网医疗，基因检测投资额最高

从 2014 年全年的互联网医疗投融数据来看，投资主要倾向 10 个细分领域。其中，穿戴式设备引领互联网医疗的投资走向，获得融资企业有 28 家，已公布投资额 19 860.86 万美元。虽然穿戴式设备企业分布最多，但没能拿下融资额最高桂冠，基因检测细分领域居于首位，获得 32 126 万美元的投资额，基因检测领域的大额投资主要受华大医学在 5～6 月份分三批次共计引入 19 家投资机构，获得 20 亿元人民币投资的影响。受类似影响的还有医药电商领域，在今年 1 月份，中信 21 世纪获得阿里资本、云锋基金注入 17 000 万美元的投资，让其整个领域在全年排行榜中跃居第二（图 7-14）。

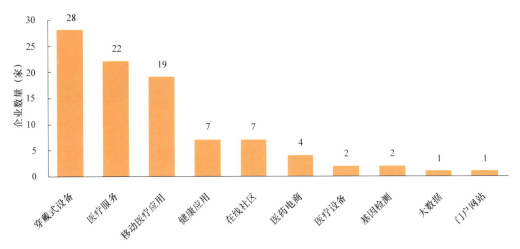

图 7-14　2014 年中国互联网医疗各领域投资企业分布

数据来源：动脉网互联网医疗研究院，2015，《2014 年中国互联网医疗投融资报告》。

4. 北京是融资项目的热点区域

全年投资地区分布上，互联网医疗投资主要覆盖全国 13 个省市。其中北京是最主要的融资项目热点区域。2014 年北京市场共发生投资 35 起，占总投资数量的 38%；披露投资额 23 688.42 万美元，占总投资额的 16.7%。上海 16 起，占总投资数量的 24%；披露投资额 8475.1 万美元，占总投资额的 6.0%。广东 22 起，占总投资数量的 24%；披露投资额 55 641.86 万美元，占总投资额的 39.2%。其余投资分别来自：浙江 7 起，江苏、山东、四川、天津各 2 起，安徽、福建、陕西、香港、台湾各 1 起（图 7-15）。

图 7-15　2014 年中国互联网医疗投资区域分布

数据来源：动脉网互联网医疗研究院，2015，《2014 年中国互联网医疗投融资报告》。

5. 挂号网成最有吸引力的互联网医疗企业

互联网催生了大量新的医疗产品并革新着传统医疗的思维模式，激励着互联网医疗行业各领域快速发展，与之相应的一批互联网医疗公司先后获得融资。2014年有 73 家企业获得融资，其中公布融资额的有 66 家，总融资额为 69 074.3 万美元，近五年的融资额排名与 2014 年的融资额排名几乎相同，显示了大部分高额融资集中在 2014 年。无论是近五年还是 2014 年全年，融资额最高的都为专注预约挂号的挂号网，共计获得三轮融资，投资机构有腾讯产业共赢基金、晨兴创投（MorningSide）、风和投资、赛伯乐投资（Cybernaut），总计 2 亿美元左右的融资额（表 7-8）。

表 7-8　近 5 年及 2014 年度互联网医疗 TOP10 企业融资排名

排名	企业名称（2009～2014 年）	企业名称（2014 年）
1	挂号网	挂号网
2	丁香园	丁香园
3	每年大健康	春雨掌上医生
4	春雨掌上医生	西柚经期助手
5	西柚经期助手	健一网
6	健一网	咕咚网
7	咕咚网	华康全景网
8	大姨吗	大姨吗
9	华康全景网	iHealth
10	好大夫在线	PICOOC（缤刻普锐）

数据来源：动脉网互联网医疗研究院，2015，《2014 年中国互联网医疗投融资报告》。

第八章 文献专利

 一、论文情况

（一）年度趋势

2005～2014 年，全球和中国生命科学论文数量均呈现显著增长的态势。2014 年，全球共发表生命科学论文 593 398 篇，相比 2013 年增长了 1.5%，相比 2005 年增长了 31.09%，年均增长率达到 4.22%。2010～2014 年 5 年间，论文增幅达 11.8%[319]。

中国生命科学论文数量在 2005～2014 年的增长速度高于全球速度。2014 年中国发表论文 75 040 篇，比 2013 年增长了 15.37%，相比 2005 年和 2010 年，分别实现了 79.95% 和 48.73% 的增长率，显著高于国际水平。同时，中国生命科学论文数量占全球的比例也从 2005 年的 3.68% 提高到 2014 年的 12.65%（图 8-1）。

图 8-1 2005～2014 年国际及中国生命科学论文数量

---

319 数据源为 ISI 科学引文数据库扩展版（ISI Science Citation Expanded），检索论文类型限定为研究型论文（article）和综述（review）。

（二）国际比较

1. 国家排名

2014 年，美国、中国、英国、德国、日本、意大利、加拿大、法国、澳大利亚和西班牙发表的生命科学论文数量位居全球前 10 位，同时，这 10 个国家在 2005～2014 年及 2010～2014 年的排名中也均位居前 10 位。其中，美国始终以显著优势位居全球首位。中国在 2005 年位居全球第 8 位，2010 年升至第 4 位，2011 则进一步升至第 2 位，此后一直保持全球第 2 位。中国在 2005～2014 年 10 年间共发表生命科学论文 390 731 篇，其中 2010～2014 年和 2014 年分别发表 276 714 篇和 75 040 篇，占 10 年总论文量的 70.82% 和 19.21%，表明"十二五"较"十一五"期间，我国生命科学研究发展明显加速（表 8-1、图 8-2）。

表 8-1　2005～2014 年、2010～2014 年及 2014 年生命科学论文数量前 10 位国家

2005～2014 年			2010～2014 年			2014 年		
排名	国家	论文数量 / 篇	排名	国家	论文数量 / 篇	排名	国家	论文数量 / 篇
1	美国	1 684 109	1	美国	895 674	1	美国	184 536
2	英国	429 127	2	中国	276 714	2	中国	75 040
3	德国	401 402	3	英国	228 630	3	英国	46 988
4	中国	390 731	4	德国	215 551	4	德国	41 055
5	日本	352 872	5	日本	178 348	5	日本	35 168
6	法国	262 682	6	意大利	140 832	6	意大利	30 071
7	加拿大	253 300	7	法国	139 305	7	加拿大	29 171
8	意大利	251 590	8	加拿大	138 744	8	法国	28 293
9	澳大利亚	187 123	9	澳大利亚	109 151	9	澳大利亚	24 694
10	西班牙	180 370	10	西班牙	103 673	10	西班牙	21 397

2. 国家论文增速

2005～2014 年，中国的生命科学论文的年均增长率[320]达到 19.55%，显著高于其

---

[320] n 年的年均增长率 $=[(C_n/C_1)^{1/(n-1)}-1]\times100\%$，其中，$C_n$ 是第 n 年的论文数量，C_1 是第 1 年的论文数量。

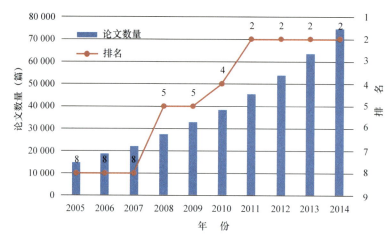

图 8-2　2005～2014 年中国生命科学论文数量的国际排名

他国家，位居第 2 位的澳大利亚，其年均增长率仅为 7.2%，其他国家的增长率均处于 1%～4% 范围内。2010～2014 年，各国论文数量的增长速度均略有下降，中国的年均增长率为 18.18%，相比其他国家下降幅度较小，显示中国生命科学领域在近年来维持了较快的发展速度（图 8-3）。

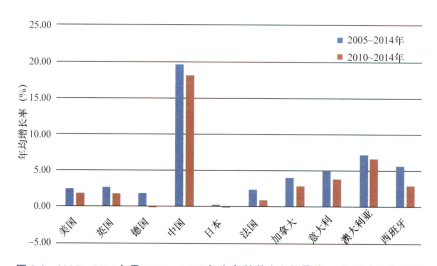

图 8-3　2005～2014 年及 2010～2014 年生命科学论文数量前 10 位国家论文增速

3. 论文引用

对生命科学论文数量前 10 位国家的论文引用率[321]进行排名，可以看到，英国在

2005～2014 年及 2010～2014 年，其论文引用率分别达到 90.62% 和 85.29%，均位居首位。中国的论文引用率在前 10 位国家中排名第 10 位，两个时间段的引用率分别为 78.85% 和 75.84%（表 8-2）。

表 8-2 2005～2014 年及 2010～2014 年生命科学论文数量前 10 位国家的论文引用率

国家	2005～2014 年论文引用率（%）	2010～2014 年论文引用率（%）
英国	90.62	85.29
美国	89.46	84.63
加拿大	88.72	84.48
澳大利亚	87.91	84.27
意大利	87.25	83.08
德国	86.64	82.88
西班牙	86.14	82.28
日本	85.97	79.52
法国	84.84	80.83
中国	78.85	75.84

（三）学科布局

利用 Incites 数据库对 2005～2014 年生物与生物化学、临床医学、环境与生态学、免疫学、微生物学、分子生物学与遗传学、神经科学与行为学、病理与毒理学、植物与动物学 9 个学科领域中论文数量排名前 10 位的国家进行了分析，比较了论文数量、篇均被引频次和论文引用率三个指标，以了解在各学科领域内各国的表现。

分析显示，在 9 个学科领域中，美国的论文数量均显著高于其他国家，同时在篇均被引频次和论文引用率方面，也均位居领先行列。中国的论文数量方面，在生物与生物化学、环境与生态学、微生物学、病理与毒理学、植物与动物学 5 个领域均位居第 2 位，在临床医学、免疫学、分子生物学与遗传学三个领域也进入前 5 位。然而，在论文质量方面，中国则相对落后，仅在生物与生物化学、微生物学和病理与毒理学领域略优于印度，在植物与动物学领域略优于巴西（图 8-4、表 8-3）。

图 8-4　2005～2014 年 9 个学科领域论文量前 10 位国家的综合表现

表 8-3　2005～2014 年 9 个学科领域排名前 10 位国家的论文数量

（单位：篇）

排名	生物学与生物化学	临床医学	环境与生态学	免疫学	微生物	分子生物学与遗传学	神经科学与行为学	病理与毒理学	植物与动物学
1	美国 200 716	美国 726 939	美国 101 268	美国 85 340	美国 53 099	美国 156 171	美国 173 023	美国 86 588	美国 158 122
2	中国 **60 690**	英国 193 177	中国 **37 360**	中国 **21 724**	中国 **15 188**	英国 36 561	德国 44 945	中国 **34 589**	中国 **46 412**
3	日本 56 010	德国 173 991	英国 26 971	英国 15 815	英国 14 102	中国 **34 701**	英国 39 228	日本 26 189	英国 44 277
4	德国 48 506	日本 151 357	加拿大 23 800	德国 14 425	德国 13 878	德国 34 107	日本 29 470	英国 20 722	德国 41 712
5	英国 46 360	中国 **125 299**	德国 21 724	法国 12 222	法国 11 544	日本 27 621	加拿大 28 396	德国 18 769	日本 37 474
6	法国 31 671	意大利 118 590	澳大利亚 18 991	日本 12 134	日本 11 186	法国 22 611	意大利 25 573	意大利 18 173	巴西 37 179
7	加拿大 28 487	法国 107 936	西班牙 17 459	意大利 10 796	韩国 7 277	加拿大 20 335	中国 **23 729**	印度 17 812	加拿大 34 971
8	意大利 26 346	加拿大 105 659	法国 17 058	加拿大 10 019	加拿大 6 992	意大利 17 077	法国 23 291	韩国 12 861	澳大利亚 31 158
9	印度 24 265	澳大利亚 83 611	意大利 12 455	印度 8 853	印度 6 905	西班牙 12 670	荷兰 16 798	法国 12 773	法国 29 578
10	韩国 21 024	荷兰 79 528	日本 11 697	西班牙 8 633	西班牙 6 376	澳大利亚 12 043	澳大利亚 15 917	西班牙 10 198	西班牙 28 788

（四）机构分析

1. 机构排名

2014 年，全球发表生命科学论文数量排名前十的机构中，有 4 个美国机构、2 个法国机构。2005～2014 年、2010～2014 年及 2014 年的国际机构排名中，法国国家科学研究中心和美国哈佛大学的论文数量均以显著的优势位居前两位（表 8-4）。中国科学院是中国唯一一个进入论文数量前 10 位的机构，三个时间段分别发表论文 47 449、29 820 和 7077 篇。其全球排名在近 10 年来显著提升，2005 年位居第 20 位，2010 年跃升至第 6 位，至 2014 年进一步提升至第 4 位（图 8-5）。

表 8-4　2005～2014 年、2010～2014 年及 2014 年国际生命科学论文数量前 10 位机构

2005～2014 年			2010～2014 年			2014 年		
排名	国际机构	论文数量/篇	排名	国际机构	论文数量/篇	排名	国际机构	论文数量/篇
1	法国国家科学研究中心	169 410	1	法国国家科学研究中心	93 209	1	法国国家科学研究中心	19 611
2	美国哈佛大学	116 817	2	美国哈佛大学	65 822	2	美国哈佛大学	14 503
3	美国国立健康研究院	70 343	3	法国国家健康与医学研究院	39 092	3	法国国家健康与医学研究院	8 035
4	法国国家健康与医学研究院	68 516	4	美国国立健康研究院	36 058	4	中国科学院	7 077
5	加拿大多伦多大学	57 390	5	加拿大多伦多大学	32 484	5	加拿大多伦多大学	7 044
6	美国约翰·霍普金斯大学	50 166	6	中国科学院	29 820	6	美国国立健康研究院	6 998
7	中国科学院	47 449	7	美国约翰·霍普金斯大学	27 975	7	美国约翰·霍普金斯大学	6 203
8	英国伦敦大学学院	45 375	8	韩国首尔国立大学	25 253	8	韩国首尔国立大学	5 577
9	美国宾夕法尼亚大学	42 324	9	英国伦敦大学学院	24 979	9	英国伦敦大学学院	5 403
10	美国北卡罗来纳大学	40 544	10	美国宾夕法尼亚大学	23 420	10	美国宾夕法尼亚大学	5 120

182

图 8-5 2005～2014 年中国科学院生命科学论文数量的国际排名

在中国机构排名中，除中国科学院外，上海交通大学、浙江大学、复旦大学、中山大学和北京大学也发表了较多文章，2005～2014 年始终位居前列（表 8-5）。

表 8-5 2005～2014 年、2010～2014 年及 2014 年中国生命科学论文数量前 10 位机构

2005～2014 年			2010～2014 年			2014 年		
排名	中国机构	论文数量 / 篇	排名	中国机构	论文数量 / 篇	排名	中国机构	论文数量 / 篇
1	中国科学院	47 449	1	中国科学院	29 820	1	中国科学院	7 035
2	上海交通大学	19 361	2	上海交通大学	14 048	2	上海交通大学	3 637
3	浙江大学	16 776	3	复旦大学	10 988	3	复旦大学	2 788
4	复旦大学	15 626	4	浙江大学	10 858	4	浙江大学	2 739
5	北京大学	15 427	5	中山大学	10 390	5	中山大学	2 639
6	中山大学	14 173	6	北京大学	10 071	6	北京大学	2 469
7	香港大学	12 344	7	四川大学	8 083	7	中国医学科学院	2 211
8	香港中文大学	11 211	8	中国医学科学院	6 960	8	四川大学	2 045
9	四川大学	11 185	9	香港大学	6 930	9	山东大学	1 947
10	中国医学科学院	10 152	10	山东大学	6 827	10	首都医科大学	1 872

2. 机构论文增速

对 2014 年生命科学论文数量位居前 10 位的机构的论文增速进行分析，可以看到，中国科学院是增长速度最快的机构，2005～2014 年及 2010～2014 年，论文的年均增长率分别达到 11.23% 和 9.19%。韩国首尔国立大学位居第 2 位，其论文的年均增长率分别为 10.73% 和 6.37%（图 8-6）。

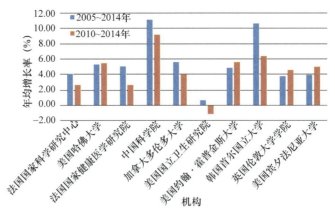

图 8-6　2014 年论文数量前 10 位国际机构在 2005～2014 年及 2010～2014 年的论文年均增长率

中国 2014 年论文数量前 10 位机构中，首都医科大学和山东大学的增速最快，前者 2005～2014 年及 2010～2014 年的年均增长率分别为 29.72% 和 19.34%，后者分别为 27.74% 和 22.27%。其次为中山大学（22.88% 和 16.33%）、中国医学科学院（19.35% 和 21.64%）、上海交通大学（23.33% 和 16.27%）等。其中，中国医学科学院在 2010～2014 年的年均增长率高于在 2005～2014 年，有别于其他机构，显示中国医学科学院近 5 年在生命科学领域实现了快速发展（图 8-7）。

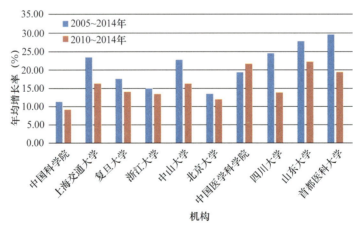

图 8-7　2014 年论文数量前 10 位中国机构在 2005～2014 年及 2010～2014 年的论文年均增长率

3. 机构论文引用

对 2014 年论文数量前 10 位国际机构在 2005～2014 年及 2010～2014 年的论文引用率进行排名，可以看到美国国立卫生研究院的引用率位居首位，两个时间段分别为 93.64% 和 91.19%。中国科学院的论文引用率分别为 84.47% 和 81.56%，分别位居第 10 位和第 9 位（表 8-6）。

中国前 10 位机构在 2005～2014 年的论文引用率差异较小，大都在 80%～85% 的范围内，而在 2010～2014 年则大都在 70%～80% 范围内。北京大学、中国科学院和复旦大学在两个时间段内的引用率均位居前三位（表 8-7）。

表 8-6 2014 年论文数量前 10 位国际机构在 2005～2014 年及 2010～2014 年的论文引用率

2005～2014 年			2010～2014 年		
排名	国际机构	引用率（%）	排名	国际机构	引用率（%）
1	美国国立卫生研究院	93.64	1	美国国立卫生研究院	91.19
2	美国哈佛大学	90.86	2	美国哈佛大学	87.86
3	美国宾夕法尼亚大学	90.72	3	美国宾夕法尼亚大学	87.59
4	英国伦敦大学学院	90.27	4	美国约翰·霍普斯大学	87.34
5	美国约翰·霍普金斯大学	90.49	5	英国伦敦大学学院	87.10
6	加拿大多伦多大学	89.61	6	法国国家健康与医学研究院	86.38
7	法国国家健康与医学研究院	89.10	7	加拿大多伦多大学	86.20
8	法国国家科学研究中心	88.16	8	法国国家科学研究中心	82.86
9	韩国首尔国立大学	85.19	9	中国科学院	81.56
10	中国科学院	84.47	10	韩国首尔国立大学	78.64

表 8-7 2014 年论文数量前 10 位中国机构在 2005～2014 年及 2010～2014 年的论文引用率

2005～2014 年			2010～2014 年		
排名	中国机构	引用率（%）	排名	中国机构	引用率（%）
1	北京大学	85.82	1	中国科学院	81.56
2	中国科学院	84.47	2	北京大学	80.58
3	复旦大学	84.40	3	复旦大学	79.30
4	中山大学	83.55	4	中山大学	79.10
5	浙江大学	83.37	5	上海交通大学	78.03
6	中国医学科学院	83.01	6	中国医学科学院	77.24
7	上海交通大学	82.98	7	浙江大学	76.65
8	山东大学	81.86	8	山东大学	76.53
9	四川大学	80.36	9	四川大学	75.27
10	首都医科大学	77.77	10	首都医科大学	72.83

 二、专利情况

（一）年度趋势[322]

2014 年，全球专利申请数量和授权数量分别为 77 060 件和 48 191 件，申请量与授权量比上年度分别增长了 0.94% 和 2.67%。2014 年，中国专利申请数量和授权数量分别为 17 391 件和 10 007 件，占全球数量比值分别为 22.57%、20.77%，申请数量比上年度增长 13.87%，授权数量减少了 4.53%。2005 年以来，中国专利申请数量和获授权数量呈总体上升趋势（图 8-8）。

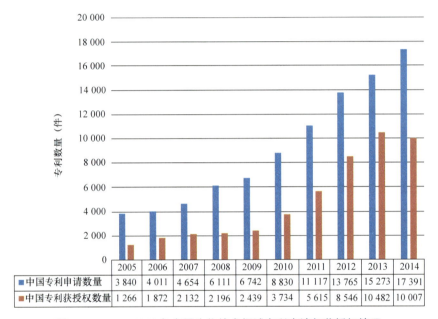

图 8-8　2005～2014 年中国生物技术领域专利申请与获授权情况

在 PCT 专利申请方面，自 2006 年以来，中国申请数量逐渐攀升，2009～2012 年迅速增长，2012 年以来增速减缓。2014 年，中国 PCT 专利申请数量达到 497 件，较 2013 年增长了 4.41%（图 8-9）。

分析中国申请/获授权专利数量全球占比情况的年度趋势（图 8-10，图 8-11）

322 专利数据以 Innography 数据库中收录的发明专利（以下简称"专利"）为数据源，以世界经济合作组织（OECD）定义生物技术所属的国际专利分类号（International Patent Classification，IPC）为检索依据，基本专利年（Innography 数据库首次收录专利的公开年）为年度划分依据，检索日期：2015 年 4 月 20 日（由于专利申请审批周期以及专利数据库录入迟滞等原因，2013～2014 年数据可能尚未完全收录，仅供参考）。

发现，中国在生物技术领域对全球的贡献和影响越来越大。中国的申请 / 获授权专利数量全球占比分别从 2005 年的 5.32% 和 4.26% 逐步攀升至 2014 年的 22.57% 和 20.77%。其中，申请专利全球占比稳步增长，获授权专利全球占比从 2009 年开始迅速增加，显示我国生物技术领域专利质量的提升。

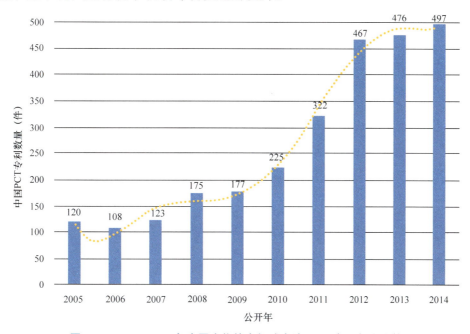

图 8-9　2005～2014 年中国生物技术领域申请 PCT 专利年度趋势

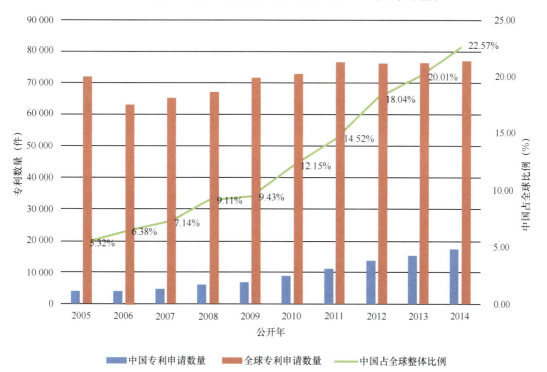

图 8-10　2005～2014 年中国生物技术领域申请专利全球占比情况

2015 中国生物技术与产业发展报告

图 8-11　2005～2014 年中国生物技术领域获授权专利全球占比情况

（二）国际比较

　　2014 年，全球生物技术申请数量和授权数量位居前 5 名的国家分别是美国、中国、日本、韩国和德国。自 2010 年以来，我国专利申请数量维持在全球第 2 位；自 2011 年以来，我国专利获授权数量牢牢占据全球第 2 位。2005～2014 年 10 年间，生物技术专利申请 / 获授权数量全球排名前 5 位的国家分别是美国、中国、日本、德国和韩国（表 8-8）。通过近五年数据与近十年数据的对比，这五个国家在专利申请数量与专利获授权数量上均占据了前五位。

表 8-8　专利申请 / 获授权数量国家排名 Top 10

排名	2005～2014 年专利申请情况		2005～2014 年专利获授权情况		2010～2014 年专利申请情况		2010～2014 年专利获授权情况		2014 年专利申请情况		2014 年专利获授权情况	
1	美国	292 426	美国	145 357	美国	146 199	美国	78 980	美国	28 996	美国	17 111
2	中国	91 734	中国	48 289	中国	66 386	中国	38 384	中国	17 412	中国	10 008
3	日本	73 299	日本	44 758	日本	32 674	日本	24 834	日本	5 866	日本	4 674
4	德国	38 101	德国	25 073	德国	17 503	德国	11 276	韩国	3 818	韩国	2 831
5	韩国	26 470	韩国	17 182	韩国	17 208	韩国	9 945	德国	3 007	德国	1 897
6	英国	25 182	英国	15 785	法国	11 907	英国	7 523	法国	2 105	英国	1 292

续表

排名	2005～2014 年专利申请情况		2005～2014 年专利获授权情况		2010～2014 年专利申请情况		2010～2014 年专利获授权情况		2014 年专利申请情况		2014 年专利获授权情况	
7	法国	22 592	法国	14 891	英国	11 481	法国	7 051	英国	2 008	法国	1 290
8	加拿大	13 720	俄罗斯	9 254	澳大利亚	7 236	澳大利亚	3 508	澳大利亚	1 243	澳大利亚	819
9	澳大利亚	13 670	加拿大	7 319	加拿大	6 282	俄罗斯	3 507	加拿大	1 033	俄罗斯	814
10	丹麦	9 874	澳大利亚	6 520	荷兰	4 737	加拿大	3 485	荷兰	881	加拿大	628

2014 年，从数量来看，PCT 专利数量排名前 5 位分别为美国、日本、德国、中国和韩国。2005～2014 年，美国、日本、德国、法国和英国居 PCT 专利申请数量的前 5 位，中国排名第 7（表 8-9）。通过近五年与近十年的数据对比发现，韩国、中国和丹麦的专利质量有所上升，英国和澳大利亚的 PCT 专利申请数量排名有所下降。

表 8-9　PCT 专利申请数量全球排名 Top10 国家

排名	国家	2005～2014 年 PCT 专利申请数量	排名	国家	2010～2014 年 PCT 专利申请数量	排名	国家	2014 年 PCT 专利申请数量
1	美国	38 348	1	美国	19 176	1	美国	4 187
2	日本	11 077	2	日本	5 209	2	日本	1 067
3	德国	6 153	3	德国	2 770	3	德国	519
4	法国	3 752	4	法国	2 146	4	中国	497
5	英国	3 545	5	韩国	2 040	5	韩国	467
6	韩国	3 137	6	中国	1 987	6	法国	414
7	中国	2 690	7	英国	1 647	7	英国	338
8	加拿大	2 498	8	加拿大	1 170	8	加拿大	227
9	荷兰	1 860	9	荷兰	926	9	荷兰	199
10	澳大利亚	1 645	10	丹麦	779	10	丹麦	187

（三）专利布局

2014 年，全球生物技术申请专利 IPC 分类号主要集中在 C12N15（突变或遗传工程；遗传工程涉及的 DNA 或 RNA，载体）和 C12Q01（包含酶或微生物的测定或检验方法），这是生物技术领域中的两个通用技术（图 8-12）。抗体技术以及相关产品在生物制药产业中占有重要地位，2014 年销售额前 10 的药物中，有 6 个是抗体药物，这也体现在专利申请上，C07K16（免疫球蛋白，例如单克隆或多克隆抗体）、A61K39（含有抗原或抗体的医药配制品）是全球生物技术申请中仅次于 C12N15、C12Q01 的两个占比较多的 IPC 分类。我国专利 IPC 分布除了 C12N15、C12Q01 外，C12N01（微生物本身，如原生动物；及其组合物）也占有较大比重。

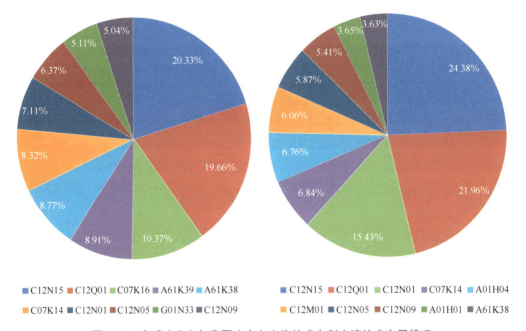

图 8-12　全球（左）与我国（右）生物技术专利申请技术布局情况

对近十年（2005～2014 年）的专利 IPC 分类号进行统计分析，我国在突变或遗传工程（C12N15）领域的分类下的专利申请数量最多。其他排名前 5 位的 IPC 分类号分别是 C12Q01（包含酶或微生物的测定或检验方法）、C12N01（微生物本身，如原生动物；及其组合物；繁殖、维持或保藏微生物或其组合物的方法；制备或分离含有一种微生物的组合物的方法；及其培养基）、C07K14（具有多于 20 个氨基酸的肽；促胃液素；生长激素释放抑制因子；促黑激素；其衍生物）和 A61K38（含肽的医药配制品）。专利数量前 5 位的国家中，IPC 分类号分布大体相同，顺序有所差异，说明各国在生物技术领域的专利布局上主体结构类似，而又各有侧重（图 8-13）。

通过近十年数据（图 8-13）与近五年数据（图 8-14）的对比发现，美国在 A61K39（含有抗原或抗体的医药配制品）领域中的专利数量有所增加；我国在 C12N05（未分化的人类、动物或植物细胞，如细胞系；组织；它们的培养或维持；

图 8-13　2005～2014 年我国专利申请技术布局情况及与其他国家的比较

注：上左为美国，上中为中国，上右为日本，下左为德国，下右为韩国。

图 8-14　2010～2014 年我国专利申请技术布局情况及与其他国家的比较

注：上左为美国，上中为中国，上右为日本，下左为德国，下右为韩国。

其培养基）、A01H04（通过组织培养技术的植物再生）和 C12M01（酶学或微生物学装置）方面的专利数量有所增加；日本在 C12M01（酶学或微生物学装置）方面的研发有所加强；德国和韩国的专利布局基本无变化（表 8-10）。

表 8-10　上文出现的 IPC 分类号及其对应含义

IPC 分类号	含义
A01H01	改良基因型的方法
A01H04	通过组织培养技术的植物再生
A61K31	含有机有效成分的医药配制品
A61K38	含肽的医药配制品
A61K39	含有抗原或抗体的医药配制品
C07K14	具有多于 20 个氨基酸的肽；促胃液素；生长激素释放抑制因子；促黑激素；其衍生物
C07K16	免疫球蛋白，例如单克隆或多克隆抗体
C12M01	酶学或微生物学装置
C12N01	微生物本身，如原生动物；及其组合物
C12N05	未分化的人类、动物或植物细胞，如细胞系；组织；它们的培养或维持；其培养基
C12N09	酶，如连接酶
C12N15	突变或遗传工程；遗传工程涉及的 DNA 或 RNA，载体
C12P07	含氧有机化合物的制备
C12Q01	包含酶或微生物的测定或检验方法
G01N33	利用特殊方法来研究或分析材料（不包括在 G01N 1/00 至 G01N 31/00 组中）

（四）竞争格局

1. 中国专利布局情况

由我国生物技术专利申请 / 获授权的国家 / 地区 / 组织分布情况（图 8-15，图 8-16）可以看出，我国申请并获得授权的专利主要集中在中国大陆。此外，我国也向世界知识产权组织（WIPO）、美国、欧洲、韩国和日本等国家 / 地区 / 组织进行了生物技术专利申请，但获得授权的专利数量较少，这说明我国还需要进一步通过专利的国际化申请来进行国际市场的技术布局。

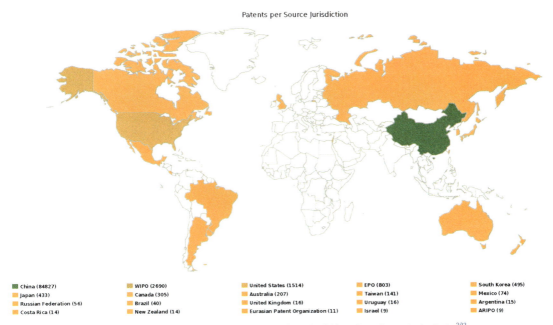

Patents per Source Jurisdiction

- China (84827)
- WIPO (2690)
- United States (1514)
- EPO (803)
- South Korea (495)
- Japan (433)
- Canada (305)
- Australia (207)
- Taiwan (141)
- Mexico (74)
- Russian Federation (56)
- Brazil (40)
- United Kingdom (16)
- Uruguay (16)
- Argentina (15)
- Costa Rica (14)
- New Zealand (14)
- Eurasian Patent Organization (11)
- Israel (9)
- ARIPO (9)

图 8-15　2005～2014 年我国生物技术专利申请的国家 / 地区 / 组织分布[323]

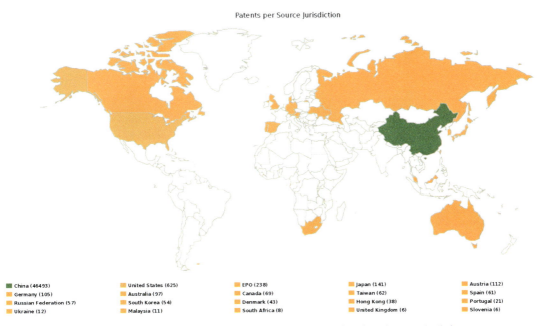

Patents per Source Jurisdiction

- China (46493)
- United States (625)
- EPO (238)
- Japan (141)
- Austria (112)
- Germany (105)
- Australia (97)
- Canada (69)
- Taiwan (62)
- Spain (61)
- Russian Federation (57)
- South Korea (54)
- Denmark (43)
- Hong Kong (38)
- Portugal (21)
- Ukraine (12)
- Malaysia (11)
- South Africa (8)
- United Kingdom (6)
- Slovenia (6)

图 8-16　2005～2014 年我国生物技术专利获授权的国家 / 地区 / 组织分布

2. 在华专利竞争格局

从近十年来中国受理 / 授权的生物技术专利所属国家分布情况可以看出（图 8-17，

---

323 图 8-15～图 8-18 中所列为排名前 20 的国家 / 地区 / 组织，中国台湾地区、香港特别行政区在数据统计和图例标示中单独列出，以下三图不再赘述。

图 8-18），我国生物技术专利的受理对象仍以本国申请为主，美国、日本、欧洲专利局、德国等紧随其后；而我国生物技术专利的授权对象集中于中国大陆，也包括美国、日本、欧洲专利局和德国，上述国家的专利权人在我国获得授权的专利数量分别达到了我国机构获得授权数量的 11.95%、5.96%、2.13% 和 1.39%。这说明，欧美日等科技强国对我国市场的重视，因此在中国展开技术布局。

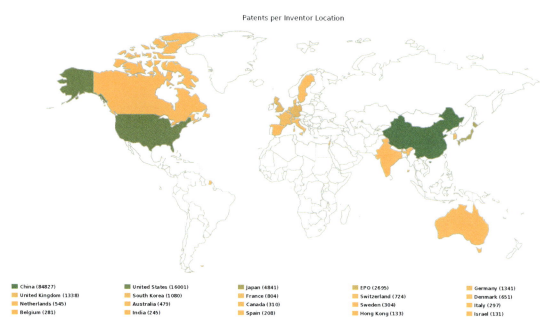

图 8-17　2005～2014 年中国受理的生物技术专利所属国家 / 地区 / 组织分布情况

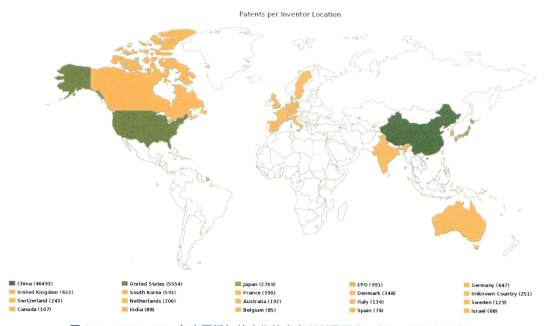

图 8-18　2005～2014 年中国授权的生物技术专利所属国家 / 地区 / 组织分布情况

附录

2014 年中国新药药证批准情况 [324]

附录 -1　2014 年国家食品药品监督管理总局在重要治疗领域的药品审批情况

领域	药品名称	药品信息
抗肿瘤用药	甲磺酸阿帕替尼片	我国自主研发的首个血管内皮细胞生长因子受体（VEGFR）抑制剂，也是全球首个批准用于治疗晚期胃癌的小分子靶向产品。胃癌是我国高发肿瘤，晚期胃癌二线化疗失败后目前尚无公认的有效治疗选择，存在迫切临床需求。该产品的上市为胃癌患者的治疗提供了新的用药选择
	西达本胺片	我国自主研发的首个组蛋白去乙酰化酶抑制剂，也是国内首个批准用于治疗复发性难治性外周 T 细胞淋巴瘤的药物。复发性难治性外周 T 细胞淋巴瘤缺乏有效治疗，预后差，该产品上市为复发性难治性外周 T 细胞淋巴瘤治疗提供了新的治疗机会
	多西他赛注射液	紫杉醇类化疗药，微管解聚抑制剂，已在我国批准用于乳腺癌、非小细胞肺癌，以及非激素依赖的前列腺癌的患者。现国内批准增加晚期胃癌的新适应证，为胃癌患者的治疗提供了新的用药选择
	盐酸帕洛诺司琼注射液	5- 羟色胺 3（5-HT3）受体的竞争性拮抗剂，已在我国批准用于预防肿瘤患者因化疗引起的恶心和呕吐。现国内批准增加用于预防术后 24 小时恶心呕吐的新适应证，为外科手术患者提供了预防术后恶心呕吐的新治疗手段
疫苗领域	Sabin 株脊髓灰质炎灭活疫苗（sIPV）	我国自主研发的全球首个 Sabin 株脊髓灰质炎灭活疫苗（单苗），填补了我国在脊髓灰质炎灭活疫苗生产领域的空白，消除了目前计划免疫规划中数千万剂使用的口服脊髓灰质炎减毒活疫苗潜在的致病危险（疫苗株或衍生株引发的相关病例），安全性更好。药审中心按特殊审批程序完成了该疫苗上市注册申请的审评，有效配合了 WHO 全球根除脊髓灰质炎病毒的行动计划。同时，该疫苗的批准上市，对我国乃至全球，特别是发展中国家消灭脊髓灰质炎都会产生积极的影响
内分泌系统用药	盐酸西那卡塞片	本品被批准用于治疗慢性肾脏病维持性透析患者的继发性甲状旁腺功能亢进症。目前我国仅批准了帕立骨化醇注射液用于治疗接受血液透析的慢性肾功能衰竭患者的继发性甲状旁腺功能亢进，给药途径为静脉注射。本品是我国批准用于治疗该疾病的首个口服药物，为此类患者提供了新的治疗手段
眼科用药	曲伏噻吗滴眼液	本品被批准用于降低成人开角型青光眼或高眼压症患者升高的眼压，适用于 β 受体阻滞剂或前列腺素类似物局部治疗效果不佳者。本品较现有治疗有更优的治疗后 24 小时药物谷底降眼压效应，并可减少眼部充血不良事件的发生，有效拓展了该疾病领域的用药选择空间
消化系统用药	复方苦参结肠溶胶囊	新的中药复方制剂，被批准用于治疗轻、中度溃疡性结肠炎（活动期），中医辨证属于湿热内蕴者。溃疡性结肠炎是传统中医药治疗的优势病种。本品既继承了传统中医药理论，又通过现代制药技术将释药部位定位在结肠，其批准上市为溃疡性结肠炎患者提供了新的治疗手段

---

324 数据来源：国家食品药品监督管理总局药品审评中心.《2014 年度药品审评报告》. 2015. http://www.cde.org.cn/news.do?method=viewInfoCommon&id＝313425。

领域	药品名称	药品信息
心血管系统用药	注射用重组人组织型纤溶酶原激活剂 TNK 突变体（rhTNK-tPA)	国产替奈普酶（TNK-tPA）制剂，为天然 tPA 的改构体，属于第三代纤维蛋白特异性溶栓剂，被批准用于急性心肌梗死症状发作 6 小时内，伴持续 ST 段抬高或新近出现左束支传导阻滞的心肌梗死患者的溶栓治疗。与先前已经在国内外上市的 alteplase（阿替普酶，rt-PA）相比，具有对新产生的血凝块溶解作用更强、对纤溶酶原活化剂抑制因子 I（PAI-I）有抵抗力、更高的纤溶特异性、更长的半衰期、给药方式更加简单、单次弹丸式静脉注射给药即可完成溶栓治疗、方便院外溶栓、缩短心肌再灌注的时间等优点。同品种已经在美国和欧盟获得上市，国产品种的批准上市显著提高了我国患者的用药可及性
生殖系统用药	国产西地那非片	治疗阴茎勃起功能障碍（ED）的主流药物，由于专利保护致使市场垄断，长期以来进口原研品种在国内销售价格昂贵。2014 年在原研厂家的西地那非片专利到期之际，审评批准了国产西地那非片的生产上市许可，将有效提升国内 ED 患者的用药选择空间
麻醉与镇痛用药	盐酸右美托咪定注射液	一种选择性 α2 肾上腺素能受体激动剂，已在我国批准用于行全身麻醉的手术患者气管插管和机械通气时的镇静。现国内批准增加用于重症监护期间开始插管和使用呼吸机病人的镇静的新适应证，为国内重症监护病人的镇静提供了新的用药选择
抗风湿用药	然降多吉胶囊	新的藏药复方制剂，被批准用于治疗藏医真布（类风湿关节炎），藏医辨证为湿痹寒湿阻络证，证见关节疼痛、关节肿胀、晨僵。西藏属于类风湿类疾病高发的高寒地区，传统藏医药对类风湿性关节炎（藏医称真布）积累了丰富的经验，类风湿性关节炎是藏医药治疗的优势病种。本品是根据知名藏医药专家经验方研制的现代藏药新药，其批准上市为类风湿性关节炎的治疗提供了新的治疗选择

2014 年中国农用生物制品审批情况[325]

附录 -2　2014 年中国农业部正式登记的微生物肥料产品

序号	企业名称	产品通用名	产品商品名	产品形态	有效菌种名称	技术指标（有效成分及含量）	适用作物 / 区域	登记证号
1	锦州慧施生物肥业有限责任公司	生物有机肥	地宝乐生物有机肥	颗粒	枯草芽孢杆菌、地衣芽孢杆菌	有效活菌数 ≥ 0.20 亿 /g，有机质 ≥ 40.0%	番茄、豆角、芹菜、草莓	微生物肥（2014）准字（1226）号
2	潍坊万胜生物农药有限公司	微生物菌剂	万胜生物菌剂	粉剂	枯草芽孢杆菌	有效活菌数 ≥ 10.0 亿 /g	黄瓜、苹果、水稻、大姜	微生物肥（2014）准字（1281）号
3	中农兴泰（北京）生物科技有限公司	微生物菌剂	微生物菌剂	粉剂	枯草芽孢杆菌	有效活菌数 ≥ 2.0 亿 /g	黄瓜、棉花、苹果	微生物肥（2014）准字（1282）号
4	北京沃土天地生物科技有限公司	微生物菌剂	VT 微生物菌剂	粉剂	枯草芽孢杆菌、胶冻样类芽孢杆菌、巴斯德毕赤酵母	有效活菌数 ≥ 5.0 亿 /g	番茄、白菜	微生物肥（2014）准字（1283）号
5	山东天威生物科技有限公司	微生物菌剂	微生物菌剂	粉剂	枯草芽孢杆菌	有效活菌数 ≥ 2.0 亿 /g	茄子、油菜、番茄、黄瓜	微生物肥（2014）准字（1284）号
6	中农兴泰（北京）生物科技有限公司	微生物菌剂	微生物菌剂	颗粒	枯草芽孢杆菌	有效活菌数 ≥ 1.0 亿 /g	黄瓜、棉花、苹果	微生物肥（2014）准字（1285）号
7	唐山金科瑞生物技术有限公司	微生物菌剂	金科瑞	液体	枯草芽孢杆菌、植物乳杆菌	有效活菌数 ≥ 2.0 亿 /ml	番茄、玉米、黄瓜	微生物肥（2014）准字（1286）号
8	河北俊丰生物科技有限公司	微生物菌剂	艾米丰微生物菌剂	液体	植物乳杆菌	有效活菌数 ≥ 2.0 亿 /ml	番茄、玉米、棉花、韭菜、葡萄	微生物肥（2014）准字（1287）号
9	满洲里市先锋生物科技有限责任公司	微生物菌剂	艾米乐微生物菌剂	液体	枯草芽孢杆菌、鼠李糖乳杆菌	有效活菌数 ≥ 2.0 亿 /ml	玉米、大豆、角瓜、马铃薯、水稻、番茄、灯台花、西葫芦	微生物肥（2014）准字（1288）号

---

325 数据来源：农业部微生物肥料和食用菌菌种质量监督检验测试中心。

续表

序号	企业名称	产品通用名	产品商品名	产品形态	有效菌种名称	技术指标（有效成分及含量）	适用作物/区域	登记证号
10	黑河嘉禾农业科技发展有限公司	根瘤菌菌剂	大豆根瘤菌剂	液体	大豆根瘤菌	有效活菌数≥2.0亿/ml	大豆	微生物肥（2014）准字（1289）号
11	扬州博轩生物科技有限公司	有机物料腐熟剂	生物菌腐熟剂	粉剂	枯草芽孢杆菌、帚状曲霉、热紫链霉菌	有效活菌数≥0.50亿/g	农作物秸秆、畜禽粪便	微生物肥（2014）准字（1290）号
12	桂林润泰生物科技有限公司	生物有机肥	生物有机肥	粉剂	侧孢短芽孢杆菌	有效活菌数≥0.20亿/g，有机质≥45.0%	菜心、生菜、芹菜、白菜、大葱	微生物肥（2014）准字（1292）号
13	山东正昂生物科技有限公司	生物有机肥	生物有机肥	粉剂	枯草芽孢杆菌	有效活菌数≥0.20亿/g，有机质≥40.0%	生菜、小白菜、苹果、棉花	微生物肥（2014）准字（1293）号
14	山东宝源生物有限公司	生物有机肥	生物有机肥	粉剂	地衣芽孢杆菌	有效活菌数≥0.20亿/g，有机质≥40.0%	小白菜、苹果、小麦、辣椒	微生物肥（2014）准字（1294）号
15	山东宝源生物有限公司	生物有机肥	生物有机肥	粉剂	枯草芽孢杆菌	有效活菌数≥0.20亿/g，有机质≥40.0%	苹果、樱桃、西瓜、玉米	微生物肥（2014）准字（1295）号
16	龙州南华长生生物有机肥有限公司	生物有机肥	生物有机肥	粉剂	巨大芽孢杆菌、胶冻样类芽孢杆菌、固氮类芽孢杆菌	有效活菌数≥0.20亿/g，有机质≥40.0%	甘蔗、生菜、木薯	微生物肥（2014）准字（1297）号
17	中农兴泰（北京）生物科技有限公司	生物有机肥	生物有机肥	颗粒	枯草芽孢杆菌	有效活菌数≥0.20亿/g，有机质≥40.0%	黄瓜、棉花、苹果	微生物肥（2014）准字（1298）号
18	哈尔滨多伦多农业生物科技有限公司	生物有机肥	哈唯多特生物肥	颗粒	恶臭假单胞菌	有效活菌数≥0.20亿/g，有机质≥40.0%	水稻、大豆、玉米、白菜、茄子、辣椒	微生物肥（2014）准字（1299）号
19	广西得盛生物科技有限公司	生物有机肥	生物有机肥	颗粒	侧孢短芽孢杆菌、地衣芽孢杆菌	有效活菌数≥0.20亿/g，有机质≥45.0%	水稻、玉米、棉花、大豆、茶叶	微生物肥（2014）准字（1300）号
20	山东爱福地生物科技有限公司	复合微生物肥料	复合微生物肥料	粉剂	枯草芽孢杆菌	有效活菌数≥0.20亿/g，$N+P_2O_5+K_2O$ 6.0%	辣椒、苹果、番茄	微生物肥（2014）准字（1301）号
21	山东正昂生物科技有限公司	复合微生物肥料	复合微生物肥料	粉剂	枯草芽孢杆菌	有效活菌数≥0.20亿/g，$N+P_2O_5+K_2O$≥6.0%	生菜、小白菜、黄瓜、生姜	微生物肥（2014）准字（1302）号

序号	企业名称	产品通用名	产品商品名	产品形态	有效菌种名称	技术指标（有效成分及含量）	适用作物/区域	登记证号
22	朝阳邦达盛世生物科技有限公司	复合微生物肥料	复合生物肥料	粉剂	枯草芽孢杆菌	有效活菌数≥0.20亿/g，N+P$_2$O$_5$+K$_2$O=6.0%	葡萄、白菜、大葱、油菜	微生物肥准字（2014）1303号
23	广西天力源生物科技有限公司	复合微生物肥料	复合生物肥料	颗粒	侧孢短芽孢杆菌	有效活菌数≥0.20亿/g，N+P$_2$O$_5$+K$_2$O=24.0%	水稻、马铃薯、茄子、番茄	微生物肥准字（2014）1304号
24	中农兴泰（北京）生物科技有限公司	复合微生物肥料	复合生物肥料	颗粒	枯草芽孢杆菌	有效活菌数≥0.20亿/g，N+P$_2$O$_5$+K$_2$O=25.0%	番茄、玉米、苹果	微生物肥准字（2014）1305号
25	广西得盛生物科技有限公司	复合微生物肥料	复合生物肥	颗粒	侧孢短芽孢杆菌、地衣芽孢杆菌	有效活菌数≥0.20亿/g，N+P$_2$O$_5$+K$_2$O=12.0%，有机质≥25.0%	柑桔、苹果、甘蔗、辣椒、茶叶	微生物肥准字（2014）1307号
26	广西得盛生物科技有限公司	复合微生物肥料	复合生物肥	颗粒	侧孢短芽孢杆菌、地衣芽孢杆菌	有效活菌数≥0.20亿/g，N+P$_2$O$_5$+K$_2$O=18.0%，有机质≥25.0%	烟草、苹果、生菜、白菜、辣椒	微生物肥准字（2014）1308号
27	北京沃土天地生物科技有限公司	复合微生物肥料	VT复合生物肥料	液体	枯草芽孢杆菌、胶冻样类芽孢杆菌、巴斯德毕赤酵母	有效活菌数≥0.50亿/ml，N+P$_2$O$_5$+K$_2$O=15.0%	黄瓜、番茄、白菜	微生物肥准字（2014）1309号
28	新疆凯金新安生物有限公司	复合微生物肥料	田密密复合微生物肥料	液体	枯草芽孢杆菌、酿酒酵母	有效活菌数≥0.50亿/ml，N+P$_2$O$_5$+K$_2$O=6.0%	番茄、辣椒、棉花、葡萄、西瓜	微生物肥准字（2014）1310号
29	黑龙江红土肥业有限公司	复合微生物肥料	复合生物肥料	液体	地衣芽孢杆菌、鼠李糖乳杆菌、杰丁毕赤酵母	有效活菌数≥0.50亿/ml，N+P$_2$O$_5$+K$_2$O=4.0%	烟草、西瓜、水稻、葡萄、茄子	微生物肥准字（2014）1311号
30	哈尔滨市绿洲源生物工程研究所	复合微生物肥料	绿洲复合生物肥	液体	枯草芽孢杆菌、地衣芽孢杆菌	有效活菌数≥0.50亿/ml，N+P$_2$O$_5$+K$_2$O=4.0%	大豆、玉米、甜瓜、马铃薯、白菜	微生物肥准字（2014）1312号
31	河南省丰创科技股份有限公司	微生物菌剂	微生物菌剂	粉剂	枯草芽孢杆菌	有效活菌数≥2.0亿/g	白菜、棉花、小麦、苹果	微生物肥准字（2014）1313号

续表

序号	企业名称	产品通用名	产品商品名	产品形态	有效菌种名称	技术指标（有效成分及含量）	适用作物／区域	登记证号
32	山东金利丰生物科技股份有限公司	微生物菌剂	微生物菌剂	粉剂	枯草芽孢杆菌	有效活菌数≥2.0亿/g	番茄、黄瓜、花生	微生物肥（2014）准字（1314）号
33	北京启高生物科技有限公司	微生物菌剂	微生物菌剂	粉剂	枯草芽孢杆菌、粉红粘帚霉	有效活菌数≥10.0亿/g	黄瓜、番茄、辣椒	微生物肥（2014）准字（1315）号
34	山西晨雨晋中肥业有限公司	微生物菌剂	晨雨生物菌剂	粉剂	枯草芽孢杆菌	有效活菌数≥2.0亿/g	西葫芦、葡萄、番茄、花生、辣椒、苹果	微生物肥（2014）准字（1316）号
35	沧州市中信生物科技有限公司	微生物菌剂	佳乐丰微生物菌剂	粉剂	枯草芽孢杆菌、地衣芽孢杆菌、植物乳杆菌	有效活菌数≥2.0亿/g	生菜、玉米、黄瓜	微生物肥（2014）准字（1317）号
36	黑龙江龙泰生物技术开发有限公司	微生物菌剂	微生物菌剂	颗粒	枯草芽孢杆菌	有效活菌数≥1.0亿/g	向日葵、大豆、玉米、水稻、马铃薯	微生物肥（2014）准字（1318）号
37	黑龙江省绥化农垦晨环生物科技有限责任公司	微生物菌剂	晨环微生物菌剂	液体	枯草芽孢杆菌、胶冻样类芽孢杆菌	有效活菌数≥2.0亿/ml	大豆、黄瓜、白菜、西红柿	微生物肥（2014）准字（1319）号
38	山东靠山生物科技有限公司	微生物菌剂	微生物菌剂	液体	枯草芽孢杆菌	有效活菌数≥2.0亿/ml	菠菜、葡萄、西红柿、棉花	微生物肥（2014）准字（1320）号
39	黑龙江庄施美生物科技开发有限公司	微生物菌剂	庄施美微生物菌剂	液体	枯草芽孢杆菌	有效活菌数≥2.0亿/ml	大豆、玉米、水稻、花生、番茄	微生物肥（2014）准字（1321）号
40	无锡亚克生物科技有限公司	微生物菌剂	微生物菌剂	液体	枯草芽孢杆菌	有效活菌数≥2.0亿/ml	白菜、西瓜、玉米、小麦	微生物肥（2014）准字（1322）号
41	山东金利丰生物科技股份有限公司	微生物菌剂	微生物菌剂	液体	枯草芽孢杆菌	有效活菌数≥2.0亿/ml	黄瓜、油菜、辣椒	微生物肥（2014）准字（1323）号
42	三原德龙肥业有限责任公司	微生物菌剂	合生元菌剂	液体	枯草芽孢杆菌、巨大芽孢杆菌	有效活菌数≥2.0亿/ml	番茄、黄瓜、西瓜	微生物肥（2014）准字（1324）号

续表

序号	企业名称	产品通用名	产品商品名	产品形态	有效菌种名称	技术指标（有效成分及含量）	适用作物/区域	登记证号
43	河北民得富生物技术有限公司	微生物菌剂	微生物菌剂	液体	巨大芽孢杆菌、胶冻样类芽孢杆菌	有效活菌数≥2.0亿/ml	白菜、水稻、玉米、番茄	微生物肥（2014）准字（1325）号
44	山东君德生物科技有限公司	微生物菌剂	微生物菌剂	液体	枯草芽孢杆菌、酿酒酵母	有效活菌数≥2.0亿/ml	黄瓜、番茄、辣椒、芸豆	微生物肥（2014）准字（1326）号
45	北京中农富源生物工程技术有限公司	微生物菌剂	微生物菌剂	液体	枯草芽孢杆菌、地衣芽孢杆菌	有效活菌数≥2.0亿/ml	黄瓜、白菜	微生物肥（2014）准字（1327）号
46	四川国科中农生物科技有限公司	微生物菌剂	益植生牌复合微生物菌剂	液体	巨大芽孢杆菌、胶冻样类芽孢杆菌、圆褐固氮菌	有效活菌数≥2.0亿/ml	高粱、白菜、葡萄、烟叶	微生物肥（2014）准字（1328）号
47	沧州市中信生物科技有限公司	微生物菌剂	佳乐丰微生物菌乳	液体	枯草芽孢杆菌、地衣芽孢杆菌、植物乳杆菌	有效活菌数≥2.0亿/ml	生菜、玉米、花生	微生物肥（2014）准字（1329）号
48	湖北太阳雨三农科技有限责任公司	根瘤菌菌剂	紫云英瘤菌菌剂	粉剂	紫云英根瘤菌	有效活菌数≥2.0亿/g	紫云英	微生物肥（2014）准字（1330）号
49	湖北金保地农业科技发展有限公司	根瘤菌菌剂	紫云英根瘤菌菌剂	粉剂	紫云英根瘤菌	有效活菌数≥2.0亿/g	紫云英	微生物肥（2014）准字（1331）号
50	河北益微生物技术有限公司	根瘤菌菌剂	三叶草根瘤菌菌剂	粉剂	三叶草根瘤菌	有效活菌数≥2.0亿/g	三叶草	微生物肥（2014）准字（1332）号
51	湖南豫园生物科技有限公司	根瘤菌菌剂	紫云英根瘤菌菌剂	液体	紫云英根瘤菌	有效活菌数≥10.0亿/ml	紫云英	微生物肥（2014）准字（1333）号
52	京博农化科技股份有限公司	生物有机肥	生物有机肥	粉剂	枯草芽孢杆菌	有效活菌数≥0.20亿/g，有机质≥40.0%	黄瓜、茄子、苹果、芹菜	微生物肥（2014）准字（1334）号
53	洛阳启禾生态农业科技有限责任公司	生物有机肥	生物有机肥	粉剂	黑曲霉	有效活菌数≥0.20亿/g，有机质≥40.0%	芹菜、西红柿、茄子、烟草	微生物肥（2014）准字（1335）号

续表

序号	企业名称	产品通用名称	产品商品名	产品形态	有效菌种名称	技术指标（有效成分及含量）	适用作物／区域	登记证号
54	平陆华隆复合肥厂	生物有机肥	生物有机肥	粉剂	枯草芽孢杆菌	有效活菌数≥0.50亿/g，有机质≥40.0%	苹果、番茄、棉花	微生物肥准字（2014）（1336）号
55	青岛嘉禾丰肥业有限公司	生物有机肥	生物有机肥	粉剂	枯草芽孢杆菌	有效活菌数≥0.20亿/g，有机质≥40.0%	辣椒、油菜、白菜	微生物肥准字（2014）（1337）号
56	郑州中基肥业有限公司	生物有机肥	生物有机肥	粉剂	枯草芽孢杆菌	有效活菌数≥0.20亿/g，有机质≥40.0%	上海青、西瓜、枣树、花生	微生物肥准字（2014）（1338）号
57	陕西富亿农金土肥业有限公司	生物有机肥	生物有机肥	粉剂	枯草芽孢杆菌	有效活菌数≥0.20亿/g，有机质≥40.0%	番茄、苹果、葡萄	微生物肥准字（2014）（1339）号
58	郑州沙隆达植物保护技术有限公司	生物有机肥	生物有机肥	粉剂	枯草芽孢杆菌	有效活菌数≥0.20亿/g，有机质≥40.0%	上海青、玉米、苹果	微生物肥准字（2014）（1340）号
59	河南多功生态肥业有限公司	生物有机肥	多功生物肥	粉剂	枯草芽孢杆菌	有效活菌数≥0.20亿/g，有机质≥40.0%	白菜、水稻、花生、大豆	微生物肥准字（2014）（1341）号
60	伊川县富丰植物补养肥业有限公司	生物有机肥	禾笑生物肥	粉剂	枯草芽孢杆菌	有效活菌数≥0.20亿/g，有机质≥40.0%	白菜、苹果、小麦、烟草	微生物肥准字（2014）（1342）号
61	成都盖尔盖司生物科技有限公司	生物有机肥	生物有机肥	粉剂	侧孢短芽孢杆菌	有效活菌数≥0.20亿/g，有机质≥40.0%	茄子、白菜、黄瓜、番茄	微生物肥准字（2014）（1343）号
62	日照益康有机农业科技发展有限公司	生物有机肥	海晟宝生物肥	粉剂	腺醛毕赤酵母、干酪乳杆菌	有效活菌数≥0.20亿/g，有机质≥40.0%	茶叶、烟草、苹果、辣椒	微生物肥准字（2014）（1344）号
63	云南澄江立杉生物工程有限公司	生物有机肥	生物有机肥	粉剂	杰丁毕赤酵母、嗜酸乳杆菌	有效活菌数≥0.20亿/g，有机质≥40.0%	玫瑰、菜豌豆、葡萄、烤烟	微生物肥准字（2014）（1345）号
64	沧州市中信生物科技有限公司	生物有机肥	佳乐丰生物有机肥	颗粒	枯草芽孢杆菌、地衣芽孢杆菌、植物乳杆菌	有效活菌数≥0.20亿/g，有机质≥40.0%	韭菜、棉花、玉米	微生物肥准字（2014）（1346）号

续表

序号	企业名称	产品通用名	产品商品名	产品形态	有效菌种名称	技术指标（有效成分及含量）	适用作物／区域	登记证号
65	呼伦贝尔市施博生物肥业有限责任公司	生物有机肥	生物有机肥	颗粒	巨大芽孢杆菌、胶冻样类芽孢杆菌	有效活菌数≥0.20亿/g，有机质≥40.0%	水稻、玉米、大豆、棉花、西红柿、烟草、油菜、大麦、葵花、小麦、马铃薯、窝瓜	微生物肥（2014）准字（1347）号
66	河北民得富生物技术有限公司	生物有机肥	生物有机肥	颗粒	巨大芽孢杆菌、胶冻样类芽孢杆菌	有效活菌数≥0.20亿/g，有机质≥40.0%	白菜、玉米、水稻、番茄	微生物肥（2014）准字（1348）号
67	青岛农资实业有限公司生物技术工程分公司	生物有机肥	生物有机肥	颗粒	侧孢短芽孢杆菌	有效活菌数≥0.20亿/g，有机质≥45.0%	小麦、花生、番茄、苹果、大麦、大蒜	微生物肥（2014）准字（1349）号
68	江苏原元生物工程有限公司	生物有机肥	生物有机肥	颗粒	枯草芽孢杆菌、侧孢短芽孢杆菌	有效活菌数≥0.20亿/g，有机质≥40.0%	辣椒、大姜、水稻、玉米	微生物肥（2014）准字（1350）号
69	山西奥德福生物科技有限公司丙城分公司	生物有机肥	生物有机肥	颗粒	枯草芽孢杆菌	有效活菌数≥0.20亿/g，有机质≥40.0%	番茄、苹果、桃树、黄瓜	微生物肥（2014）准字（1351）号
70	山西奥德福生物科技有限公司丙城分公司	复合微生物肥料	复合微生物肥料	粉剂	枯草芽孢杆菌	有效活菌数≥0.20亿/g，$N+P_2O_5+K_2O$=6.0%	番茄、苹果、葡萄、水稻	微生物肥（2014）准字（1352）号
71	山西奥德福生物科技有限公司丙城分公司	复合微生物肥料	复合微生物肥料	粉剂	枯草芽孢杆菌	有效活菌数≥0.20亿/g，$N+P_2O_5+K_2O$=25.0%	番茄、苹果、柑橘、烟草	微生物肥（2014）准字（1353）号
72	京博农化科技股份有限公司	复合微生物肥料	复合微生物肥料	粉剂	枯草芽孢杆菌	有效活菌数≥0.20亿/g，$N+P_2O_5+K_2O$=6.0%	茄子、黄瓜、西瓜、辣椒、番茄	微生物肥（2014）准字（1354）号
73	青岛瀚普生物科技有限公司	复合微生物肥料	复合微生物肥料	粉剂	枯草芽孢杆菌	有效活菌数≥0.20亿/g，$N+P_2O_5+K_2O$=6.0%	西瓜、番茄、花生、香蕉	微生物肥（2014）准字（1355）号
74	青岛三农富康肥料有限公司	复合微生物肥料	复合微生物肥料	粉剂	枯草芽孢杆菌	有效活菌数≥0.20亿/g，$N+P_2O_5+K_2O$=6.0%	辣椒、苹果、葡萄、西瓜	微生物肥（2014）准字（1356）号

2015 中国生物技术与产业发展报告

续表

序号	企业名称	产品通用名	产品商品名	产品形态	有效菌种名称	技术指标（有效成分及含量）	适用作物／区域	登记证号
75	秦皇岛高硕生物肥有限公司	复合微生物肥料	复合微生物肥料	粉剂	巨大芽孢杆菌、胶冻样类芽孢杆菌	有效活菌数≥0.20亿/g，N+P$_2$O$_5$+K$_2$O＝20.0%	黄瓜、草莓、芹菜、马铃薯	微生物肥（2014）准字（1357）号
76	山东嘉农生物工程有限公司	复合微生物肥料	复合微生物肥料	颗粒	枯草芽孢杆菌	有效活菌数≥0.20亿/g，N+P$_2$O$_5$+K$_2$O＝6.0%	黄瓜、番茄、苹果、大姜	微生物肥（2014）准字（1358）号
77	河北玖农生物肥料有限公司	复合微生物肥料	复合微生物肥料	颗粒	胶冻样类芽孢杆菌	有效活菌数≥0.20亿/g，N+P$_2$O$_5$+K$_2$O＝6.0%	黄瓜、玉米、柑橘、水稻	微生物肥（2014）准字（1359）号
78	淄博爱普瑞生化肥业科技有限公司	复合微生物肥料	复合微生物肥料	颗粒	枯草芽孢杆菌	有效活菌数≥0.20亿/g，N+P$_2$O$_5$+K$_2$O＝6.0%	水稻、西瓜、苹果、大姜、甘蔗	微生物肥（2014）准字（1360）号
79	山东金利丰生物科技股份有限公司	复合微生物肥料	复合微生物肥料	颗粒	枯草芽孢杆菌	有效活菌数≥0.20亿/g，N+P$_2$O$_5$+K$_2$O＝25.0%	玉米、小麦、花生	微生物肥（2014）准字（1361）号
80	青岛百事达生物肥料有限公司	复合微生物肥料	复合微生物肥料	颗粒	侧孢短芽孢杆菌	有效活菌数≥0.20亿/g，N+P$_2$O$_5$+K$_2$O＝20.0%，有机质≥30.0%	小麦、花生、番茄、苹果、玉米、大蒜	微生物肥（2014）准字（1362）号
81	江苏天朴生态肥业有限公司	有机物料腐熟剂	秸秆腐熟剂	粉剂	娄彻氏链霉菌、里氏木霉、球毛壳菌	有效活菌数≥0.50亿/g	农作物秸秆	微生物肥（2014）准字（1363）号
82	南京宁粮生物工程有限公司	有机物料腐熟剂	秸秆速腐剂	粉剂	枯草芽孢杆菌、地衣芽孢杆菌、娄彻氏链霉菌、米曲霉	有效活菌数≥0.50亿/g	农作物秸秆	微生物肥（2014）准字（1364）号
83	湖北启明生物工程有限公司	有机物料腐熟剂	有机物料腐熟剂	粉剂	枯草芽孢杆菌、地衣芽孢杆菌、酿酒酵母、绿色木霉	有效活菌数≥2.0亿/g	农作物秸秆	微生物肥（2014）准字（1365）号
84	江苏天象生物科技有限公司	有机物料腐熟剂	微生物菌剂	粉剂	枯草芽孢杆菌、纤维素链霉菌、黑曲霉	有效活菌数≥0.50亿/g	农作物秸秆、畜禽粪便	微生物肥（2014）准字（1366）号

续表

序号	企业名称	产品通用名	产品商品名	产品形态	有效菌种名称	技术指标（有效成分及含量）	适用作物／区域	登记证号
85	三原德龙肥业有限责任公司	有机物料腐熟剂	腐熟剂	粉剂	枯草芽孢杆菌、米曲霉、里氏木霉	有效活菌数≥0.50亿/g	畜禽类便	微生物肥（2014）准字（1367）号
86	北京沃土天地生物科技有限公司	有机物料腐熟剂	VT有机物料腐熟剂	粉剂	枯草芽孢杆菌、巴斯德毕赤酵母、绿色木霉、黑曲霉	有效活菌数≥0.50亿/g	农作物秸秆	微生物肥（2014）准字（1368）号
87	河北益微生物技术有限公司	有机物料腐熟剂	秸秆腐熟剂	粉剂	枯草芽孢杆菌、近平滑假丝酵母、绿色木霉	有效活菌数≥0.50亿/g	农作物秸秆	微生物肥（2014）准字（1369）号
88	北京嘉博文生物科技有限公司	有机物料腐熟剂	BCB有机物料腐熟剂	粉剂	枯草芽孢杆菌、米曲霉、嗜热毁丝霉	有效活菌数≥0.50亿/g	畜禽类便	微生物肥（2014）准字（1370）号
89	武汉施瑞福生物技术有限公司	有机物料腐熟剂	"施瑞福"生物秸秆腐熟剂	粉剂	枯草芽孢杆菌、酿酒酵母、黑曲霉	有效活菌数≥0.50亿/g	农作物秸秆	微生物肥（2014）准字（1371）号
90	广西大长肥业有限公司	有机物料腐熟剂	有机物料腐熟剂	粉剂	枯草芽孢杆菌、酿酒酵母、嗜热毁丝霉	有效活菌数≥0.50亿/g	农作物秸秆	微生物肥（2014）准字（1372）号
91	青岛天地缘生物开发有限公司	有机物料腐熟剂	腐熟剂	粉剂	枯草芽孢杆菌、黑曲霉、米曲霉	有效活菌数≥0.50亿/g	农作物秸秆	微生物肥（2014）准字（1373）号
92	辽宁宏阳生物有限公司	有机物料腐熟剂	秸秆生物降解专用菌剂	粉剂	地衣芽孢杆菌、康宁木霉	有效活菌数≥0.50亿/g	农作物秸秆	微生物肥（2014）准字（1374）号
93	河北民得富生物技术有限公司	有机物料腐熟剂	秸秆腐熟剂	粉剂	解淀粉芽孢杆菌、枯草芽孢杆菌、米曲霉	有效活菌数≥0.50亿/g	农作物秸秆	微生物肥（2014）准字（1375）号
94	山东京青农业科技有限公司	微生物菌剂	微生物菌剂	粉剂	枯草芽孢杆菌	有效活菌数≥200.0亿/g	西瓜、玉米、水稻、苹果、棉花	微生物肥（2014）准字（1376）号

续表

序号	企业名称	产品通用名	产品商品名	产品形态	有效菌种名称	技术指标（有效成分及含量）	适用作物／区域	登记证号
95	沈阳金科丰牧业科技有限公司	微生物菌剂	微生物菌剂	粉剂	枯草芽孢杆菌、地衣芽孢杆菌	有效活菌数≥2.0亿/g	芸豆、番茄、香瓜、白菜	微生物肥（2014）准字（1377）号
96	山东京青农业科技有限公司	微生物菌剂	微生物菌肥	颗粒	枯草芽孢杆菌	有效活菌数≥20.0亿/g	黄瓜、水稻、棉花	微生物肥（2014）准字（1378）号
97	沈阳金科丰牧业科技有限公司	微生物菌剂	微生物菌剂	颗粒	枯草芽孢杆菌、地衣芽孢杆菌	有效活菌数≥1.0亿/g	芸豆、番茄、马铃薯、玉米	微生物肥（2014）准字（1379）号
98	沈阳金科丰牧业科技有限公司	微生物菌剂	微生物菌剂	液体	枯草芽孢杆菌、地衣芽孢杆菌	有效活菌数≥2.0亿/ml	芸豆、茄子、黄瓜、辣椒	微生物肥（2014）准字（1380）号
99	德强生物股份有限公司	微生物菌剂	微生物菌剂	液体	枯草芽孢杆菌	有效活菌数≥10.0亿/ml	烟草、西瓜、柑橘、草莓、番茄	微生物肥（2014）准字（1382）号
100	宁夏诺得曼生物技术有限公司	根瘤菌菌剂	大豆根瘤菌剂	液体	大豆根瘤菌	有效活菌数≥20.0亿/ml	大豆	微生物肥（2014）准字（1384）号
101	河北众邦生物技术有限公司	有机物料腐熟剂	四壮腐熟剂	粉剂	枯草芽孢杆菌、解淀粉芽孢杆菌、米曲霉	有效活菌数≥10.0亿/g	农作物秸秆	微生物肥（2014）准字（1385）号
102	江苏科力农业资源科技有限公司	生物有机肥	生物有机肥	粉剂	细黄链霉菌	有效活菌数≥0.20亿/g，有机质≥40.0%	油菜、番茄、葡萄、茶树	微生物肥（2014）准字（1386）号
103	河南芭中现代农业有限公司	生物有机肥	生物有机肥	粉剂	枯草芽孢杆菌、解淀粉芽孢杆菌	有效活菌数≥0.20亿/g，有机质≥40.0%	油菜、小麦、玉米、花生	微生物肥（2014）准字（1389）号
104	黑龙江省庆东阳光农业生物科技股份有限公司	生物有机肥	生物有机肥	颗粒	枯草芽孢杆菌	有效活菌数≥0.20亿/g，有机质≥40.0%	玉米、黄瓜、大蒜、西红柿	微生物肥（2014）准字（1390）号
105	吐鲁番瑞祥农业生物科技有限公司	生物有机肥	生物有机肥	颗粒	枯草芽孢杆菌、地衣芽孢杆菌	有效活菌数≥0.20亿/g，有机质≥40.0%	葡萄、棉花、黄瓜、小麦	微生物肥（2014）准字（1391）号

续表

序号	企业名称	产品通用名	产品商品名	产品形态	有效菌种名称	技术指标（有效成分及含量）	适用作物／区域	登记证号
106	牡丹江金达农化有限公司	生物有机肥	生物有机肥	颗粒	枯草芽孢杆菌、哈茨木霉	有效活菌数≥0.20亿/g，有机质≥40.0%	水稻、玉米、大豆、向日葵、白瓜、甜菜、马铃薯、白菜、小麦、圆葱、西瓜	微生物肥（2014）准字（1393）号
107	四川国科中农生物科技有限公司	复合微生物肥料	复合微生物肥料	粉剂	巨大芽孢杆菌、胶冻样类芽孢杆菌、圆褐固氮菌	有效活菌数≥0.20亿/g，$N+P_2O_5+K_2O＝7.0\%$	玉米、萝卜、苹果、烟叶	微生物肥（2014）准字（1394）号
108	阿拉尔佳禾肥业生物工程有限责任公司	复合微生物肥料	复合微生物肥料	颗粒	枯草芽孢杆菌	有效活菌数≥0.20亿/g，$N+P_2O_5+K_2O＝6.0\%$	棉花、枣、番茄、苹果、马铃薯	微生物肥（2014）准字（1397）号
109	吐鲁番瑞祥农业生物科技有限公司	复合微生物肥料	复合微生物肥料	颗粒	枯草芽孢杆菌、地衣芽孢杆菌	有效活菌数≥0.20亿/g，$N+P_2O_5+K_2O＝25.0\%$	葡萄、棉花、黄瓜、小麦	微生物肥（2014）准字（1398）号
110	新疆巨康奎屯肥业有限公司	复合微生物肥料	复合微生物肥料	液体	枯草芽孢杆菌	有效活菌数≥0.50亿/ml，$N+P_2O_5+K_2O＝8.0\%$	番茄、辣椒、棉花、红枣	微生物肥（2014）准字（1399）号
111	北京世纪阿姆斯生物技术股份有限公司	复合微生物肥料	复合微生物肥料	液体	枯草芽孢杆菌	有效活菌数≥0.50亿/ml，$N+P_2O_5+K_2O＝15.0\%$	黄瓜、葡萄、西瓜、番茄	微生物肥（2014）准字（1400）号
112	武汉科诺生物科技股份有限公司	微生物菌剂	微生物菌剂	粉剂	枯草芽孢杆菌	有效活菌数≥5.0亿/g	棉花、草莓、小麦、花生	微生物肥（2014）准字（1402）号
113	河北新世纪幻周天生物科技有限公司	微生物菌剂	微生物菌剂	粉剂	枯草芽孢杆菌	有效活菌数≥2.0亿/g	葡萄、大蒜、黄瓜、芹菜	微生物肥（2014）准字（1403）号
114	河北邢化化肥有限公司	复合微生物菌剂	复合微生物菌剂	粉剂	枯草芽孢杆菌、胶冻样类芽孢杆菌、扣囊复膜孢酵母	有效活菌数≥2.0亿/g	黄瓜、小麦、香蕉、苹果	微生物肥（2014）准字（1404）号
115	德州市元和农业科技开发有限责任公司	微生物菌剂	微生物菌剂	颗粒	枯草芽孢杆菌	有效活菌数≥2.0亿/g	黄瓜、番茄、油菜	微生物肥（2014）准字（1405）号

续表

序号	企业名称	产品通用名	产品商品名	产品形态	有效菌种名称	技术指标（有效成分及含量）	适用作物/区域	登记证号
116	大连金诚农业生态科技有限公司	微生物菌剂	微生物菌剂	液体	茎瘤固氮根瘤菌	有效活菌数 ≥ 2.0 亿/ml	黄瓜、芹菜、蓝莓、油菜、草莓、番茄	微生物肥（2014）准字（1406）号
117	河南省谯效王生物科技有限公司	微生物菌剂	微生物菌剂	液体	褐球固氮菌	有效活菌数 ≥ 2.0 亿/ml	番茄、西瓜、香蕉	微生物肥（2014）准字（1408）号
118	湖南豫园生物科技有限公司	根瘤菌菌剂	大豆根瘤菌菌剂	液体	大豆根瘤菌	有效活菌数 ≥ 2.0 亿/ml	大豆	微生物肥（2014）准字（1409）号
119	山东京青农业科技有限公司	根瘤菌菌剂	苜蓿根瘤菌菌剂	液体	苜蓿中华根瘤菌	有效活菌数 ≥ 2.0 亿/ml	苜蓿	微生物肥（2014）准字（1410）号
120	贵州百灵企业集团生物科技肥业有限公司	生物有机肥	生物有机肥	粉剂	枯草芽孢杆菌	有效活菌数 ≥ 0.20 亿/g，有机质 ≥ 40.0%	烟草、茶叶、甘蔗、山药、金银花	微生物肥（2014）准字（1411）号
121	聊城市大中肥料有限公司	生物有机肥	生物有机肥	粉剂	枯草芽孢杆菌	有效活菌数 ≥ 0.20 亿/g，有机质 ≥ 40.0%	油菜、生菜、菠菜、芹菜	微生物肥（2014）准字（1412）号
122	兴平市新起源牧业有限公司	生物有机肥	生物有机肥	粉剂	枯草芽孢杆菌	有效活菌数 ≥ 0.20 亿/g，有机质 ≥ 40.0%	黄瓜、苹果、葡萄、樱桃	微生物肥（2014）准字（1413）号
123	河南省谯效王生物科技有限公司	生物有机肥	生物有机肥	粉剂	枯草芽孢杆菌	有效活菌数 ≥ 0.20 亿/g，有机质 ≥ 40.0%	芹菜、辣椒、玉米	微生物肥（2014）准字（1414）号
124	湛江市灵峰肥业有限公司	生物有机肥	灵峰生物有机肥	粉剂	枯草芽孢杆菌	有效活菌数 ≥ 0.20 亿/g，有机质 ≥ 40.0%	白菜、甘蔗、花生、辣椒	微生物肥（2014）准字（1415）号
125	青海永浩生物科技有限公司	生物有机肥	生物有机肥	粉剂	枯草芽孢杆菌	有效活菌数 ≥ 0.20 亿/g，有机质 ≥ 40.0%	黄瓜、西红柿、花生	微生物肥（2014）准字（1416）号
126	山东永旺生物科技有限公司	生物有机肥	永旺生物有机肥	粉剂	枯草芽孢杆菌	有效活菌数 ≥ 0.20 亿/g，有机质 ≥ 40.0%	白菜、小麦、棉花、辣椒	微生物肥（2014）准字（1417）号
127	福建华厦宝岛生态新技术有限公司	生物有机肥	生物有机肥	粉剂	枯草芽孢杆菌	有效活菌数 ≥ 0.20 亿/g，有机质 ≥ 40.0%	小白菜、大白菜、韭菜、芹菜	微生物肥（2014）准字（1418）号

续表

序号	企业名称	产品通用名	产品商品名	产品形态	有效菌种名称	技术指标（有效成分及含量）	适用作物/区域	登记证号
128	陕西盼多肥业有限公司	生物有机肥	生物有机肥	粉剂	枯草芽孢杆菌	有效活菌数≥0.20亿/g，有机质≥40.0%	苹果、葡萄、玉米	微生物肥（2014）准字（1419）号
129	烟台绿云生物科技有限公司	生物有机肥	生物有机肥	粉剂	枯草芽孢杆菌、巨大芽孢杆菌	有效活菌数≥0.20亿/g，有机质≥40.0%	苹果、葡萄、樱桃、大姜	微生物肥（2014）准字（1420）号
130	临汾市尧都区露利农肥厂	生物有机肥	生物有机肥	粉剂	枯草芽孢杆菌、地衣芽孢杆菌、细黄链霉菌	有效活菌数≥0.20亿/g，有机质≥40.0%	番茄、苹果、玉米、黄瓜、小麦、葡萄	微生物肥（2014）准字（1422）号
131	山东天威生物科技有限公司	生物有机肥	生物有机肥	粉剂	枯草芽孢杆菌	有效活菌数≥0.20亿/g，有机质≥40.0%	小白菜、油菜、番茄、黄瓜	微生物肥（2014）准字（1423）号
132	山东友邦肥业科技有限公司	生物有机肥	生物有机肥	颗粒	枯草芽孢杆菌	有效活菌数≥0.20亿/g，有机质≥40.0%	番茄、黄瓜、豆角、白菜	微生物肥（2014）准字（1424）号
133	德州市元和农业科技开发有限责任公司	生物有机肥	生物有机肥	颗粒	枯草芽孢杆菌	有效活菌数≥0.20亿/g，有机质≥40.0%	番茄、黄瓜、西葫芦	微生物肥（2014）准字（1425）号
134	辽宁津大肥业有限公司	生物有机肥	生物有机肥	颗粒	细黄链霉菌	有效活菌数≥0.20亿/g，有机质≥40.0%	番茄、西瓜、马铃薯、苹果	微生物肥（2014）准字（1426）号
135	山东京青农业科技有限公司	生物有机肥	生物有机肥	颗粒	枯草芽孢杆菌	有效活菌数≥0.20亿/g，有机质≥40.0%	黄瓜、苹果、辣椒	微生物肥（2014）准字（1427）号
136	深州市地神肥业有限公司	生物有机肥	生物有机肥	颗粒	枯草芽孢杆菌、胶冻样类芽孢杆菌	有效活菌数≥0.20亿/g，有机质≥40.0%	油菜、桃树、花生	微生物肥（2014）准字（1428）号
137	山西宿伟达生物科技有限公司	生物有机肥	生物有机肥	颗粒	枯草芽孢杆菌、地衣芽孢杆菌	有效活菌数≥0.20亿/g，有机质≥40.0%	番茄、茄子、白菜、小麦、苹果	微生物肥（2014）准字（1429）号
138	兴平市新起源牧业有限公司	复合微生物肥料	复合微生物肥料	粉剂	枯草芽孢杆菌	有效活菌数≥0.20亿/g，$N+P_2O_5+K_2O$≥6.0%	番茄、苹果、葡萄、樱桃	微生物肥（2014）准字（1430）号
139	湛江市灵峰肥业有限公司	复合微生物肥料	灵峰复合微生物肥料	粉剂	枯草芽孢杆菌	有效活菌数≥0.20亿/g，$N+P_2O_5+K_2O$≥20.0%	菜心、香蕉、桉树、荔枝	微生物肥（2014）准字（1431）号

续表

序号	企业名称	产品通用名	产品商品名	产品形态	有效菌种名称	技术指标（有效成分及含量）	适用作物/区域	登记证号
140	福建华夏宝岛生态新技术有限公司	复合微生物肥料	复合微生物肥料	粉剂	枯草芽孢杆菌	有效活菌数≥0.20亿/g，N+P₂O₅+K₂O＝6.0%	小白菜、西红柿、辣椒、黄瓜	微生物肥准字（2014）1434号
141	烟台宝田肥业有限公司	复合微生物肥料	复合微生物肥料	粉剂	枯草芽孢杆菌	有效活菌数≥0.20亿/g，N+P₂O₅+K₂O＝6.0%	黄瓜、小麦、花生、玉米	微生物肥准字（2014）1435号
142	黄骅市中天肥源有限责任公司	复合生物肥料	复合生物肥料	颗粒	枯草芽孢杆菌	有效活菌数≥0.20亿/g，N+P₂O₅+K₂O＝8.0%	黄瓜、芹菜、茼香	微生物肥准字（2014）1437号
143	德州市元和农业科技开发有限责任公司	复合微生物肥料	复合微生物肥料	颗粒	枯草芽孢杆菌	有效活菌数≥0.20亿/g，N+P₂O₅+K₂O＝6.0%	番茄、黄瓜、白菜	微生物肥准字（2014）1438号
144	德州市元和农业科技开发有限责任公司	复合微生物肥料	复合微生物肥料	液体	枯草芽孢杆菌	有效活菌数≥0.50亿/ml，N+P₂O₅+K₂O＝4.0%	芹菜、黄瓜、番茄	微生物肥准字（2014）1439号
145	新沂农安生物科技有限公司	复合微生物肥料	复合微生物肥料	液体	枯草芽孢杆菌	有效活菌数≥0.50亿/ml，N+P₂O₅+K₂O＝4.0%	油菜、烟草、水稻、大豆	微生物肥准字（2014）1440号
146	新疆石大科技塔里木滴灌肥有限公司	复合微生物肥料	复合微生物肥料	液体	枯草芽孢杆菌	有效活菌数≥0.50亿/ml，N+P₂O₅+K₂O＝12.0%	棉花、辣椒、玉米、小麦、番茄	微生物肥准字（2014）1441号
147	新疆石大科技肥业有限公司	复合微生物肥料	复合微生物肥料	液体	枯草芽孢杆菌	有效活菌数≥0.50亿/ml，N+P₂O₅+K₂O＝12.0%	棉花、辣椒、玉米、小麦、番茄	微生物肥准字（2014）1442号
148	北京东方力原生物科技有限公司	生物有机肥	生物有机肥	粉剂	枯草芽孢杆菌	有效活菌数≥0.20亿/g，有机质≥40.0%	黄瓜、卷心菜、茄子	微生物肥准字（2014）1443号
149	北京东方力原生物科技有限公司	生物有机肥	生物有机肥	颗粒	枯草芽孢杆菌	有效活菌数≥0.20亿/g，有机质≥40.0%	黄瓜、小麦	微生物肥准字（2014）1444号
150	青岛青海粗生物技术有限公司	生物有机肥	生物有机肥	颗粒	地衣芽孢杆菌	有效活菌数≥0.20亿/g，有机质≥40.0%	白菜、大麦、番茄、马铃薯	微生物肥准字（2014）1445号
151	新疆凯金新安生物有限公司	生物有机肥	生物有机肥	颗粒	枯草芽孢杆菌	有效活菌数≥0.20亿/g，有机质≥40.0%	棉花、葡萄、番茄、辣椒	微生物肥准字（2014）1446号

续表

序号	企业名称	产品通用名	产品商品名	产品形态	有效菌种名称	技术指标(有效成分及含量)	适用作物/区域	登记证号
152	新疆天物生态科技股份有限公司	生物有机肥	生物有机肥	颗粒	枯草芽孢杆菌	有效活菌数≥0.20亿/g,有机质≥40.0%	辣椒、番茄、棉花	微生物肥(2014)准字(1447)号
153	东莞市保得生物工程有限公司	生物有机肥	生物有机肥	颗粒	侧孢短芽孢杆菌、地衣芽孢杆菌	有效活菌数≥0.20亿/g,有机质≥45.0%	西瓜、小麦、甘蔗、茶叶	微生物肥(2014)准字(1449)号
154	武汉禾壮生物科技有限公司	生物有机肥	生物有机肥	颗粒	枯草芽孢杆菌、地衣芽孢杆菌	有效活菌数≥0.20亿/g,有机质≥40.0%	番茄、木瓜、柑橘	微生物肥(2014)准字(1450)号
155	新疆天物生态科技股份有限公司	生物有机肥	生物有机肥	粉剂	枯草芽孢杆菌	有效活菌数≥0.20亿/g,有机质≥40.0%	辣椒、番茄、葡萄、红枣	微生物肥(2014)准字(1451)号
156	武汉禾壮生物科技有限公司	生物有机肥	生物有机肥	粉剂	枯草芽孢杆菌、地衣芽孢杆菌	有效活菌数≥0.20亿/g,有机质≥40.0%	番茄、蓝莓、生菜	微生物肥(2014)准字(1453)号
157	龙岩市绿之源生物科技有限公司	生物有机肥	生物有机肥	粉剂	地衣芽孢杆菌、胶冻样类芽孢杆菌、侧孢短芽孢杆菌	有效活菌数≥0.20亿/g,有机质≥40.0%	白菜、黄瓜、柑橘、红薯	微生物肥(2014)准字(1454)号
158	陕西科道生化科技发展有限公司	微生物菌剂	微生物菌剂	粉剂	胶冻样类芽孢杆菌	有效活菌数≥2.0亿/g	西瓜、番茄、黄瓜	微生物肥(2014)准字(1456)号
159	河南田康生物科技有限公司	微生物菌剂	微生物菌剂	粉剂	枯草芽孢杆菌	有效活菌数≥2.0亿/g	黄瓜、玉米、芹菜、葡萄	微生物肥(2014)准字(1457)号
160	潍坊市华滨生物科技有限公司	微生物菌剂	DB微生物菌剂	粉剂	绿色木霉	有效活菌数≥2.0亿/g	葡萄、西瓜、草莓	微生物肥(2014)准字(1458)号
161	北京东方力原生物科技有限公司	微生物菌剂	微生物菌剂	粉剂	枯草芽孢杆菌、胶冻样类芽孢杆菌	有效活菌数≥2.0亿/g	香菜、黄瓜	微生物肥(2014)准字(1459)号
162	哈尔滨海洋奇力生物工程有限公司	微生物菌剂	微生物菌剂	颗粒	枯草芽孢杆菌	有效活菌数≥1.0亿/g	大豆、玉米、水稻、小麦、花生	微生物肥(2014)准字(1460)号
163	康源绿洲生物科技(北京)有限公司	微生物菌剂	微生物菌剂	液体	酿酒酵母、植物乳杆菌、沼泽红假单胞菌	有效活菌数≥2.0亿/ml	油菜、西红柿、马铃薯、芹菜	微生物肥(2014)准字(1461)号

序号	企业名称	产品通用名	产品商品名	产品形态	有效菌种名称	技术指标（有效成分及含量）	适用作物/区域	登记证号
164	四川省星川生物科技有限公司	微生物菌剂	光合菌肥	液体	沼泽红假单胞菌	有效活菌数≥5.0亿/ml	莴苣、白菜、烟叶、茶叶、葡萄	微生物肥准字（2014）1462号
165	河北新世纪周天生物科技有限公司	微生物菌剂	微生物菌剂	液体	枯草芽孢杆菌	有效活菌数≥2.0亿/ml	番茄、梨树、油菜、草莓	微生物肥准字（2014）1463号
166	德强生物股份有限公司	微生物菌剂	微生物菌剂	液体	淡紫拟青霉	有效活菌数≥2.0亿/ml	烟草、番茄、柑橘、大姜、香蕉	微生物肥准字（2014）1465号
167	通辽市布鲁克有机肥业有限公司	微生物菌剂	布鲁克微生物菌剂	液体	胶冻样类芽孢杆菌	有效活菌数≥2.0亿/ml	黄瓜、玉米、白菜、西红柿、辣椒	微生物肥准字（2014）1466号
168	湖南润邦生物工程有限公司	根瘤菌菌剂	紫云英根瘤菌剂	粉剂	紫云英根瘤菌	有效活菌数≥2.0亿/g	紫云英	微生物肥准字（2014）1467号
169	湖北太阳雨三农科技有限责任公司	复合微生物肥料	"家禾"复合微生物肥	粉剂	巨大芽孢杆菌、侧孢短芽孢杆菌、枯草芽孢杆菌	有效活菌数≥0.20亿/g，$N+P_2O_5+K_2O$ 15.0%	豇豆、白菜、番茄、草莓、萝卜	微生物肥准字（2014）1468号
170	成都盖尔盖司生物科技有限公司	复合微生物肥料	复合微生物肥料	颗粒	枯草芽孢杆菌、侧孢短芽孢杆菌	有效活菌数≥0.20亿/g，$N+P_2O_5+K_2O$ 15.0%	茄子、油菜、柑桔、茶叶	微生物肥准字（2014）1469号
171	锦州恒野肥业有限公司	复合微生物肥料	复合微生物肥料	颗粒	枯草芽孢杆菌	有效活菌数≥0.20亿/g，$N+P_2O_5+K_2O$ 12.0%	番茄、大蒜、白菜、萝卜	微生物肥准字（2014）1470号
172	青岛地恩地生物科技有限公司	复合微生物肥料	地恩地复合微生物肥料	颗粒	枯草芽孢杆菌、细黄链霉菌	有效活菌数≥0.20亿/g，$N+P_2O_5+K_2O$ 15.0%	黄瓜、西红柿、青椒	微生物肥准字（2014）1471号
173	青岛地恩地生物科技有限公司	复合微生物肥料	地恩地复合微生物肥料	颗粒	枯草芽孢杆菌、细黄链霉菌	有效活菌数≥0.20亿/g，$N+P_2O_5+K_2O$ 25.0%	黄瓜、西红柿、青椒	微生物肥准字（2014）1472号
174	武汉瑞阳生物科技有限公司	有机物料腐熟剂	"旺禾"秸秆腐熟剂	粉剂	黑曲芽孢杆菌、霉、米根霉	有效活菌数≥0.50亿/g	农作物秸秆	微生物肥准字（2014）1473号
175	武汉瑞泽园生物环保科技有限公司	有机物料腐熟剂	有机物料腐熟剂	粉剂	枯草芽孢杆菌、酿酒酵母、黑曲霉	有效活菌数≥0.50亿/g	农作物秸秆	微生物肥准字（2014）1474号

续表

序号	企业名称	产品通用名	产品商品名	产品形态	有效菌种名称	技术指标（有效成分及含量）	适用作物／区域	登记证号
176	湖北凤池实业有限公司	有机物料腐熟剂	微生物腐熟剂	粉剂	枯草芽孢杆菌、地衣芽孢杆菌、黑曲霉	有效活菌数≥0.50亿/g	农作物秸秆	微生物肥（2014）准字（1475）号
177	武汉科诺生物科技股份有限公司	有机物料腐熟剂	有机物腐熟剂	粉剂	枯草芽孢杆菌、酿酒酵母、黑曲霉	有效活菌数≥0.50亿/g	农作物秸秆	微生物肥（2014）准字（1476）号
178	湖南农大哥科技开发有限公司	有机物料腐熟剂	生物腐熟剂	粉剂	枯草芽孢杆菌、酿酒酵母、绿色木霉	有效活菌数≥0.50亿/g	农作物秸秆	微生物肥（2014）准字（1477）号
179	鹤壁市互农农业科技有限公司	有机物料腐熟剂	HA腐熟剂	粉剂	枯草芽孢杆菌、酿酒酵母、米曲霉	有效活菌数≥0.50亿/g	农作物秸秆、畜禽类便	微生物肥（2014）准字（1478）号
180	山西亿安生物工程有限公司	有机物料腐熟剂	CM亿安腐熟剂	粉剂	枯草芽孢杆菌、酿酒酵母、米曲霉、黑曲霉	有效活菌数≥0.50亿/g	农作物秸秆	微生物肥（2014）准字（1479）号
181	湖南润邦生物工程有限公司	有机物料腐熟剂	有机物料腐熟剂	粉剂	枯草芽孢杆菌、地衣芽孢杆菌、康宁木霉	有效活菌数≥0.50亿/g	农作物秸秆	微生物肥（2014）准字（1480）号
182	扬州市森大肥业有限公司	有机物料腐熟剂	SD秸秆腐熟剂	粉剂	枯草芽孢杆菌、热紫链霉菌、烟曲霉	有效活菌数≥0.50亿/g	农作物秸秆、畜禽类便	微生物肥（2014）准字（1481）号
183	新疆天物生态科技股份有限公司	有机物料腐熟剂	有机物料腐熟剂	粉剂	枯草芽孢杆菌、白地霉	有效活菌数≥0.50亿/g	农作物秸秆	微生物肥（2014）准字（1482）号
184	上海创博生态工程有限公司	有机物料腐熟剂	CB发酵剂	粉剂	枯草芽孢杆菌、黑曲霉	有效活菌数≥5.0亿/g	农作物秸秆、畜禽类便	微生物肥（2014）准字（1483）号
185	广州天壤生物科技有限公司	有机物料腐熟剂	天诺秸秆腐熟剂	液体	球形芽孢杆菌、枯草芽孢杆菌、短小芽孢杆菌	有效活菌数≥1.0亿/ml	农作物秸秆	微生物肥（2014）准字（1484）号
186	北京东方力原生物科技有限公司	微生物菌剂	微生物菌剂	液体	枯草芽孢杆菌、胶冻样类芽孢杆菌	有效活菌数≥2.0亿/ml	香菜、番茄	微生物肥（2014）准字（1485）号

续表

序号	企业名称	产品通用名	产品商品名	产品形态	有效菌种名称	技术指标（有效成分及含量）	适用作物/区域	登记证号
187	山东晟康生物科技有限公司	微生物菌剂	微生物菌剂	液体	枯草芽孢杆菌	有效活菌数≥2.0亿/ml	黄瓜、马铃薯、大姜、花生	微生物肥（2014）准字（1486）号
188	挪威阿坤纳斯公司（AGRINOS AS,NORWAY）	微生物菌剂	微生物菌剂	液体	布氏乳杆菌	有效活菌数≥2.0亿/ml	黄瓜、烟草、水稻、葡萄、香蕉	微生物肥（2014）准字（1487）号
189	黑龙江瑞苗肥料制造有限公司	微生物菌剂	微生物菌剂	液体	枯草芽孢杆菌、胶冻样类芽孢杆菌	有效活菌数≥5.0亿/ml	大豆、油菜、西瓜	微生物肥（2014）准字（1489）号
190	山东爱福地生物科技有限公司	微生物菌剂	微生物菌剂	液体	枯草芽孢杆菌、类干酪乳杆菌、酿酒酵母	有效活菌数≥2.0亿/ml	黄瓜、大蒜、水稻	微生物肥（2014）准字（1491）号
191	沈阳奇力生物科技有限公司	微生物菌剂	富草奇	液体	巨大芽孢杆菌、球形芽孢杆菌	有效活菌数≥2.0亿/ml	黄瓜、白菜、萝卜、油菜、菠菜	微生物肥（2014）准字（1492）号
192	广州市华元生物科技有限公司	微生物菌剂	微生物菌剂	粉剂	枯草芽孢杆菌	有效活菌数≥2.0亿/g	菜心、白菜、油菜、生菜	微生物肥（2014）准字（1493）号
193	广州农冠生物科技有限公司	微生物菌剂	微生物菌剂	粉剂	枯草芽孢杆菌	有效活菌数≥2.0亿/g	菜心、茶叶、葡萄、烟草	微生物肥（2014）准字（1494）号
194	黑龙江瑞苗肥料制造有限责任公司	微生物菌剂	微生物菌剂	粉剂	枯草芽孢杆菌、胶冻样类芽孢杆菌	有效活菌数≥20.0亿/g	水稻、番茄、西瓜	微生物肥（2014）准字（1495）号
195	沧州兴业生物技术有限公司	微生物菌剂	华雨微生物菌剂	粉剂	枯草芽孢杆菌、地衣芽孢杆菌	有效活菌数≥2.0亿/g	韭菜、玉米、花生、黄瓜	微生物肥（2014）准字（1496）号
196	厦门世农生物科技有限公司	微生物菌剂	微生物菌剂	粉剂	枯草芽孢杆菌、巨大芽孢杆菌	有效活菌数≥2.0亿/g	白菜、番茄、茶叶、马铃薯	微生物肥（2014）准字（1497）号
197	山东晟康生物科技有限公司	微生物菌剂	微生物菌剂	粉剂	枯草芽孢杆菌	有效活菌数≥2.0亿/g	番茄、苹果、葡萄、棉花	微生物肥（2014）准字（1498）号

续表

序号	企业名称	产品通用名	产品商品名	产品形态	有效菌种名称	技术指标（有效成分及含量）	适用作物／区域	登记证号
198	柳州森镭农业科技有限公司	微生物菌剂	微生物菌剂	粉剂	费比恩毕赤酵母、白色链霉菌	有效活菌数≥2.0亿/g	白菜、黄瓜、番茄、菠菜	微生物肥准字（2014）（1499）号
199	黑龙江瑞苗肥料制造有限责任公司	微生物菌剂	微生物菌剂	颗粒	枯草芽孢杆菌、胶冻样类芽孢杆菌	有效活菌数≥2.0亿/g	西瓜、番茄、白菜	微生物肥准字（2014）（1500）号
200	山东京青农业科技有限公司	微生物菌剂	微生物菌肥	颗粒	枯草芽孢杆菌	有效活菌数≥2.0亿/g	苹果、葡萄	微生物肥准字（2014）（1501）号
201	南京科凯生物工程有限公司	微生物菌剂	科凯绿之园微生物菌剂	颗粒	枯草芽孢杆菌、酿酒酵母、黑曲霉	有效活菌数≥1.0亿/g	番茄、花椰菜、青菜、茄子	微生物肥准字（2014）（1502）号
202	武汉科诺生物科技股份有限公司	微生物菌剂	微生物菌剂	颗粒	多粘类芽孢杆菌	有效活菌数≥2.0亿/g	番茄、烟草、丝瓜、大姜	微生物肥准字（2014）（1503）号
203	广东金钣稠有机农业发展有限公司	生物有机肥	生物有机肥	粉剂	枯草芽孢杆菌	有效活菌数≥0.20亿/g，有机质≥60.0%	芥蓝、香蕉、菜心、柑橘	微生物肥准字（2014）（1505）号
204	湖南农大哥科技开发有限公司	生物有机肥	生物有机肥	粉剂	枯草芽孢杆菌	有效活菌数≥0.20亿/g，有机质≥40.0%	黄瓜、白菜、空心菜、上海青	微生物肥准字（2014）（1506）号
205	大连龙城食品集团肥业有限公司	生物有机肥	生物有机肥	粉剂	细黄链霉菌	有效活菌数≥0.20亿/g，有机质≥40.0%	西瓜、番茄、樱桃、黄瓜、菠菜	微生物肥准字（2014）（1507）号
206	新疆农神生物工程有限公司	生物有机肥	生物有机肥	粉剂	细黄链霉菌	有效活菌数≥0.20亿/g，有机质≥40.0%	番茄、大枣、葡萄、香梨	微生物肥准字（2014）（1508）号
207	安琪酵母股份有限公司	生物有机肥	生物有机肥	粉剂	枯草芽孢杆菌、侧孢短芽孢杆菌	有效活菌数≥0.20亿/g，有机质≥40.0%	辣椒、茄子、黄瓜、芹菜、葡萄、草莓	微生物肥准字（2014）（1509）号
208	湖北益丰生物肥业有限公司	生物有机肥	生物有机肥	粉剂	枯草芽孢杆菌、戊糖片球菌	有效活菌数≥0.20亿/g，有机质≥40.0%	番茄、菠菜、小麦	微生物肥准字（2014）（1510）号
209	青岛海大生物集团有限公司	生物有机肥	生物有机肥	粉剂	枯草芽孢杆菌、解淀粉芽孢杆菌	有效活菌数≥0.20亿/g，有机质≥40.0%	黄瓜、苹果、大姜	微生物肥准字（2014）（1511）号

续表

序号	企业名称	产品通用名	产品商品名	产品形态	有效菌种名称	技术指标（有效成分及含量）	适用作物/区域	登记证号
210	山东爱福地生物科技有限公司	生物有机肥	生物有机肥	粉剂	枯草芽孢杆菌、类干酪乳杆菌、酿酒酵母	有效活菌数≥0.20亿/g，有机质≥40.0%	辣椒、甜瓜、大麦	微生物肥准字（2014）1512号
211	青岛海大生物集团有限公司	生物有机肥	生物有机肥	颗粒	枯草芽孢杆菌、解淀粉芽孢杆菌、酿酒酵母	有效活菌数≥0.20亿/g，有机质≥40.0%	黄瓜、苹果、大麦	微生物肥准字（2014）1513号
212	河南省豫效王生物科技有限公司	生物有机肥	生物有机肥	颗粒	枯草芽孢杆菌	有效活菌数≥0.20亿/g，有机质≥40.0%	芹菜、烟草、小麦	微生物肥准字（2014）1514号
213	阿克苏天益生物工程有限公司	生物有机肥	生物有机肥	颗粒	枯草芽孢杆菌	有效活菌数≥0.20亿/g，有机质≥40.0%	棉花、玉米、番茄、红枣、苹果、核桃、香梨	微生物肥准字（2014）1515号
214	河北蓝禾生物科技有限公司	生物有机肥	生物有机肥	颗粒	胶冻样类芽孢杆菌	有效活菌数≥0.20亿/g，有机质≥40.0%	大蒜、黄瓜、大豆、苹果	微生物肥准字（2014）1516号
215	山东绿贝尔农化有限公司	生物有机肥	生物有机肥	颗粒	枯草芽孢杆菌	有效活菌数≥0.20亿/g，有机质≥40.0%	苹果、小麦、葡萄、黄瓜	微生物肥准字（2014）1517号
216	怀安县百易肥料制造有限公司	生物有机肥	金丰生物有机肥	颗粒	枯草芽孢杆菌	有效活菌数≥0.20亿/g，有机质≥40.0%	菠菜、马铃薯、西红柿、大白菜	微生物肥准字（2014）1518号
217	五原县润泽生物科技有限责任公司	生物有机肥	生物有机肥	颗粒	枯草芽孢杆菌、胶冻样类芽孢杆菌	有效活菌数≥0.20亿/g，有机质≥40.0%	玉米、小麦、生菜、甜瓜、番茄、向日葵	微生物肥准字（2014）1519号
218	南京科凯生物工程有限公司	生物有机肥	科卯绿之园生物有机肥料	颗粒	枯草芽孢杆菌、酿酒酵母、黑曲霉	有效活菌数≥0.20亿/g，有机质≥40.0%	白菜、水稻、小麦、马铃薯	微生物肥准字（2014）1520号
219	河南省豫效王生物科技有限公司	复合微生物肥料	复合微生物肥料	粉剂	枯草芽孢杆菌	有效活菌数≥0.20亿/g，$N+P_2O_5+K_2O$≥6.0%	白菜、苹果、棉花	微生物肥准字（2014）1521号
220	河北星亿农业科技有限公司	复合微生物肥料	复合微生物肥料	颗粒	胶冻样类芽孢杆菌	有效活菌数≥0.20亿/g，$N+P_2O_5+K_2O$≥25.0%	番茄、小麦、玉米、苹果	微生物肥准字（2014）1522号

续表

序号	企业名称	产品通用名	产品商品名	产品形态	有效菌种名称	技术指标（有效成分及含量）	适用作物／区域	登记证号
221	广西灵山县湘桂生态肥料有限公司	复合微生物肥料	复合微生物肥料	颗粒	侧孢短芽孢杆菌	有效活菌数 ≥ 0.20 亿/g，N+P$_2$O$_5$+K$_2$O = 22.0%	甘蔗、水稻、马铃薯	微生物肥（2014）准字（1523）号
222	广西平果佰益生物肥料有限责任公司	复合微生物肥料	复合微生物肥料	颗粒	枯草芽孢杆菌	有效活菌数 ≥ 0.20 亿/g，N+P$_2$O$_5$+K$_2$O = 20.0%	白菜、番茄、豆角、西瓜	微生物肥（2014）准字（1524）号
223	青岛农资实业有限公司生物技术工程分公司	复合微生物肥料	复合微生物肥料	颗粒	侧孢短芽孢杆菌	有效活菌数 ≥ 0.20 亿/g，N+P$_2$O$_5$+K$_2$O = 25.0%，有机质 ≥ 30.0%	小麦、花生、西红柿、苹果、水稻、马铃薯	微生物肥（2014）准字（1525）号
224	湖北益丰生物肥业有限公司	复合微生物肥料	复合微生物肥料	液体	枯草芽孢杆菌、戊糖片球菌	有效活菌数 ≥ 0.50 亿/ml，N+P$_2$O$_5$+K$_2$O = 4.0%	白菜、水稻、小麦、菠菜、黄瓜	微生物肥（2014）准字（1526）号
225	无锡丰泰农庄有限公司	复合微生物肥料	复合微生物肥	液体	枯草芽孢杆菌	有效活菌数 ≥ 0.50 亿/ml，N+P$_2$O$_5$+K$_2$O = 4.0%	生菜、黄瓜、番茄、西瓜	微生物肥（2014）准字（1527）号

2014 年中国生物技术企业上市情况[326]

附录 -3　2014 年中国生物技术 / 医疗健康领域的上市公司

上市时间	上市企业	交易所	所属行业	募资金额
2014-12-31	成大生物	新三板	生物工程	非公开
2014-12-31	万事兴	新三板	医疗设备	非公开
2014-12-31	银朵兰	新三板	化学药品原药制造业	非公开
2014-12-30	苏达汇诚	新三板	医疗设备	非公开
2014-12-30	BBI 生命科学	香港主板	生物工程	2.3 亿港币
2014-12-30	葵花药业	深圳中小企业板	化学药品制剂制造业	13.3 亿人民币
2014-12-30	苍源种植	新三板	中药材及中成药加工业	非公开
2014-12-22	北信得实	新三板	医疗服务	非公开
2014-12-19	世纪合辉	新三板	保健品	非公开
2014-12-17	拓新股份	新三板	医药	非公开
2014-12-16	华宏医药	新三板	医药	非公开
2014-12-09	贝欧特	新三板	医疗设备	非公开
2014-12-08	大成医药	新三板	医药	非公开
2014-12-05	方盛制药	上海证券交易所	其他	4 亿人民币
2014-12-04	柳州医药	上海证券交易所	其他	7.4 亿人民币
2014-12-03	国龙医疗	新三板	医疗服务	非公开
2014-12-02	康泽药业	新三板	医疗服务	非公开
2014-11-19	丰汇医学	新三板	医疗设备	非公开
2014-11-12	申高制药	新三板	化学药品原药制造业	非公开
2014-11-07	奥星生命科技	香港主板	医疗设备	3.9 亿港币
2014-11-07	绿蔓生物	新三板	中药材及中成药加工业	非公开
2014-11-07	赛卓药业	新三板	化学药品制剂制造业	非公开
2014-11-06	燎原药业	新三板	化学药品原药制造业	非公开
2014-11-04	津福斯特	新三板	医疗设备	非公开
2014-11-04	宏源药业	新三板	化学药品原药制造业	非公开
2014-11-03	赛德盛	新三板	医疗服务	非公开
2014-10-30	九强生物	深圳创业板	医疗设备	4.5 亿人民币

326 数据来源：清科数据。

上市时间	上市企业	交易所	所属行业	募资金额
2014-10-23	双申医疗	新三板	医疗设备	非公开
2014-10-23	新天药业	新三板	中药材及中成药加工业	非公开
2014-10-21	南方制药	新三板	化学药品原药制造业	非公开
2014-10-13	新健康成	新三板	生物工程	非公开
2014-10-10	九洲药业	上海证券交易所	化学药品原药制造业	8亿人民币
2014-10-08	海纳川	新三板	动物用药品制造业	非公开
2014-10-08	创尔生物	新三板	化学药品制剂制造业	非公开
2014-10-08	金鸿药业	新三板	化学药品制剂制造业	非公开
2014-10-08	泰恩康	新三板	其他	非公开
2014-09-30	华尔康	新三板	医疗设备	非公开
2014-09-10	迪瑞医疗	深圳创业板	医疗设备	4.5亿人民币
2014-08-22	华恒生物	新三板	化学药品原药制造业	非公开
2014-08-19	多普泰	新三板	生物制药	非公开
2014-08-15	蓝钻生物	新三板	保健品	非公开
2014-08-14	赛莱拉	新三板	生物工程	非公开
2014-08-12	可恩口腔	新三板	医疗服务	非公开
2014-08-11	仁会生物	新三板	生物工程	非公开
2014-08-06	森萱股份	新三板	医药	非公开
2014-07-31	上元堂	新三板	生物技术/医疗健康	非公开
2014-07-31	台城制药	深圳中小企业板	医药	3.5亿人民币
2014-07-25	新产业	新三板	化学药品制剂制造业	非公开
2014-07-09	绿叶制药	香港主板	化学药品制剂制造业	59.2亿港币
2014-07-04	九生堂	新三板	保健品	非公开
2014-07-02	莎普爱思	上海证券交易所	化学药品制剂制造业	3.6亿人民币
2014-07-02	一心堂	深圳中小企业板	其他	7942万人民币
2014-06-10	新松医疗	新三板	医疗设备	非公开
2014-06-06	亚锦科技	新三板	医疗服务	非公开
2014-06-04	富祥药业	深圳创业板	化学药品制剂制造业	非公开
2014-06-04	康德莱	上海证券交易所	医疗设备	非公开
2014-06-04	万孚生物	深圳创业板	医疗设备	非公开
2014-05-30	金海环境技术	上海证券交易所	医疗设备	非公开

续表

上市时间	上市企业	交易所	所属行业	募资金额
2014-05-30	百博生物	新三板	医药	非公开
2014-05-28	赛升药业	深圳创业板	化学药品制剂制造业	非公开
2014-05-28	博济医药	深圳创业板	其他	非公开
2014-05-26	西点药业	上海证券交易所	化学药品制剂制造业	非公开
2014-05-21	润达医疗科技	上海证券交易所	医疗设备	非公开
2014-05-21	济民制药	上海证券交易所	医疗设备	非公开
2014-05-20	润都制药	深圳中小企业板	化学药品原药制造业	非公开
2014-05-20	康弘药业集团	深圳中小企业板	化学药品制剂制造业	非公开
2014-05-19	三鑫医疗	深圳创业板	医疗设备	非公开
2014-05-19	辰欣药业	上海证券交易所	化学药品制剂制造业	非公开
2014-05-15	新光药业	深圳创业板	中药材及中成药加工业	非公开
2014-05-14	华通医药	深圳中小企业板	其他	非公开
2014-05-09	海利生物	上海证券交易所	动物用药品制造业	非公开
2014-05-07	龙宝参茸	深圳中小企业板	保健品	非公开
2014-05-07	凯莱英	深圳中小企业板	医药	非公开
2014-05-07	黄山胶囊	深圳中小企业板	化学药品原药制造业	非公开
2014-05-07	陇神戎发	深圳创业板	中药材及中成药加工业	非公开
2014-05-07	九洲药业	上海证券交易所	化学药品原药制造业	非公开
2014-05-06	智迅创源科技	深圳创业板	医疗设备	非公开
2014-05-06	鹭燕药业	深圳中小企业板	医药	非公开
2014-05-06	先大药业	新三板	化学药品制剂制造业	非公开
2014-05-05	海欣医药	新三板	医药	非公开
2014-05-04	葵花药业	深圳中小企业板	化学药品制剂制造业	非公开
2014-05-04	龙津药业	深圳中小企业板	化学药品制剂制造业	非公开
2014-04-30	司太立制药	上海证券交易所	化学药品原药制造业	非公开
2014-04-30	方盛制药	上海证券交易所	其他	非公开
2014-04-30	健帆生物	深圳创业板	医疗设备	非公开
2014-04-30	珍宝岛	上海证券交易所	中药材及中成药加工业	非公开
2014-04-28	九强生物	深圳创业板	医疗设备	非公开
2014-04-28	泰德制药	深圳创业板	化学药品原药制造业	非公开
2014-04-28	台城制药	深圳中小企业板	医药	非公开

续表

上市时间	上市企业	交易所	所属行业	募资金额
2014-04-25	柳州医药	上海证券交易所	其他	非公开
2014-04-24	山河药用辅料	深圳创业板	医药	非公开
2014-04-24	莎普爱思	上海证券交易所	化学药品制剂制造业	非公开
2014-04-23	复大医疗	深圳中小企业板	医疗服务	非公开
2014-04-22	广生堂	深圳创业板	化学药品原药制造业	非公开
2014-04-21	中博生物	深圳中小企业板	动物用药品制造业	非公开
2014-04-18	维力医疗	上海证券交易所	医疗设备	非公开
2014-04-09	爱康国宾	纳斯达克证券交易所	医疗服务	1.5 亿美元
2014-04-09	杰纳瑞	新三板	医疗设备	非公开
2014-04-09	新芝生物	新三板	医疗设备	非公开
2014-03-31	笃诚科技	新三板	生物工程	非公开
2014-02-18	中瑞药业	新三板	化学药品原药制造业	非公开
2014-02-14	卡姆医疗	新三板	医疗设备	非公开
2014-01-29	博腾股份	深圳创业板	其他	6.8 亿人民币
2014-01-28	溢多利	深圳创业板	其他	12.8 亿人民币
2014-01-24	枫盛阳	新三板	医疗设备	非公开
2014-01-24	众合医药	新三板	生物制药	非公开
2014-01-24	明德生物	新三板	生物制药	非公开
2014-01-24	大正医疗	新三板	医疗设备	非公开
2014-01-24	老来寿	新三板	保健品	非公开
2014-01-24	枫盛阳	新三板	医疗设备	非公开
2014-01-24	天松医疗	新三板	医疗设备	非公开
2014-01-24	吉玛基因	新三板	生物制药	非公开
2014-01-24	威门药业	新三板	中药材及中成药加工业	非公开
2014-01-24	康捷医疗	新三板	医疗设备	非公开
2014-01-24	益善生物	新三板	医疗服务	非公开
2014-01-24	禾益化学	新三板	化学药品原药制造业	非公开
2014-01-24	雅威特	新三板	保健品	非公开
2014-01-21	我武生物	深圳创业板	生物制药	5.1 亿人民币
2014-01-15	中生联合	香港主板	保健品	4.1 亿港币

2014 年中国医药企业百强[327]

附录-4　2014 年全部医药工业企业法人单位按资产总额排序[328]

排名	公司名称	排名	公司名称
1*	华润医药控股有限公司	27	上海莱士血液制品股份有限公司
2*	中国医药集团总公司	28*	鲁南制药集团股份有限公司
3*	广州医药集团有限公司	29*	康恩贝集团有限公司
4*	天津市医药集团有限公司	30*	山东步长制药股份有限公司
5*	华北制药集团有限责任公司	31*	深圳市海普瑞药业股份有限公司
6*	威高集团有限公司	32*	江苏恒瑞医药股份有限公司
7*	四川科伦药业股份有限公司	33*	辅仁药业集团有限公司
8*	石药集团有限责任公司	34	联邦制药（内蒙古）有限公司
9*	扬子江药业集团有限公司	35*	广西梧州中恒集团股份有限公司
10*	齐鲁制药有限公司	36	辉瑞制药有限公司
11*	哈药集团有限公司	37*	绿叶投资集团有限公司
12*	浙江海正药业股份有限公司	38*	北京四环制药有限公司
13*	天士力控股集团有限公司	39	诺和诺德（中国）制药有限公司
14*	修正药业集团股份有限公司	40*	海南海药股份有限公司
15*	云南白药集团股份有限公司	41*	丽珠医药集团股份有限公司
16*	吉林敖东药业集团股份有限公司	42*	浙江医药股份有限公司
17*	新和成控股集团有限公司	43*	江苏豪森医药集团有限公司
18*	华邦颖泰股份有限公司	44*	珠海联邦制药股份有限公司
19*	中国远大集团有限责任公司	45	阿斯利康制药有限公司
20*	上海复星医药（集团）股份有限公司	46	瑞阳制药有限公司
21*	太极集团有限公司	47	河南省宛西制药股份有限公司
22*	东北制药集团有限责任公司	48*	深圳海王集团股份有限公司
23*	人福医药集团股份公司	49*	正大天晴药业集团股份有限公司
24	上海罗氏制药有限公司	50*	安徽丰原集团有限公司
25*	杭州华东医药集团有限公司	51*	江苏康缘集团有限责任公司
26*	拜耳医药保健有限公司	52*	神威药业集团有限公司

327 数据来源：工信部，《2014 年医药行业工业企业快报排名》。
328 表格中标注 * 表示表示该集团采用合并形式排名。

附 录

续表

排名	公司名称	排名	公司名称
53*	华方医药科技有限公司	77	三普药业股份有限公司
54*	华仁世纪集团有限公司	78*	江苏亚邦药业集团股份有限公司
55*	成都地奥制药集团有限公司	79*	费森尤斯卡比（中国）投资有限公司
56	四川科创制药集团有限公司	80*	北京同仁堂科技发展股份有限公司
57*	悦康药业集团有限公司	81*	山东鲁抗医药股份有限公司
58*	贵州益佰制药股份有限公司	82	江西科美医疗器械集团有限公司
59*	石家庄以岭药业股份有限公司	83*	大冢（中国）投资有限公司
60*	中国通用技术（集团）控股有限责任公司	84	北京诺华制药有限公司
61*	黑龙江珍宝岛药业股份有限公司	85	西安杨森制药有限公司
62	北京同仁堂股份有限公司	86	浙江海翔药业股份有限公司
63*	贝朗（中国）投资有限公司	87*	天津红日药业股份有限公司
64*	百特（中国）投资有限公司	88	北京同仁堂健康药业股份有限公司
65*	宜昌东阳光药业股份有限公司	89	广东太安堂药业股份有限公司
66*	江西济民可信集团有限公司	90	漳州片仔癀药业股份有限公司
67*	菏泽睿鹰制药集团有限公司	91	济川药业集团有限公司
68*	哈尔滨誉衡药业股份有限公司	92	贵州信邦制药股份有限公司
69*	山西振东制药股份有限公司	93*	广州市香雪制药股份有限公司
70*	上海创诺医药集团有限公司	94	江中药业股份有限公司
71	浙江华海药业股份有限公司	95*	罗欣医药集团有限公司
72*	深圳信立泰药业股份有限公司	96	赛诺菲（杭州）制药有限公司
73	华兰生物工程股份有限公司	97	吉林紫鑫药业股份有限公司
74*	山东新华医药集团有限责任公司	98*	仁和（集团）发展有限公司
75*	普洛药业股份有限公司	99	宁夏泰瑞制药股份有限公司
76*	贵州百灵企业集团制药股份有限公司	100*	亚宝药业集团股份有限公司

附录-5   2014 年 1～12 月全部医药工业企业法人单位按医药工业主营业务收入排序

排名	公司名称	排名	公司名称
1*	广州医药集团有限公司	6*	华北制药集团有限责任公司
2*	修正药业集团股份有限公司	7*	中国医药集团总公司
3*	扬子江药业集团有限公司	8*	华润医药控股有限公司
4*	威高集团有限公司	9*	哈药集团有限公司
5*	石药集团有限责任公司	10*	天津市医药集团有限公司

续表

排名	公司名称	排名	公司名称
11*	拜耳医药保健有限公司	42	济川药业集团有限公司
12*	齐鲁制药有限公司	43*	珠海联邦制药股份有限公司
13	辉瑞制药有限公司	44	寿光富康制药有限公司
14*	江西济民可信集团有限公司	45*	费森尤斯卡比（中国）投资有限公司
15*	中国远大集团有限责任公司	46*	宜昌东阳光药业股份有限公司
16*	山东步长制药股份有限公司	47*	四川禾润制药有限公司
17*	杭州华东医药集团有限公司	48*	天圣制药集团股份有限公司
18*	上海复星医药（集团）股份有限公司	49*	新和成控股集团有限公司
19	上海罗氏制药有限公司	50*	海南海药股份有限公司
20*	正大天晴药业集团股份有限公司	51*	菏泽睿鹰制药集团有限公司
21*	云南白药集团股份有限公司	52*	仁和（集团）发展有限公司
22	诺和诺德（中国）制药有限公司	53	北京诺华制药有限公司
23*	太极集团有限公司	54*	江西青峰医药投资集团有限公司
24*	江苏恒瑞医药股份有限公司	55*	北京四环制药有限公司
25*	人福医药集团股份公司	56	吉林万通药业集团梅河药业股份有限公司
26*	天士力控股集团有限公司	57*	普洛药业股份有限公司
27*	江苏豪森医药集团有限公司	58*	辰欣科技集团有限公司
28*	四川科伦药业股份有限公司	59	中美上海施贵宝制药有限公司
29	赛诺菲（杭州）制药有限公司	60*	辅仁药业集团有限公司
30	阿斯利康制药有限公司	61*	神威药业集团有限公司
31	瑞阳制药有限公司	62*	迪沙药业集团有限公司
32*	罗欣医药集团有限公司	63*	回音必集团有限公司
33*	黑龙江珍宝岛药业股份有限公司	64*	康恩贝集团有限公司
34*	绿叶投资集团有限公司	65	通化万通药业股份有限公司
35	西安杨森制药有限公司	66*	浙江海正药业股份有限公司
36*	丽珠医药集团股份有限公司	67*	浙江医药股份有限公司
37*	鲁南制药集团股份有限公司	68	江苏苏中药业集团股份有限公司
38*	东北制药集团有限责任公司	69	赛诺菲（北京）制药有限公司
39*	江苏康缘集团有限责任公司	70	吉林金宝药业股份有限公司
40*	悦康药业集团有限公司	71	河南福森药业有限公司
41*	中国通用技术（集团）控股有限责任公司	72*	安徽丰原集团有限公司

续表

排名	公司名称	排名	公司名称
73*	广西梧州中恒集团股份有限公司	87*	杭州民生医药控股集团有限公司
74*	华方医药科技有限公司	88	江苏奥赛康药业股份有限公司
75	石家庄四药有限公司	89*	天津红日药业股份有限公司
76*	贵州益佰制药股份有限公司	90*	百特（中国）投资有限公司
77	惠氏制药有限公司	91*	深圳信立泰药业股份有限公司
78	联邦制药（内蒙古）有限公司	92*	四川百利药业有限责任公司
79*	双鸽集团有限公司	93	浙江华海药业股份有限公司
80*	石家庄以岭药业股份有限公司	94	山东齐都药业有限公司
81*	山西振东制药股份有限公司	95	海南卫康制药（潜山）有限公司
82*	江苏亚邦药业集团股份有限公司	96*	吉林敖东药业集团股份有限公司
83*	西安力邦制药有限公司	97*	江苏联环药业集团有限公司
84*	深圳海王集团股份有限公司	98*	上海创诺医药集团有限公司
85*	山东新华医药集团有限责任公司	99	江苏恩华药业股份有限公司
86	上海雷允上药业有限公司	100*	四川好医生药业集团有限公司

附录 -6　2014 年全部医药工业企业法人单位按利润总额排序

排名	公司名称	排名	公司名称
1*	华润医药控股有限公司	15*	北京四环制药有限公司
2*	扬子江药业集团有限公司	16*	江苏豪森医药集团有限公司
3*	云南白药集团股份有限公司	17*	天士力控股集团有限公司
4*	威高集团有限公司	18*	中国远大集团有限责任公司
5*	修正药业集团股份有限公司	19*	吉林敖东药业集团股份有限公司
6*	齐鲁制药有限公司	20*	绿叶投资集团有限公司
7*	中国医药集团总公司	21*	杭州华东医药集团有限公司
8	辉瑞制药有限公司	22*	辅仁药业集团有限公司
9*	上海复星医药（集团）股份有限公司	23*	石药集团有限责任公司
10*	广西梧州中恒集团股份有限公司	24*	四川科伦药业股份有限公司
11*	正大天晴药业集团股份有限公司	25	赛诺菲（杭州）制药有限公司
12*	山东步长制药股份有限公司	26*	天津市医药集团有限公司
13*	江苏恒瑞医药股份有限公司	27*	康恩贝集团有限公司
14*	广州医药集团有限公司	28*	人福医药集团股份有限公司

排名	公司名称	排名	公司名称
29*	深圳信立泰药业股份有限公司	59	漳州片仔癀药业股份有限公司
30*	神威药业集团有限公司	60	北京嘉林药业股份有限公司
31	北京泰德制药股份有限公司	61	瑞阳制药有限公司
32*	浙江海正药业股份有限公司	62*	贵州益佰制药股份有限公司
33	北京双鹭药业股份有限公司	63*	长春高新技术产业（集团）股份有限公司
34	上海罗氏制药有限公司	64*	江苏康缘集团有限责任公司
35*	鲁南制药集团股份有限公司	65	贵州拜特制药有限公司
36*	拜耳医药保健有限公司	66	四川禾润制药有限公司
37*	江西济民可信集团有限公司	67	石家庄四药有限公司
38*	丽珠医药集团股份有限公司	68*	桂林三金药业股份有限公司
39	华兰生物工程股份有限公司	69	沈阳三生制药有限责任公司
40*	黑龙江珍宝岛药业股份有限公司	70	牡丹江友博药业股份有限公司
41	济川药业集团有限公司	71	西安杨森制药有限公司
42*	华邦颖泰股份有限公司	72*	北京同仁堂科技发展股份有限公司
43*	罗欣医药集团有限公司	73	上海第一生化药业有限公司
44*	费森尤斯卡比（中国）投资有限公司	74*	深圳市海普瑞药业股份有限公司
45	陕西必康制药集团控股有限公司	75	阿斯利康制药有限公司
46	上海中西三维药业有限公司	76	青岛黄海制药有限责任公司
47	山东泰邦生物制品有限公司	77*	哈药集团有限公司
48	惠氏制药有限公司	78	江苏江山制药有限公司
49	江苏奥赛康药业股份有限公司	79	上海凯宝药业股份有限公司
50	北京同仁堂股份有限公司	80*	江西青峰医药投资集团有限公司
51	武汉福星生物药业有限公司	81*	石家庄以岭药业股份有限公司
52	诺和诺德（中国）制药有限公司	82	上海莱士血液制品股份有限公司
53*	珠海联邦制药股份有限公司	83	广东一方制药有限公司
54	辽宁成大生物股份有限公司	84*	贵州百灵企业集团制药股份有限公司
55*	菏泽睿鹰制药集团有限公司	85	上海西门子医疗器械有限公司
56	金宇保灵生物药品有限公司	86	卫材（中国）药业有限公司
57*	华方医药科技有限公司	87*	仁和（集团）发展有限公司
58*	天津红日药业股份有限公司	88*	乐普（北京）医疗器械股份有限公司

排名	公司名称	排名	公司名称
89	山东达因海洋生物制药股份有限公司	95*	成都康弘药业集团股份有限公司
90	吉林万通药业集团梅河药业股份有限公司	96	浙江康莱特药业有限公司
91	江西天新药业有限公司	97*	吉林省都邦药业股份有限公司
92	浙江华海药业股份有限公司	98	寿光富康制药有限公司
93	长白山制药股份有限公司	99*	华仁世纪集团有限公司
94	甘李药业股份有限公司	100	江中药业股份有限公司

2014 年生物和医药相关国家重点实验室与工程中心审批情况[329]

附录 -7　2014 年通过验收的国家重点实验室名单（生物和医药相关）

序号	实验室名称	依托单位	主管部门
1	药物化学生物学国家重点实验室	南开大学	教育部
2	长效和靶向制剂国家重点实验室	山东绿叶制药股份有限公司	山东省科技厅
3	新型药物制剂与辅料国家重点实验室	石药集团有限公司	河北省科技厅
4	中药制药过程新技术国家重点实验室	江苏康缘药业股份有限公司	江苏省科技厅
5	主要农作物种质创新国家重点实验室	山东冠丰种业科技有限公司	山东省科技厅
6	草地农业生态系统国家重点实验室	兰州大学	教育部
7	家蚕基因组生物学国家重点实验室	西南大学	教育部
8	林木遗传育种国家重点实验室	中国林业科学研究院 东北林业大学	国家林业局 教育部
9	棉花生物学国家重点实验室	中国农业科学院棉花研究所 河南大学	农业部 河南省科技厅
10	热带海洋环境国家重点实验室	中国科学院南海海洋研究所	中国科学院
11	森林与土壤生态国家重点实验室	中国科学院沈阳应用生态研究所	中国科学院
12	肾脏疾病国家重点实验室	中国人民解放军总医院	总后勤部卫生部
13	细胞应激生物学国家重点实验室	厦门大学	教育部
14	亚热带农业生物资源保护与利用国家重点实验室	广西大学 华南农业大学	广西壮族自治区科技厅 广东省科技厅
15	杂交水稻国家重点实验室	湖南杂交水稻研究中心 武汉大学	湖南省科技厅 教育部

329 数据来源：科技部。

附录-8 2014 年国家工程技术研究中心组建计划表（生物和医药相关）

计划编号	工程中心名称	依托单位	主管部门
2014FU125Q05	国家母婴乳品健康工程技术研究中心	北京三元股份有限公司	北京市科委
2014FU125Q09	国家苗药工程技术研究中心	贵州益佰制药股份有限公司	贵州省科技厅
2014FU125Q10	国家茶叶质量安全工程技术研究中心	福建安溪铁观音集团股份有限公司	福建省科技厅
2014FU125Q11	国家抗艾滋病病毒药物工程技术研究中心	上海迪赛诺药业有限公司	上海市科委
2014FU125X02	国家甘蔗工程技术研究中心	福建农林大学	福建省科技厅

2014 年国家科学技术奖励[330]

附录-9 2014 年度国家自然科学奖获奖项目目录（生物和医药相关）

编号	二等奖	
	项目名称	主要完成人
Z-103-2-04	功能核酸分子识别及生物传感方法学研究	谭蔚泓（湖南大学）， 杨荣华（北京大学）， 蒋健晖（湖南大学）， 王柯敏（湖南大学）， 俞汝勤（湖南大学）
Z-104-2-02	废水处理系统中微生物聚集体的形成过程、作用机制及调控原理	俞汉青（中国科学技术大学）， 李晓岩（香港大学）， 盛国平（中国科学技术大学）
Z-105-2-01	哺乳动物多能性干细胞的建立与调控机制研究	周琪（中国科学院动物研究所）， 王秀杰（中国科学院遗传与发育生物学研究所）， 曾凡一（上海交通大学）， 高绍荣（北京生命科学研究所）， 赵小阳（中国科学院动物研究所）
Z-105-2-02	高等植物主要捕光复合物的结构与功能研究	常文瑞（中国科学院生物物理研究所）， 柳振峰（中国科学院生物物理研究所）， 匡廷云（中国科学院植物研究所）， 严汉池（中国科学院生物物理研究所）， 王可玢（中国科学院植物研究所）
Z-105-2-03	双生病毒种类鉴定、分子变异及致病机理研究	周雪平（浙江大学）， 谢旗（中国科学院遗传与发育生物学研究所）， 陶小荣（浙江大学）， 崔晓峰（浙江大学）， 张钟徽（中国科学院遗传与发育生物学研究所）

---

330 数据来源：科技部。

编号	二等奖	
	项目名称	主要完成人
Z-105-2-04	基因组多样性与亚洲人群的演化	张亚平（中国科学院昆明动物研究所）， 孔庆鹏（中国科学院昆明动物研究所）， 吴东东（中国科学院昆明动物研究所）， 彭旻晟（中国科学院昆明动物研究所）， 孙昌（中国科学院昆明动物研究所）
Z-105-2-05	中国两栖动物系统学研究	费梁（中国科学院成都生物研究所）， 叶昌媛（中国科学院成都生物研究所）， 江建平（中国科学院成都生物研究所）， 胡淑琴（中国科学院成都生物研究所）， 谢锋（中国科学院成都生物研究所）
Z-105-2-06	水稻重要生理性状的调控机理与分子育种应用基础	何祖华（中国科学院上海生命科学研究院）， 王二涛（中国科学院上海生命科学研究院）， 王建军（浙江省农业科学院）， 张迎迎（中国科学院上海生命科学研究院）， 邓一文（中国科学院上海生命科学研究院）
Z-105-2-07	TRPC 通道促进神经突触形成机制研究	王以政（中国科学院上海生命科学研究院）， 袁小兵（中国科学院上海生命科学研究院）， 贾怡昌（中国科学院上海生命科学研究院）， 周健（中国科学院上海生命科学研究院）
Z-106-2-01	遗传病致病基因和致病基因组重排的新发现	张学［北京协和医学院（北京协和医学院 – 清华大学医学部）］， 王宝玺［北京协和医学院（北京协和医学院 – 清华大学医学部）］， 何春涤（中国医科大学附属第一医院）， 沈岩［北京协和医学院（北京协和医学院 – 清华大学医学部）］， 孙淼［北京协和医学院（北京协和医学院 – 清华大学医学部）］
Z-106-2-02	组织免疫微环境促进人肝癌进展的新机制	郑利民（中山大学）， 庄诗美（中山大学）， 邝栋明（中山大学）， 吴艳（中山大学）， 方坚鸿（中山大学）
Z-106-2-03	瞬时受体电位通道在代谢性血管病中的作用与机制	祝之明（中国人民解放军第三军医大学）， 刘道燕（中国人民解放军第三军医大学）， 黄聿（香港中文大学）， 闫振成（中国人民解放军第三军医大学）
Z-108-2-01	钙磷基生物材料的转化机理及新生物性能研究	刘昌胜（华东理工大学）， 袁媛（华东理工大学）， 陈芳萍（华东理工大学）， 王靖（华东理工大学）， 魏杰（华东理工大学）

附录-10　2014 年度国家技术发明奖获奖项目（生物和医药相关）

编号	二等奖	
	项目名称	主要完成人
F-301-2-01	水稻籼粳杂种优势利用相关基因挖掘与新品种培育	万建民（南京农业大学）， 赵志刚（南京农业大学）， 江玲（南京农业大学）， 程治军（中国农业科学院作物科学研究所）， 陈亮明（南京农业大学）， 刘世家（南京农业大学）
F-301-2-03	海水鲆鲽鱼类基因资源发掘及种质创制技术建立与应用	陈松林（中国水产科学研究院黄海水产研究所）， 刘海金（中国水产科学研究院北戴河中心实验站）， 尤锋（中国科学院海洋研究所）， 王俊（深圳华大基因研究院）， 田永胜（中国水产科学研究院黄海水产研究所）， 刘寿堂（海阳市黄海水产有限公司）
F-301-2-04	花生低温压榨制油与饼粕蛋白高值化利用关键技术及装备创制	王强（中国农业科学院农产品加工研究所）， 许振国（山东省高唐蓝山集团总公司）， 刘红芝（中国农业科学院农产品加工研究所）， 祁鲲（河南省亚临界生物技术有限公司）， 朱新亮（河南省亚临界生物技术有限公司）， 相海（中国农业机械化科学研究院）
F-302-2-01	室间隔缺损介入治疗新器械新技术及其临床应用	孔祥清（南京医科大学）， 张智伟（广东省人民医院）， 张德元（先健科技（深圳）有限公司）， 杨荣（南京医科大学）， 盛燕辉（南京医科大学）， 王树水（广东省人民医院）
F-302-2-02	单细胞分辨的全脑显微光学切片断层成像技术与仪器	骆清铭（华中科技大学）， 龚辉（华中科技大学）， 李安安（华中科技大学）， 曾绍群（华中科技大学）， 张斌（华中科技大学）， 吕晓华（华中科技大学）
F-302-2-03	微波消融设备的研发与临床应用	梁萍（中国人民解放军总医院）， 于晓玲（中国人民解放军总医院）， 程志刚（中国人民解放军总医院）， 韩治宇（中国人民解放军总医院）， 于杰（中国人民解放军总医院）， 江荣华（南京康友微波能应用研究所）
F-304-2-02	有机废物生物强化腐殖化及腐植酸高效提取循环利用技术	席北斗（中国环境科学研究院）， 岳东北（清华大学）， 于家伊（北京嘉博文生物科技有限公司）， 李鸣晓（中国环境科学研究院）， 聂永丰（清华大学）， 姜永海（中国环境科学研究院）

编号	二等奖	
	项目名称	主要完成人
F-305-2-01	热带海洋微生物新型生物酶高效转化软体动物功能肽的关键技术	张偲（中国科学院南海海洋研究所），龙丽娟（中国科学院南海海洋研究所），齐振雄（广东海大集团股份有限公司），尹浩（中国科学院南海海洋研究所），田新朋（中国科学院南海海洋研究所），钱雪桥（广东海大集团股份有限公司）
F-305-2-03	新型淀粉衍生物的创制与传统淀粉衍生物的绿色制造	金征宇（江南大学），顾正彪（江南大学），徐学明（江南大学），李伟（西王集团有限公司），崔波（齐鲁工业大学），邱立忠（诸城兴贸玉米开发有限公司）
F-306-2-02	功能性高分子聚氨基酸生物制备关键技术与产业化应用	徐虹（南京工业大学），冯小海（南京工业大学），李莎（南京工业大学），梁金丰（南京轩凯生物科技有限公司），仲兆祥（南京工业大学），李俊辉（绿康生化股份有限公司）
F-30801-2-04	个性化颅颌面骨替代物设计制造技术及应用	李涤尘（西安交通大学），刘亚雄（西安交通大学），刘彦普（中国人民解放军第四军医大学），卢秉恒（西安交通大学），连芩（西安交通大学），胡立人（西安康拓医疗技术有限公司）

附录-11　2014 年度国家科学技术进步奖获奖项目目录（通用项目，生物和医药相关）

编号	一等奖		
	项目名称	主要完成人	主要完成单位
J-23302-1-01	我国首次对甲型 H1N1 流感大流行有效防控及集成创新性研究	侯云德，王　宇，王　辰，王永炎，李兰娟，赵　铠，李兴旺，杨维中，刘保延，舒跃龙，金　奇，高　福，胡孔新，梁晓峰，钟南山	中国疾病预防控制中心，首都医科大学附属北京朝阳医院，中国疾病预防控制中心病毒病预防控制所，北京市疾病预防控制中心，浙江大学医学院附属第一医院，中国医学科学院病原生物学研究所，中国科学院微生物研究所，中国检验检疫科学研究院，中国人民解放军军事医学科学院，中国中医科学院
J-234-1-01	中成药二次开发核心技术体系创研及其产业化	张伯礼，程翼宇，瞿海斌，刘　洋，范骁辉，谢雁鸣，高秀梅，张　平，刘　霁，王　毅，张俊华，康立源，胡利民，任　明，张艳军	天津中医药大学，浙江大学，中国中医科学院，正大青春宝药业有限公司，天津市医药集团有限公司

编号	创新团队		
	团队名称	主要成员	主要支持单位
J-207-1-01	解放军总医院器官损伤与修复综合救治创新团队	陈香美，付小兵，蔡广研，姚咏明，谢院生，孙雪峰，张 旭，白雪源，吴 镝，魏日胞，张 利，冯 哲，朱晗玉，韩为东，吴 杰	中国人民解放军总医院

编号	二等奖		
	项目名称	主要完成人	主要完成单位
J-201-2-01	优质强筋高产小麦新品种郑麦366的选育及应用	雷振生，吴政卿，田云峰，杨会民，王美芳，赵献林，谷铁城，邓士政，吴长城，何盛莲	河南省农业科学院，河南金粒麦业有限公司，新乡市新良粮油加工有限责任公司
J-201-2-02	甘蓝雄性不育系育种技术体系的建立与新品种选育	方智远，刘玉梅，杨丽梅，王晓武，庄 木，张扬勇，孙培田，张合龙，高富欣，刘 伟	中国农业科学院蔬菜花卉研究所
J-201-2-03	西瓜优异抗病种质创制与京欣系列新品种选育及推广	许 勇，宫国义，张海英，郭绍贵，贾长才，李海真，丁海凤，任 毅，孙宏贺，王绍辉	北京市农林科学院，北京京研益农科技发展中心，北京农学院
J-201-2-04	小麦种质资源重要育种性状的评价与创新利用	李立会，李杏普，蔡士宾，吉万全，李斯深，安调过，郑有良，王洪刚，余懋群，李秀全	中国农业科学院作物科学研究所，河北省农林科学院粮油作物研究所，江苏省农业科学院，西北农林科技大学，山东农业大学，中国科学院遗传与发育生物学研究所，四川农业大学
J-201-2-05	荔枝高效生产关键技术创新与应用	李建国，陈厚彬，黄旭明，欧良喜，谢江辉，吴振先，王惠聪，袁沛元，叶钦海，陈维信	华南农业大学，广东省农业科学院果树研究所，中国热带农业科学院南亚热带作物研究所，深圳市南山区西丽果场
J-201-2-06	豫综5号和黄金群玉米种质创制与应用	陈彦惠，李玉玲，库丽霞，吴连成，汤继华，梁晓玲，黄玉碧，董永彬，陈 恭，王建现	河南农业大学，新疆农业科学院粮食作物研究所，四川农业大学，濮阳市农业科学院，漯河市农业科学院，上海科研食品合作公司，甘肃省敦煌种业股份有限公司
J-202-2-01	杨树高产优质高效工业资源材新品种培育与应用	苏晓华，潘惠新，黄秦军，沈应柏，姜岳忠，王胜东，于一苏，赵自成，王福森，付贵生	中国林业科学研究院林业研究所，南京林业大学，北京林业大学，山东省林业科学研究院，辽宁省杨树研究所，安徽省林业科学研究院，黑龙江省森林与环境科学研究院
J-202-2-02	竹纤维制备关键技术及功能化应用	陈礼辉，黄六莲，刘必前，张美云，叶 敏，徐永建，赵 琳，柯吉熊，张鼎军，郑 勇	福建农林大学，陕西科技大学，福建宏远集团有限公司，四川永丰纸业股份有限公司，福建省晋江优兰发纸业有限公司，贵州赤天化纸业股份有限公司，湖南拓普竹麻产业开发有限公司

编号	二等奖		
	项目名称	主要完成人	主要完成单位
J-202-2-03	非耕地工业油料植物高产新品种选育及高值化利用技术	李昌珠，夏建陵，王光明，叶 锋，蒋丽娟，王昌禄，肖志红，马锦林，聂小安，张良波	湖南省林业科学院，中国林业科学研究院林产化学工业研究所，天津科技大学，天津南开大学蓖麻工程科技有限公司，中南林业科技大学，淄博市农业科学研究院，广西壮族自治区林业科学研究院
J-203-2-01	饲料用酶技术体系创新及重点产品创制	姚 斌，罗会颖，黄火清，杨培龙，柏映国，于会民，李阳源，詹志春，刘鲁民，李学军	中国农业科学院饲料研究所，青岛蔚蓝生物集团有限公司，广东溢多利生物科技股份有限公司，武汉新华扬生物股份有限公司，北京挑战生物技术有限公司，新希望集团有限公司
J-203-2-02	奶牛饲料高效利用及精准饲养技术创建与应用	李胜利，冯仰廉，王中华，李建国，曹志军，张晓明，张永根，张振新，刘连超，高丽娜	中国农业大学，山东农业大学，河北农业大学，东北农业大学，北京首农畜牧发展有限公司，现代牧业（集团）有限公司，北京中地种畜股份有限公司
J-203-2-03	东海区重要渔业资源可持续利用关键技术研究与示范	吴常文，程家骅，徐汉祥，戴天元，汤建华，张秋华，俞存根，李圣法，周永东，王伟定	浙江海洋学院，中国水产科学研究院东海水产研究所，浙江省海洋水产研究所，福建省水产研究所，江苏省海洋水产研究所，农业部东海区渔政局（中华人民共和国东海区渔政局）
J-203-2-04	大恒肉鸡培育与育种技术体系建立及应用	蒋小松，朱 庆，杜华锐，李晴云，刘益平，李小成，杨朝武，张增荣，万昭军，赵小玲	四川省畜牧科学研究院，四川农业大学，四川大恒家禽育种有限公司
J-204-2-01	远古的悸动——生命起源与进化	冯伟民，许汉奎，傅 强	
J-204-2-02	专家解答 腰椎间盘突出症	董 健，李熙雷，周晓岗，殷潇凡，车 武，姜允琦，王会仁，林 红，陈 农，周 健	
J-204-2-03	听伯伯讲银杏的故事	曹福亮，祝遵凌，邵权熙，郁万文，卫 欣，周吉林，顾炜江，周统建，何增明，张武军	
J-205-2-03	优质草菇周年高效栽培关键技术及产业化应用	姜建新	江苏江南生物科技有限公司
J-211-2-01	辣椒天然产物高值化提取分离关键技术与产业化	卢庆国，张卫明，张泽生，曹雁平，连运河，赵伯涛，陈运霞，李凤飞，韩文杰，高伟	晨光生物科技集团股份有限公司，中华全国供销合作总社南京野生植物综合利用研究所，天津科技大学，北京工商大学，新疆晨光天然色素有限公司，营口晨光植物提取设备有限公司

2015 中国生物技术与产业发展报告

续表

编号	二等奖		
	项目名称	主要完成人	主要完成单位
J-211-2-03	高耐性酵母关键技术研究与产业化	俞学锋，曾晓雁，陈 雄，肖冬光，李知洪，张翠英，李志军，李祥友，陈叶福，王 志	安琪酵母股份有限公司，天津科技大学，湖北工业大学，华中科技大学
J-211-2-04	新型香精制备与香气品质控制关键技术及应用	肖作兵，纪红兵，佘远斌，牛云蔚，汪晨辉，谢 华，王明凡，刘晓东，张福财，张树林	上海应用技术学院，中山大学，北京工业大学，漯河双汇生物工程技术有限公司，上海百润香精香料股份有限公司，深圳波顿香料有限公司，青岛花帝食品配料有限公司
J-23301-2-01	脑梗死血管学特征谱的新发现与血运重建治疗的新策略	刘新峰，刘国庆，梁慧康，徐格林，史兆荣，樊新颖，朱武生，马敏敏，殷 勤，张仁良	中国人民解放军南京军区南京总医院，北京大学，香港中文大学
J-23301-2-02	药物成瘾机制及综合干预模式研究与应用	李 锦，郝 伟，周文华，崔彩莲，杨 征，李建华，刘志民，赵 敏，韩济生，苏瑞斌	中国人民解放军军事医学科学院毒物药物研究所，宁波市微循环与莨菪类药研究所，北京大学，中南大学湘雅二医院，中国人民解放军军事医学科学院基础医学研究所，云南省药物依赖防治研究所，上海市精神卫生中心
J-23301-2-03	移植后白血病复发及移植物抗宿主病新型防治体系建立及应用	黄晓军，许兰平，刘开彦，刘代红，赵翔宇，王 昱，常英军，张晓辉，陈 欢，韩 伟	北京大学
J-23302-2-01	脑动脉瘤及相关血管无创成像和微创治疗新技术的研究及其临床应用	李明华，程英升，王建波，李跃华，朱悦琦，谢志永，顾斌贤，李永东，李文彬，王 武	上海市第六人民医院，上海微创医疗器械（集团）有限公司
J-23302-2-02	生产性粉尘的致病规律与预防对策	陈卫红，邬堂春，杨 磊，谢立亚，陈 杰，陈镜琼，余德新，刘跃伟，何钦成，楼介治	华中科技大学，香港中文大学，中国医科大学
J-23302-2-03	多功能分子成像肿瘤诊疗关键技术及应用	申宝忠，崔大祥，鞠佃文，倪 健，孙夕林，徐万海，吴丽娜，黄 涛，王 凯，王可铮	哈尔滨医科大学，上海交通大学，复旦大学，南京医科大学
J-234-2-01	中草药微量活性物质识别与获取的关键技术及应用	庾石山，石建功，张东明，于德泉，陈晓光，张建军，王 珂，申竹芳，马双刚，屈 晶	中国医学科学院药物研究所，北京科莱博医药开发有限责任公司
J-234-2-02	调肝启枢化浊法防治糖脂代谢紊乱性疾病基础与应用研究	郭 姣，李楚源，雷 燕，贝伟剑，荣向路，苏政权，王德勤，唐富天，唐春萍，何 伟	广东药学院，广州白云山和记黄埔中药有限公司，广州中医药大学，中国中医科学院

编号	二等奖		
	项目名称	主要完成人	主要完成单位
J-234-2-03	中药材生产立地条件与土壤微生态环境修复技术的研究与应用	郭兰萍，黄璐琦，虞云龙，陈保冬，王文全，崔秀明，刘大会，陈乃富，韩邦兴，杨　光	中国中医科学院中药研究所，浙江大学，中国科学院生态环境研究中心，北京中医药大学，昆明理工大学，云南省农业科学院药用植物研究所，皖西学院
J-234-2-04	源于中医临床的中药药效学评价体系的构建与应用	刘建勋，林成仁，任钧国，李欣志，付建华，李　磊，任建勋，孙明谦，苗　兰，侯金才	中国中医科学院西苑医院
J-234-2-05	多囊卵巢综合征病证结合研究的示范和应用	吴效科，尤昭玲，邹　伟，俞超芹，连　方，梁瑞宁，吴鸿裕，张跃辉，匡洪影	黑龙江中医药大学，湖南中医药大学，上海长海医院，山东中医药大学附属医院，江西中医药大学附属医院，香港大学
J-234-2-06	中药注射剂全面质量控制及在清开灵、舒血宁、参麦注射液中的应用	李振江，陈　钟，罗国安，刘军锋，杨辉华，李军山，姜　海，梁琼麟，霍会斌，谢媛媛	神威药业集团有限公司，清华大学
J-235-2-01	抗精神病新药奥氮平及其制剂的研制和应用	岑均达，钟慧娟，王广基，吕爱锋，洪文华，赵军军，孙长安，肖　军，陈亭亭，陈刚胜	江苏豪森药业股份有限公司，上海医药工业研究院，中国药科大学联合会
J-235-2-02	抗高血压沙坦类药物的绿色关键技术开发及产业化	时惠麟，胡功允，李巧霞，王晓东，周　虎，涂国良，彭俊清，单晓燕，陈　伟，陈　浩	上海医药工业研究院，浙江华海药业股份有限公司，常州四药制药有限公司
J-235-2-03	阿卡波糖原料和制剂生产关键技术及产业化	郑裕国，李邦良，何璧梅，孙　敏，吴　晖，王远山，王亚军，周鲁谨，姚忠立，张　颖	浙江工业大学，成都学院，华东医药股份有限公司，杭州中美华东制药有限公司，杭州华东医药集团新药研究院有限公司
J-25101-2-01	防治农作物病毒病及媒介昆虫新农药研制与应用	宋宝安，郭　荣，季玉祥，李卫国，金林红，陈　卓，王凯学，吕建平，金　星，郑和斌	贵州大学，全国农业技术推广服务中心，江苏安邦电化有限公司，广西田园生化股份有限公司，广西壮族自治区植保总站，云南省植保植检站，贵州省植保植检站
J-25101-2-02	新型天然蒽醌化合物农用杀菌剂的创制及其应用	喻大昭，倪汉文，赵　清，顾宝根，梁桂梅，张　帅，王少南，杨立军，杨小军，张宏军	湖北省农业科学院，中国农业大学，全国农业技术推广服务中心，农业部农药检定所，内蒙古清源保生物科技有限公司
J-25101-2-03	重要植物病原物分子检测技术、种类鉴定及其在口岸检疫中应用	陈剑平，陈　炯，陈先锋，顾建锋，段维军，郑红英，闻伟刚，程　晔，崔俊霞，张慧丽	浙江省农业科学院，宁波检验检疫科学技术研究院，宁波大学

2015 中国生物技术与产业发展报告

续表

编号	二等奖		
	项目名称	主要完成人	主要完成单位
J-25101-2-04	青藏高原青稞与牧草害虫绿色防控技术研发及应用	王保海，王文峰，张礼生，巩爱岐，陈红印，覃 荣，王翠玲，李新苗，李晓忠，扎 罗	西藏自治区农牧科学院，西藏自治区农牧科学院农业研究所，中国农业科学院植物保护研究所，青海省农牧厅，青海省农业技术推广总站，西藏大学农牧学院
J-25103-2-03	花生品质生理生态与标准化优质栽培技术体系	万书波，王才斌，李向东，王铭伦，单世华，郭 峰，张 正，郭洪海，张智猛，陈殿绪	山东省农业科学院，山东农业大学，青岛农业大学
J-25103-2-04	超级稻高产栽培关键技术及区域化集成应用	朱德峰，张洪程，潘晓华，邹应斌，侯立刚，黄 庆，郑家国，吴文革，陈惠哲，霍中洋	中国水稻研究所，扬州大学，江西农业大学，湖南农业大学，吉林省农业科学院，广东省农业科学院水稻研究所，四川省农业科学院作物研究所
J-25301-2-01	提高肝癌外科疗效的关键技术体系的创新和应用	沈 锋，谢渭芬，蔡建强，周伟平，吴孟超，叶胜龙，吴 东，周 俭，胡 冰，刘景丰	中国人民解放军第二军医大学东方肝胆外科医院，中国人民解放军第二军医大学第二附属医院，中国医学科学院肿瘤医院，复旦大学附属中山医院，福建医科大学附属第一医院，中山大学附属第三医院
J-25301-2-02	肝胆胰腹腔镜手术技术体系及应用	刘 荣，胡三元，秦鸣放，黄志强，安力春，胡明根，张光永，赵宏志，赵国栋，许 勇	中国人民解放军总医院，山东大学齐鲁医院，天津市南开医院
J-25301-2-03	终末期肾病肾脏替代治疗关键技术创新与推广应用	陈江华，吴建永，寿张飞，方 红，袁 静，张 萍，黄洪锋，姜 虹，张晓辉，彭文翰	浙江大学
J-25302-2-01	原发性开角型青光眼新防治技术的建立及应用	王宁利，徐 亮，王怀洲，杨迪亚，王亚星，陈伟伟，胡爱莲，任若瑾，贾力蕴，卢清君	首都医科大学附属北京同仁医院
J-25302-2-02	白内障复明手术体系的创建及其应用	刘奕志，林顺潮，何明光，李绍珍，陈伟蓉，罗莉霞，程 冰，郑丹莹，黄文勇，吴明星	中山大学中山眼科中心
J-25302-2-03	脑组织修复重建和细胞示踪技术及转化应用	朱剑虹，周良辅，毛 颖，吴 惺，潘 力，赵 曜，胡 锦，吴雪海，汤海亮，朱侗明	复旦大学附属华山医院，复旦大学
J-25302-2-04	原发恶性骨肿瘤的规范化切除及功能重建的系列研究	郭 卫，杨荣利，汤小东，燕太强，杨 毅，姬 涛，李大森，唐 顺，曲华毅，董 森	北京大学人民医院